Passend zu Bildwörterbuch 1/2

1

Die Erklärungen der Spiele werden vorgelesen.

Es stehen 4 Übungsaufgaben zur Auswahl:

1 Vögelchen flieg! – Im Wörterbuch nachschlagen
2 Domino-Abc – Das Alphabet üben
3 Die Wortleiter – Wörter nach dem Alphabet sortieren
4 Die Zauberhöhle – Wörter richtig schreiben mit Artikel

Klasse 1/2: (2) Domino-Abc
Das Alphabet üben

Passend zu Wörterbuch 1/2

2

Es stehen 6 Übungsaufgaben zur Auswahl:

1 Vögelchen flieg! – Im Wörterbuch nachschlagen
2 Domino-Abc – Das Alphabet üben
3 Die Wortleiter – Wörter alphabetisch sortieren
4 Die Zauberhöhle – Wörter richtig schreiben mit Artikel
5 Kleinholz – Zusammengesetzte Wörter zerlegen und mit Artikel richtig schreiben
6 Am Wörtersee – Einzahl oder Mehrzahl mit Artikel richtig schreiben

Klasse 1/2: (4) Die Zauberhöhle
Wörter richtig schreiben mit Artikel

Passend zu Wörterbuch 3/4

3/4

Es stehen 10 Übungsaufgaben zur Auswahl:

1 Domino-Abc – Das Alphabet üben
2 Die Wortleiter – Wörter alphabetisch sortieren
3 Kleinholz – Zusammengesetzte Wörter zerlegen und mit Artikel richtig schreiben
4 Pilze sammeln – Wörter einem Wortfeld zuordnen
5 Die Tierpyramide – Im Wörterbuch nachschlagen und richtig abschreiben
6 Der Laubbaum – Wörter einer Wortfamilie zuordnen
7 Waldmeisterschaft – Steigerungsformen sortieren
8 Mäuserutsche – Wörter sachkundlichen Themen zuordnen
9 Am Wörtersee – Einzahl oder Mehrzahl mit Artikel richtig schreiben
10 Fleißige Ameisen – Grundformen erkennen

Klasse 3/4: (9) Am Wörtersee
Einzahl oder Mehrzahl mit Artikel richtig schreiben

Kein Verbrauchsmaterial

Dieses Buch ist ausschließlich zum Nachschlagen gedacht.
Bitte nicht hineinschreiben.

Dieses Symbol zeigt an, wann es passende Online-Übungen zum Wörterbuch gibt.

Im Lernmittel wird in Form von Symbolen auf eine Online-Software verwiesen; diese enthält ausschließlich optionale Unterrichtsmaterialien. Die Online-Software unterliegt nicht dem staatlichen Zulassungsverfahren.

Bezug zum LehrplanPLUS

Wörter, Themen oder Begriffe, die mit * gekennzeichnet sind, sind nicht verbindlicher Inhalt des LehrplanPLUS.

Bestell-Nr. 1404-91 · ISBN 978-3-619-14491-4

7. Auflage 2025

www.mildenberger-verlag.de
E-Mail: info@mildenberger-verlag.de

Redaktion: Verlagsbüro Bernhard Lutz, 93051 Regensburg
Nicole Brandau, Stefanie Drecktrah, Dr. Mirja Piltz
Grafik: Mildenberger Verlag GmbH
Illustrationen: Jutta Wetzel, 53721 Siegburg
Druck: Grafisches Centrum Cuno GmbH & Co. KG, 39240 Calbe
Gedruckt auf umweltfreundlichem Papier

Edmund Wetter
Ute Wetter

Schlag auf, schau nach!

für die Grundschule in Bayern

Mildenberger

Inhaltsverzeichnis

* ist nicht verbindlicher Inhalt des LehrplanPLUS

Leichter lesen mit der Silbenmethode

Durch die farbige Kennzeichnung der einzelnen Silben (im Wörterbuch für Klasse 1 und Klasse 2) lesen die Kinder leichter. Das funktioniert so:

1. Die einzelnen Wörter werden in Buchstabengruppen aufgeteilt. Diese kleinen Gruppen sind leichter zu erfassen als das ganze Wort.
2. Die Buchstabengruppen sind ganz besondere Einheiten: Sie zeigen die **Sprech-Silben** an. Die Sprech-Silben sind der Schlüssel, um ein Wort richtig lesen und verstehen zu können.

Zum Beispiel können bei dem Wort „Giraffe" auch die ersten drei Buchstaben „Gir" als Gruppe gelesen werden: Gir - af - fe. Das könnte dann der Name einer besonderen Affenart sein.
Mit den farbigen Silben dagegen werden sofort die richtigen Buchstabengruppen erkannt: Giraffe. Beim Lesen ergibt sich automatisch der richtige Sinn. Es ist das Tier mit dem langen Hals gemeint.

Warum ist das so?

Beim Lesen in **Sprech-Silben** klingen die Wörter so, wie wir sie sprechen und hören. So kann der Sinn der Texte leichter entschlüsselt werden – Lesen macht Spaß!
Sobald das Lesen flüssig gelingt, können auch alle Texte ohne farbige Silben sicher erfasst werden. Durch das Training erkennen die Kinder die Sprech-Silben nun automatisch.
Mit der Silbenmethode lesen alle Leseanfänger leichter und besser – und auch die nicht so starken Leser können schneller Erfolge erzielen.

Die farbigen Silben helfen nicht nur beim Lesen, sondern auch bei der Rechtschreibung. Sie machen die Struktur der deutschen Sprache sichtbar. Der Leseanfänger nimmt von Anfang an die Silbengliederung der Wörter wahr – und kann so die richtige Schreibweise ableiten.

Markieren die farbigen Silben die Worttrennung?

Die farbigen Silben zeigen die **Sprech-Silben** eines Wortes an. In den allermeisten Fällen ist das identisch mit der möglichen Worttrennung am Zeilenende. In erster Linie bei der Abtrennung einzelner Vokale (a, e, i, o, u; z. B. E-va, O-fen, Ra-di-o, be-o-bach-ten) gibt es einen Unterschied: Nach der aktuellen Rechtschreibung werden diese am Zeilenende nicht abgetrennt. Da diese Wörter aber mehrere Sprech-Silben haben, sind diese auch mit zwei Farben gekennzeichnet: Eva, Ofen, Radio, beobachten.

Weitere Informationen zur Silbenmethode auf:
www.silbenmethode.de

Dieses Wörterbuch soll dir helfen, die Wörter richtig zu schreiben. Du kannst in dem Buch nachschlagen, wenn du wissen willst, wie ein Wort geschrieben wird. Überlege, mit welchem Buchstaben das Wort beginnt.

ABC

Alle Wörter auf einer Seite beginnen mit dem gleichen Buchstaben. Manchmal gibt es zu einem Buchstaben mehrere Seiten.

Im Wörterbuch mit dem roten Rand findest du Nomen mit dem dazugehörenden Bild.

ein
eine
einer
eins
elf
er
es
essen
euch

In dem Kasten stehen häufig gebrauchte Wörter, die man nicht zeichnen kann.

der
Esel

1. Schaue dir ein Bild an. Sprich das Wort und höre auf die Laute. Das Wort steht in Druckschrift unter dem Bild.

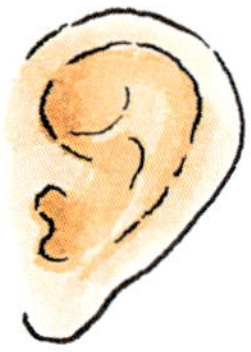

das
Ohr

2. Sprich alle Wörter laut, die auf einer Seite stehen. Du kannst den Anfangsbuchstaben hören und dir merken. Sprich ein Wort langsam in Silben, damit du die einzelnen Laute heraushören kannst. So lernst du die Wörter richtig zu schreiben.

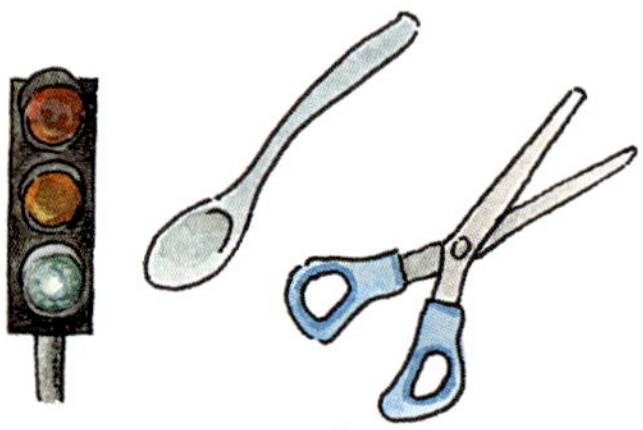

3. Wie heißen diese Wörter? Schaue im Wörterverzeichnis nach und schreibe sie in dein Heft.

4. Auf welchen Seiten findest du Namen für Obst? Schreibe die Wörter mit den Seitenzahlen in dein Heft. Schreibe so: Ananas, Apfel – S. 8

5. Auf welchen Seiten findest du Namen für Tiere? Schreibe die Wörter mit den Seitenzahlen in dein Heft. Schreibe so: Affe, Ameise, Amsel, Auerhahn – S. 8

6. Schreibe alle Nomen mit der Silbe „Le/le“ mit zwei Farben in dein Heft. Achtung: Die Silbe kann am Anfang, in der Mitte oder am Ende des Wortes vorkommen.
   Schreibe so: Brille, …

7. Sortiere die Nomen auf S. 19 nach der Anzahl der Sprechsilben.
   Schreibe mit zwei Farben so:
   1 Silbe: Laub, 2 Silben: Lama, …

Online-Übungen zur Benutzung des Wörterbuchs

Lösungen

3. Aufgabe: Ampel, Löffel, Schere
4. Aufgabe: Ananas, Apfel – S. 8, Banane, Birne – S. 9, Melone – S. 20, Orange – S. 22, Pflaume – S. 24, Zitrone – S. 36
5. Aufgabe: Affe, Ameise, Amsel, Auerhahn – S. 8, Bär, Biene, Boxer – S. 9, Chamäleon – S. 10, Dachs, Delfin, Dinosaurier – S. 11, Eichhörnchen, Elefant, Ente, Esel, Eule – S. 12, Fisch, Frosch, Fuchs – S.13, Gans – S. 14, Hahn, Hai, Hase, Hund – S. 15, Igel – S. 16, Jaguar – S. 17, Käfer, Kakadu, Känguru, Katze, Krokodil, Kröte, Kühe – S. 18, Lama, Löwe – S. 19, Maus – S. 20, Nashorn – S. 21, Orang-Utan – S. 22, Papagei, Pony – S. 23, Pfau, Pferd – S. 24, Qualle – S. 25, Rabe, Raupe, Reh – S. 26, Seepferdchen – S. 27, Schildkröte, Schlange, Schmetterling, Schwein – S. 28, Specht, Spinne – S. 29, Storch – S. 30, Tiger – S. 31, Uhu – S. 32, Vogel – S. 33, Wal, Wolf – S. 34, Yak – S. 35, Zebra, Ziege – S. 36
6. Aufgabe: Brille, Chamäleon, Elefant, Eule, Lexikon, Qualle, Quelle, Schule, Telefon, Wolle
7. Aufgabe: 1 Silbe: Laub, 2 Silben: Lama, Lampe, Leiter, Lippe, Löffel, Löwe, 3 Silben: Laterne, Lexikon, 5 Silben: Lokomotive

A B C D E F G H I J K L M N O P Q R S T U V W X Y Z

ab
aber
acht
alle
als
also
alt
am
an
auf
aus

der Affe

die Ameise

die Ampel

die Amsel

die Ananas

der Apfel

der April

das Aquarium

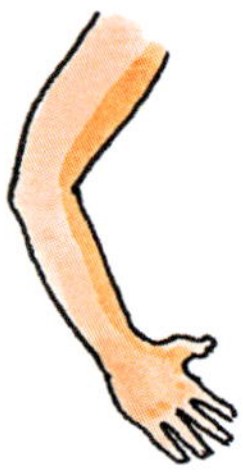

der Arm

der Ast

der Auerhahn

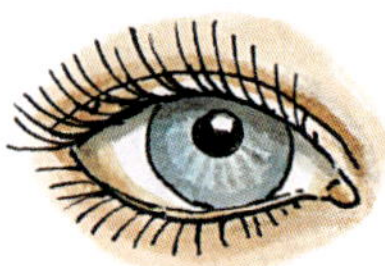

das Auge

der August

das Auto

backen
bauen
bei
bellen
bin
bis
bist
blau
böse
braun
brüllen
bunt

der
Ball

die
Banane

der
Bär

der
Baum

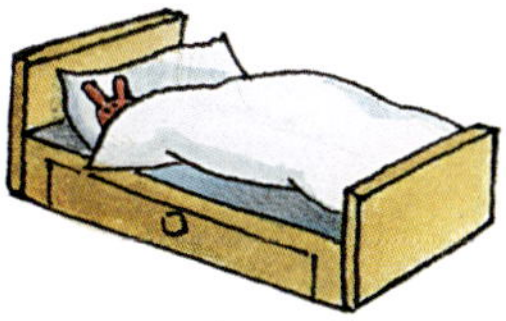

das
Bett

die
Biene

die
Birne

das
Blatt

die
Blume

der
Boxer

die
Brille

das
Brot

das
Buch

der
Bus

der
Cent

das
Chamäleon

der
Christbaum

der
Clown

der
Computer

der
Cowboy

das
Dach

der
Dachs

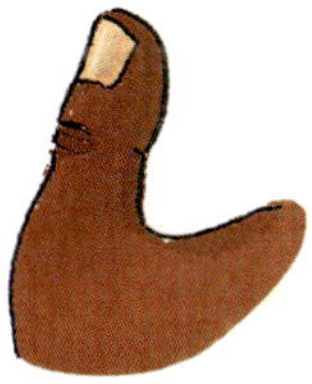
der
Daumen

da
dann
das
dein
deine
den
denn
der
des
dich
die
dies
diese
dieser
dir
drei
du

die
Decke

der
Deckel

der
Delfin

der
Dezember

der
Dienstag

der
Dinosaurier

der
Donnerstag

das
Dorf

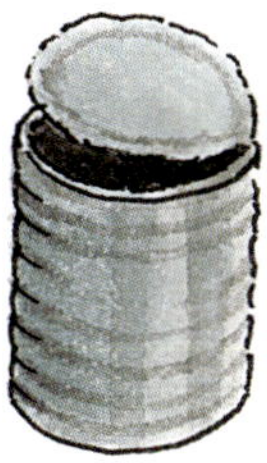
die
Dose

der
Drachen

ein
eine
einer
eins
elf
er
es
essen
euch

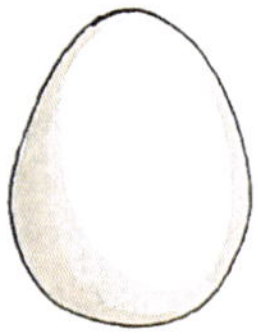

das
Ei

das
Eichhörnchen

das
Eis

der
Elefant

die
Eltern

die
Ente

die
Erde

der
Esel

die
Eule

der
Euro

der
Februar

die
Feder

das
Fenster

fauchen
finden
fliegen
fragen
fressen
fünf
für

das
Feuer

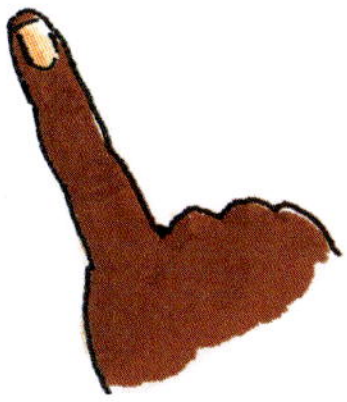

der
Finger

der
Fisch

die
Flasche

die
Flöte

die
Frau

der
Freitag

der
Frosch

der
Fuchs

der
Füller

ganz
ganze
ganzer
gegen
gehen
gelb
grau
groß
grün
gut

die
Gabel

die
Gans

der
Garten

das
Geld

das
Gemüse

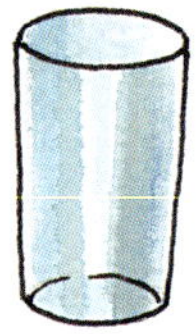

das
Glas

das
Gras

die
Gurke

der
Hahn

der
Hai

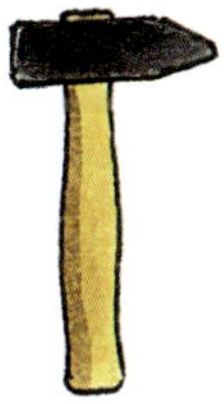
der
Hammer

haben
halten
hart
hat
heiß
helfen
heulen
heute
hier
hinten
hinter
hoch
holen
hören

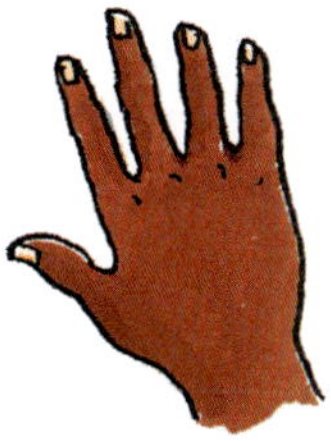
die
Hand

das
Handy

der
Hase

das
Haus

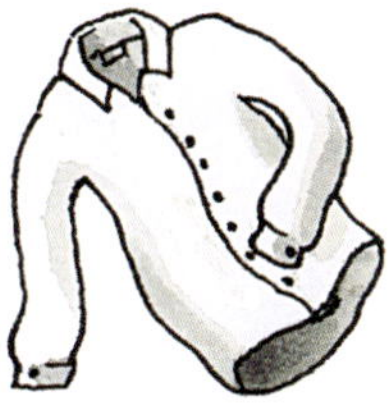
das
Hemd

das
Herz

die
Hexe

der
Himmel

die
Hose

der
Hund

der
Hut

A
B
C
D
E
F
G
H
I
J
K
L
M
N
O
P
Q
R
S
T
U
V
W
X
Y
Z

ich
ihm
ihn
ihnen
ihr
ihre
im
immer
in
ins
ist

der
Igel

die
Insel

ja
jede
jeder
jedes

die
Jacke

der
Jäger

der
Jaguar

der
Januar

der
Juli

der
Junge

der
Juni

kaufen
kein
keine
klein
kochen
kommen
krank
kurz

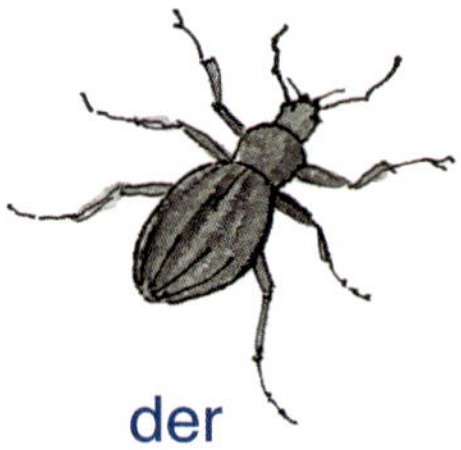

der
Käfer

der
Kakadu

der
Kamm

das
Känguru

der
Käse

die
Katze

das
Kind

das
Kleid

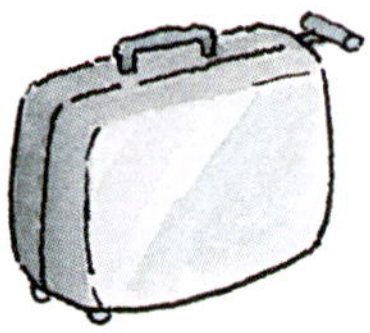

der
Koffer

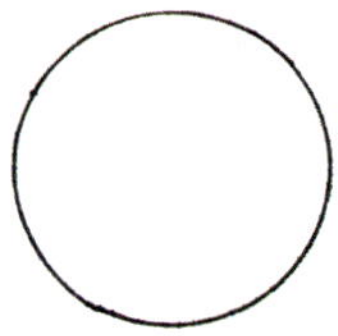

der
Kreis

das
Krokodil

die
Kröte

der
Kuchen

die
Kühe

das
Lama

die
Lampe

die
Laterne

das
Laub

die
Leiter

das
Lexikon

die
Lippe

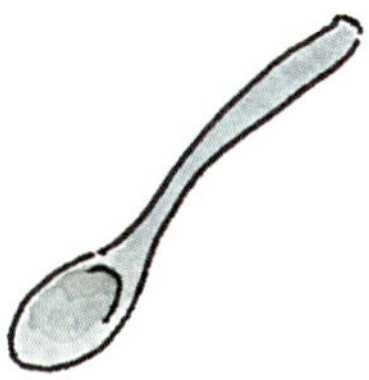

der
Löffel

die
Lokomotive

der
Löwe

lachen
lang
laufen
laut
lecker
legen
leicht
leise
lesen
lieb
lila

machen
malen
man
mein
meine
mich
mir
mit

das
Mädchen

der
Mai

der
Mann

der
Mantel

der
März

die
Mauer

die
Maus

die
Melone

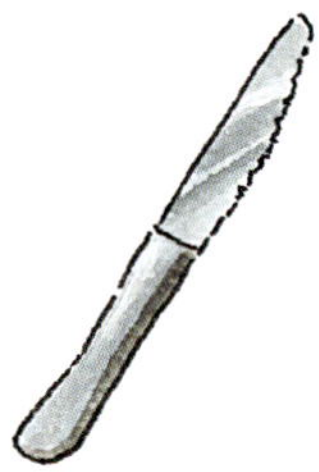

das
Messer

der
Mittwoch

der
Mond

der
Montag

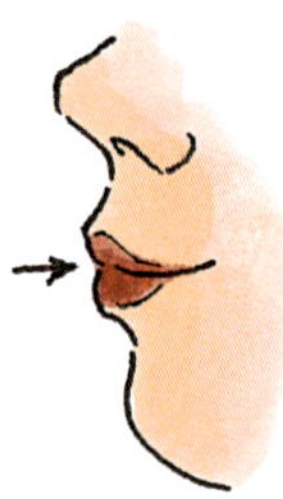

der
Mund

die
Mutter

die
Nacht

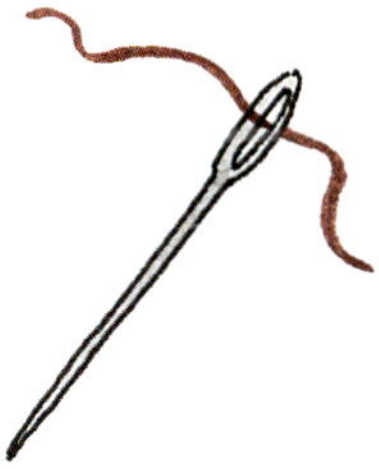

die
Nadel

der
Nagel

nach
nein
neu
neun
nicht
nichts
nie
nun
nur

der
Name

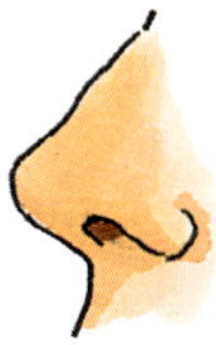

die
Nase

das
Nashorn

das
Nest

der
Nikolaus

der
November

die
Nudel

die
Nuss

A B C D E F G H I J K L M N O P Q R S T U V W X Y Z

ob
oder
oft
orange

das
Obst

der
Ofen

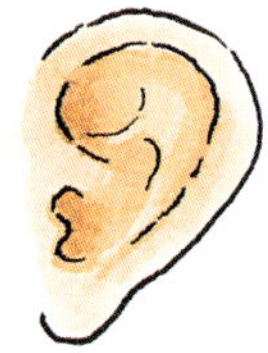

das
Ohr

der
Oktober

die
Oma

der
Opa

die
Orange

der
Orang-Utan

die
Orgel

packen
putzen

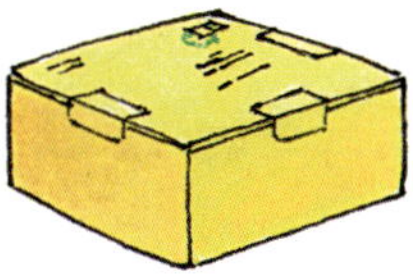

das
Paket

die
Palme

der
Papagei

der
Pilz

der
Pinsel

die
Pizza

die
Polizei

die
Pommes

das
Pony

die
Puppe

A B C D E F G H I J K L M N O P Q R S T U V W X Y Z

pfeifen

die
Pfanne

der
Pfau

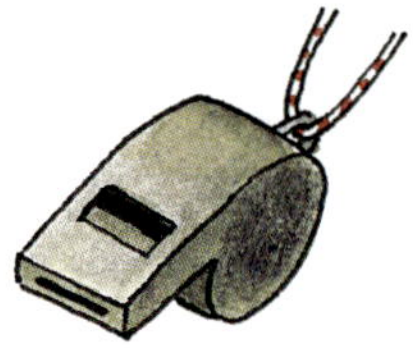

die
Pfeife

der
Pfeil

das
Pferd

die
Pflaume

quaken
quer

das
Quadrat

die
Qualle

der
Qualm

der
Quark

das
Quartett

die
Quelle

das
Quiz

A B C D E F G H I J K L M N O P Q R S T U V W X Y Z

raten
reden
reich
rennen
rot
rufen
rund

der
Rabe

das
Rad

das
Radio

die
Rakete

die
Raupe

der
Regen

das
Reh

der
Riese

der
Ring

der
Rock

der
Roller

die
Rose

die
Rutsche

der
Sack

die
Salami

der
Salat

der
Samstag

der
Sand

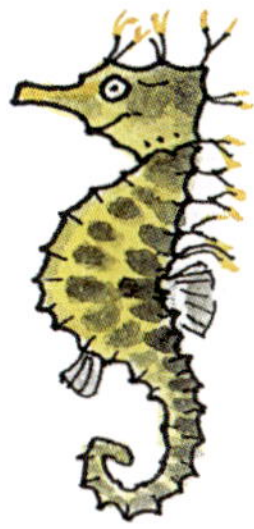

das
Seepferdchen

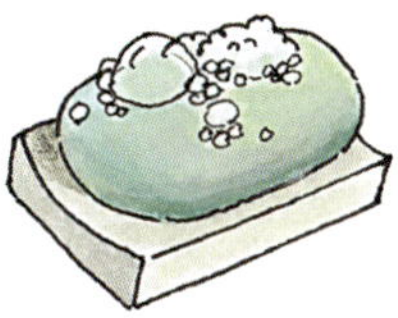

die
Seife

der
September

das
Sofa

die
Sonne

der
Sonntag

sagen
sechs
sehen
sehr
sein
seine
seiner
seit
sich
sie
sieben
sind
singen
sitzen
so
sollen
süß

A B C D E F G H I J K L M N O P Q R S T U V W X Y Z

schaukeln
schlafen
schneiden
schön
schon
schreiben
schwarz
schwimmen

die
Schere

das
Schiff

die
Schildkröte

die
Schlange

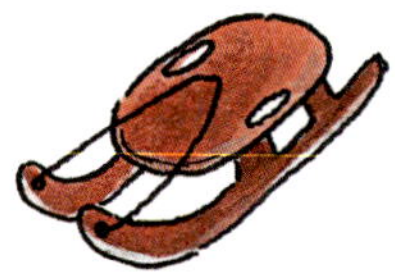

der
Schlitten

der
Schlüssel

der
Schmetterling

der
Schnee

die
Schokolade

der
Schuh

die
Schule

das
Schwein

spielen

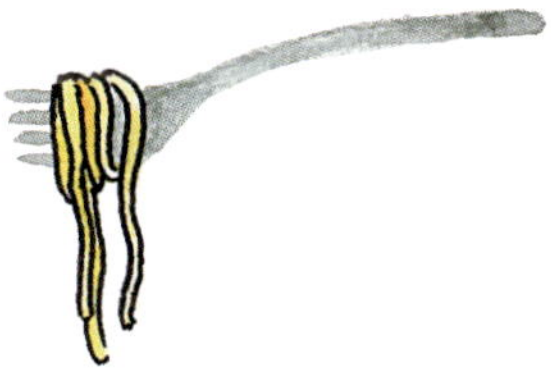

die
Spaghetti

der
Spaten

der
Specht

der
Spiegel

die
Spinne

die
Spuren

stehen

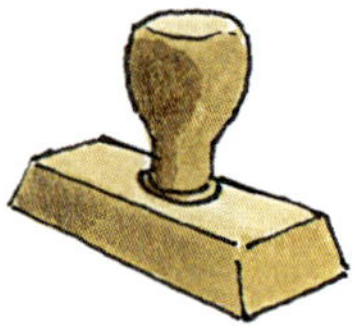

der
Stempel

der
Stern

der
Stiefel

der
Storch

der
Strauch

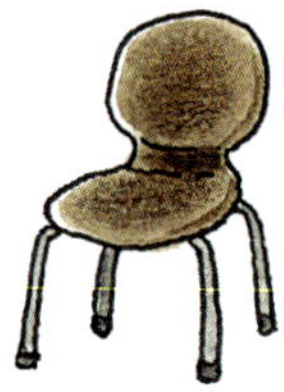

der
Stuhl

teilen
tragen
trinken
turnen

die
Tafel

die
Tanne

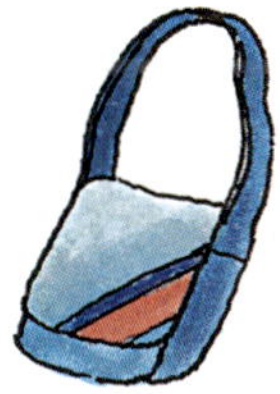

die
Tasche

die
Tasse

der
Teddy

das
Telefon

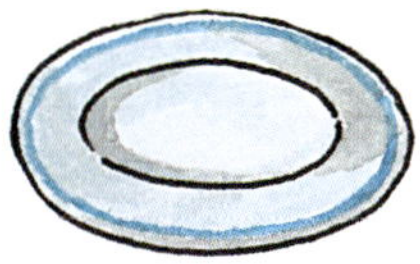

der
Teller

die
Tiere

der
Tiger

der
Tisch

die
Tomate

die
Tonne

die
Tür

der
Turm

die
Tüte

A B C D E F G H I J K L M N O P Q R S T U V W X Y Z

über
um
und
uns
unser
unsere
unten
unter

die
Uhr

der
Uhu

der
Unfall

der
Urwald

der
Vampir

die
Vase

der
Vater

viel
vier
voll
vom
von
vor

das
Veilchen

der
Vogel

der
Vulkan

A B C D E F G H I J K L M N O P Q R S T U V W X Y Z

wann
war
was
waschen
weg
weil
weinen
weiß
weiter
welche
welcher
wem
wen
wenig
wenn
wer
wie
wieder
wir
wo

der Wagen

der Wal

der Wald

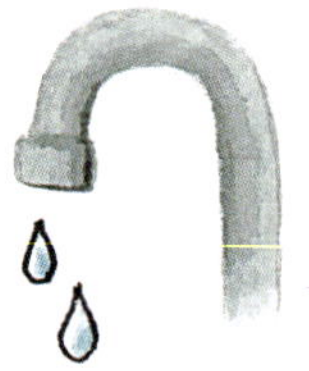

das Wasser

die Wiege

die Wiese

der Wolf

die Wolke

die Wolle

der Würfel

die Wurst

die Wurzel

das
Xylofon

der
Yak

der
Yeti

das
Yoga

zehn
zeigen
zu
zum
zur
zusammen
zwei
zwölf

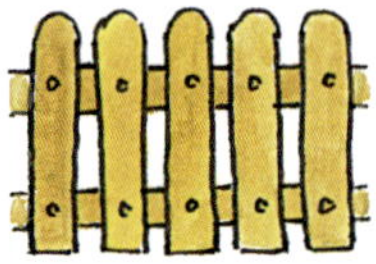

der
Zaun

das
Zebra

das
Zelt

die
Ziege

der
Zirkus

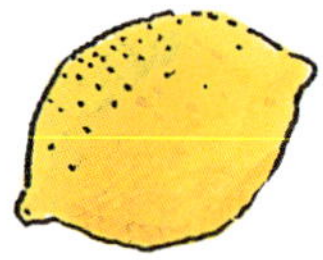

die
Zitrone

der
Zoo

der
Zug

die
Zwiebel

Von Seite 42 bis Seite 84 findest du alle Wörter, die im ersten und zweiten Schuljahr wichtig sind.
Wie kannst du ein Wort finden, das du nachschlagen und richtig schreiben möchtest?

hoffentlich
höher → hoch
die **Höhle**, die Höhlen

Alle Wörter in diesem Wörterverzeichnis sind nach dem **Abc** geordnet.
Die Buchstaben für die Laute **ä, ö, ü** und **äu** sind unter **a, o, u** oder **au** eingeordnet.

Am Rand einer jeden Seite ist das Abc untereinander angeordnet.
Wenn du zum Beispiel ein Wort mit dem Anfangsbuchstaben **H** suchst, blättere die Seiten so lange um, bis du den dunkel gefärbten Buchstaben **H** siehst. Nun kannst du auf den Seiten mit **H** dein Wort finden.

Fängt ein neuer Buchstabe an, siehst du immer den neuen Buchstaben als großen Druckbuchstaben oben auf der Seite. Dazu gibt es auch immer ein passendes Bild.

Die ersten Buchstaben des ersten und des letzten Wortes einer Seite stehen ganz oben auf der Seite.

das **Aben|teu|er**,
die Aben|teu|er

Wenn du wissen willst, wo du ein Wort am Zeilenende trennen kannst, achte auf den senkrechten Strich.

das **Heft**, die Hef|te
die **He|xe**, die He|xen
das **Huhn**, die Hüh|ner

Die Einzahl und die Mehrzahl der **Nomen** stehen nebeneinander.
Der **Artikel** steht vor jedem Nomen.

hei|ßen, sie heißt
hel|fen, er hilft

Verben sind in der Grundform eingeordnet.
Verben verändern ihre Form, wenn sie zum Beispiel mit er, sie oder es verbunden werden.
Eine dieser veränderten Formen steht immer hinter der Grundform.

er **hat** → ha|ben
er **hob** → he|ben

Wenn es bei **Verben** schwierige Formen gibt, sind diese im Alphabet eingeordnet.
Dann wird mit einem Pfeil auf die Grundform des Verbs hingewiesen.

hän|gen
hart
der **Ha|se**

Auch **Adjektive** findest du.
Sie sind alphabetisch eingeordnet.

Abc-Gedicht

1. Lerne das Abc-Gedicht auswendig. Dann fällt dir das Suchen nach einem Buchstaben leichter.

A B C Die Katze lief im Schnee.
D E F Dort ist auch Mäusetreff.
G H I Das glaub' ich nie.
J K L Mäuse laufen schnell.
M N O Da bin ich froh.
P Q R Die Katze rennt umher.
S T U Die Katz' gibt keine Ruh'.
V W X Die Mäuslein laufen fix.
Y Z Das finde ich nett.

Wortanfänge suchen:
Ax Co Fa Hu Ma
Pf Po Su Ur Zw

2. Auf welchen Seiten findest du die Wörter, die mit den Buchstaben Ax, Co, Fa, Hu, Ma, Pf, Po, Su, Ur, Zw anfangen? Schreibe in dein Heft. Schreibe so: Ax – S. 43, …

Monatsnamen suchen:
Ja Fe Mä Ap Ma Ju
Ju Au Se Ok No De

3. Auf welchen Seiten findest du die Namen für die Monate? Schreibe in dein Heft. Schreibe so: Januar – S. 60, …

Einzahl suchen:
Füße, Gänse, Höfe, Lichter, Münder, Quellen, Röcke, Seen, Wälder, Zähne

4. Auf welchen Seiten findest du die Wörter, die hier links stehen? Schreibe die Einzahl und die Mehrzahl mit den Artikeln in dein Heft.
Schreibe so:
der Fuß, die Füße – S. 54, …

Wird das Wort am Wortanfang groß- oder kleingeschrieben?
TANTE, TANZEN, TOLL, KOMMEN, KNOPF, KALT, WATTE, WEICH, WEINEN, GLATT, GEHEN, GLAS

5. Auf welchen Seiten findest du die Wörter, die hier links stehen?
Schreibe sie in dein Heft und achte auf den Anfangsbuchstaben, der bei einigen Wörtern großgeschrieben werden muss.
Schreibe die Nomen mit Artikel auf.
Schreibe so: die Tante – S. 76, …

Grundform des Verbs suchen:
isst, frisst, fällt, gräbt, hält, liest, läuft, tritt, wächst

6. Auf welchen Seiten findest du die Grundform der Verben, die hier links stehen?
Schreibe in dein Heft.
Schreibe so: sie isst → essen – S. 51, …

Adjektive suchen:
alt, arm, farbig, groß, gut, heiß, hoch, kalt, spitz, stark

7. Auf welchen Seiten findest du die Adjektive, die hier links stehen?
Schreibe sie in dein Heft.
Schreibe so: alt – S.42, …

Wörter silbieren:
benutzen, Erinnerung, kratzen, letzte, plötzlich, Rutsche, schimpfen, Schnupfen, verkleiden

8. Sprich die Wörter, die hier links stehen, in Silben und schreibe sie in zwei Farben in dein Heft.
Auf welchen Seiten findest du die Wörter?
Schreibe so: benutzen – S. 45, …

Online-Übungen zur Benutzung des Wörterbuchs

Lösungen

2. Aufgabe: Ax – S. 43, Co – S. 47, Fa – S. 52, Hu – S. 58, Ma – S. 65, Pf – S. 69, Po – S. 69, Su – S. 75, Ur – S. 78, Zw – S. 84

3. Aufgabe: Januar – S. 60, Februar – S. 52, März – S. 65, April – S. 43, Mai – S. 65, Juni – S. 60, Juli – S. 60, August – S. 43, September – S. 74, Oktober – S. 68, November – S. 67, Dezember – S. 48

4. Aufgabe: der Fuß, die Füße – S. 54, die Gans, die Gänse – S. 55, der Hof, die Höfe – S. 58, das Licht, die Lichter – S. 63, der Mund, die Münder – S. 66, die Quelle, die Quellen – S. 70, der Rock, die Röcke – S. 71, der See, die Seen – S. 74, der Wald, die Wälder – S. 80, der Zahn, die Zähne – S. 84

5. Aufgabe: die Tante – S. 76, tanzen – S. 76, toll – S. 76, kommen – S. 62, der Knopf – S. 62, kalt – S. 61, die Watte – S. 80, weich – S. 80, weinen – S. 80, glatt – S. 56, gehen – S. 55, das Glas – S. 56

6. Aufgabe: sie isst → essen – S. 51, er frisst → fressen – S. 53, er fällt → fallen – S. 52, er gräbt → graben – S. 56, sie hält → halten – S. 57, er liest → lesen – S. 63, sie läuft → laufen – S. 63, er tritt → treten – S. 77, er wächst → wachsen – S. 80

7. Aufgabe: alt – S. 42, arm – S. 43, groß – S. 56, gut – S. 56, heiß – S. 57, hoch – S. 58, kalt – S. 61, spitz – S. 75, stark – S. 75

8. Aufgabe: benutzen – S. 45, Erinnerung – S. 51, kratzen – S. 62, letzte – S. 63, plötzlich – S. 69, Rutsche – S. 71, schimpfen – S. 72, Schnupfen – S. 73, verkleiden – S. 79

ab
das **Abc**
der **Abend**, die Aben|de
abends
das **Aben|teu|er**,
die Aben|teu|er
aber
ab|ho|len, er holt ab
der **Ab|schied**,
die Ab|schie|de
ab|wa|schen,
er wäscht ab
acht
die **Ach|tung**
acht|zehn
acht|zig
der **Acker**, die Äcker
das **Ad|jek|tiv**,
die Ad|jek|ti|ve
die **Ad|res|se**,
die Ad|res|sen
der **Ad|vent**
der **Ad|vents|kranz**
der **Af|fe**, die Af|fen
ähn|lich, ähn|li|cher,
am ähn|lichs|ten
al|bern, al|ber|ner,
am al|berns|ten
al|le
al|lein
al|les
als
al|so
alt, äl|ter, am äl|tes|ten
das **Al|ter**
am
die **Amei|se**, die Amei|sen
die **Am|pel**, die Am|peln
die **Am|sel**, die Am|seln
an
die **Ana|nas**,
die Ana|nas|se
an|de|re
än|dern, er än|dert
an|ders
an|ei|nan|der
der **An|fang**, die An|fän|ge
an|fan|gen, er fängt an
an|fas|sen, er fasst an
an|geln, sie an|gelt
der **An|griff**, die An|grif|fe
die **Angst**, die Ängs|te
ängst|lich,
ängst|li|cher,
am ängst|lichs|ten
an|kom|men,
sie kommt an
die **An|kunft**
an|ma|len, er malt an
der **Ano|rak**, die Ano|raks
an|ru|fen, sie ruft an
die **Ant|wort**,

die Ant|wor|ten
ant|wor|ten, er ant|wor|tet
die **An|zei|ge**, die An|zei|gen
sich **an|zie|hen**, er zieht sich an
der **Ap|fel**, die Äp|fel
die **Ap|fel|si|ne**, die Ap|fel|si|nen
die **Ap|ri|ko|se**, die Ap|ri|ko|sen
der **Ap|ril**
das **Aqua|ri|um**, die Aqua|ri|en
die **Ar|beit**, die Ar|bei|ten
ar|bei|ten, sie ar|bei|tet
der **Ar|bei|ter**, die Ar|bei|ter
die **Ar|bei|te|rin**, die Ar|bei|te|rin|nen
der **Är|ger**
är|gern, er är|gert
der **Arm**, die Ar|me
arm, är|mer, am ärms|ten
der **Arzt**, die Ärz|te
die **Ärz|tin**, die Ärz|tin|nen
die **Asche**
sie **aß** → es|sen
der **Ast**, die Äs|te
der **As|tro|naut**, die As|tro|nau|ten
der **Atem**
at|men, er at|met
auch
der **Au|er|hahn**, die Au|er|häh|ne
auf
die **Auf|ga|be**, die Auf|ga|ben
auf|ma|chen, er macht auf
auf|merk|sam, auf|merk|sa|mer, am auf|merk|sams|ten
auf|re|gend, auf|re|gen|der, am auf|re|gends|ten
auf|ste|hen, sie steht auf
das **Au|ge**, die Au|gen
der **Au|gust**
aus
der **Aus|flug**, die Aus|flü|ge
aus|lei|hen, sie leiht aus
aus|pro|bie|ren, er pro|biert aus
das **Aus|ru|fe|zei|chen**, die Aus|ru|fe|zei|chen
aus|schnei|den, sie schnei|det aus
aus|se|hen, er sieht aus
au|ßen
au|ßer
au|ßer|dem
der **Aus|weis**, die Aus|wei|se
aus|wen|dig
das **Au|to**, die Au|tos
die **Axt**, die Äx|te

das **Ba|by**, die Ba|bys
der **Bach**, die Bä|che
ba|cken, er backt
die **Bä|cke|rei**, die Bä|cke|rei|en
das **Bad**, die Bä|der
ba|den, sie ba|det
der **Bag|ger**, die Bag|ger
die **Bahn**, die Bah|nen
der **Bahn|hof**, die Bahn|hö|fe
bald
der **Ball**, die Bäl|le
die **Ba|na|ne**, die Ba|na|nen
sie **band** → bin|den
die **Bank**, die Bän|ke
der **Bär**, die Bä|ren
bar|fuß
bas|teln, er bas|telt
er **bat** → bit|ten
der **Bau**
der **Bauch**, die Bäu|che
bau|en, sie baut
der **Bau|er**, die Bau|ern
die **Bäu|e|rin**, die Bäu|e|rin|nen
der **Bau|ern|hof**, die Bau|ern|hö|fe
der **Baum**, die Bäu|me
be|ach|ten, er be|ach|tet
der **Be|cher**, die Be|cher
be|deu|ten, es be|deu|tet
be|dro|hen, er be|droht
sich **be|ei|len**, er be|eilt sich
be|en|den, sie be|en|det
die **Bee|re**, die Bee|ren
das **Beet**, die Bee|te
der **Be|fehl**, die Be|feh|le
be|feh|len, sie be|fiehlt
es **be|gann** → be|gin|nen
be|geg|nen, er be|geg|net
sich **be|geis|tern**, sie be|geis|tert sich
be|gin|nen, es be|ginnt
be|glei|ten, er be|glei|tet
der **Be|glei|ter**, die Be|glei|ter
be|grün|den, er be|grün|det
be|grü|ßen, sie be|grüßt
be|hal|ten, sie be|hält
be|han|deln, er be|han|delt
bei, beim

	bei|de
das	**Bein**, die Bei|ne
	bei|na|he
das	**Bei|spiel**, die Bei|spie|le
	bei|ßen, sie beißt
sie	**be|kam** → be|kom|men
	be|kannt, be|kann|ter, am be|kann|tes|ten
	be|kom|men, er be|kommt
	bel|len, er bellt
	be|loh|nen, sie be|lohnt
	be|ma|len, sie be|malt
	be|nut|zen, er be|nutzt
	be|ob|ach|ten, sie be|ob|ach|tet
	be|quem, be|que|mer, am be|quems|ten
	be|reit
der	**Berg**, die Ber|ge
der	**Be|ruf**, die Be|ru|fe
	be|schrei|ben, sie be|schreibt
die	**Be|schrei|bung**, die Be|schrei|bun|gen
	be|sie|gen, er be|siegt
	be|son|ders
	be|sor|gen, er be|sorgt
	bes|ser → gut
das	**Be|steck**, die Be|ste|cke
	be|stel|len, sie be|stellt
	be|stim|men, sie be|stimmt
	be|stra|fen, er be|straft
der	**Be|such**, die Be|su|che
	be|su|chen, sie be|sucht
	be|ten, er be|tet
	be|trach|ten, sie be|trach|tet
das	**Bett**, die Bet|ten
die	**Beu|te**
	be|vor
sich	**be|we|gen**, es be|wegt sich
die	**Be|we|gung**, die Be|we|gun|gen
	be|wun|dern, er be|wun|dert
	be|zah|len, er be|zahlt
die	**Bi|bel**, die Bi|beln
die	**Bib|lio|thek**, die Bib|lio|the|ken
die	**Bie|ne**, die Bie|nen
das	**Bild**, die Bil|der
	bil|lig, bil|li|ger, am bil|ligs|ten
ich	**bin** → sein
	bin|den, er bin|det
die	**Bir|ne**, die Bir|nen
	bis
er	**biss** → bei|ßen
	biss|chen
du	**bist** → sein
die	**Bit|te**, die Bit|ten
	bit|ten, sie bit|tet
	bit|ter, bit|te|rer, am bit|ters|ten
	bla|sen, er bläst

blass, blas|ser, am blas|ses|ten

das **Blatt**, die Blät|ter

blau, blau|er, am blaus|ten

blei|ben, sie bleibt

der **Blei|stift**, die Blei|stif|te

bli|cken, sie blickt

sie **blieb** → blei|ben

sie **blies** → bla|sen

blind

blin|ken, sie blinkt

der **Blitz**, die Blit|ze

blit|zen, es blitzt

blond

bloß

blü|hen, es blüht

die **Blu|me**, die Blu|men

das **Blut**

die **Blü|te**, die Blü|ten

blu|ten, es blu|tet

der **Bo|den**, die Bö|den

er **bog** → bie|gen

der **Bo|gen**, die Bo|gen

die **Boh|ne**, die Boh|nen

boh|ren, sie bohrt

das **Boot**, die Boo|te

bö|se, bö|ser, am bö|ses|ten

bo|xen, sie boxt

der **Bo|xer**, die Bo|xer

es **brach** → bre|chen

sie **brach|te** → brin|gen

der **Brand**, die Brän|de

es **brann|te** → bren|nen

brau|chen, er braucht

braun, brau|ner, am brauns|ten

die **Braut**, die Bräu|te

bre|chen, sie bricht

breit, brei|ter, am brei|tes|ten

bren|nen, es brennt

das **Brett**, die Bret|ter

sie **bricht** → bre|chen

der **Brief**, die Brie|fe

die **Bril|le**, die Bril|len

brin|gen, sie bringt

das **Brot**, die Bro|te

das **Bröt|chen**, die Bröt|chen

die **Brü|cke**, die Brü|cken

der **Bru|der**, die Brü|der

brül|len, sie brüllt

brum|men, es brummt

der **Brun|nen**, die Brun|nen

der **Bub**, die Bu|ben

das **Buch**, die Bü|cher

die **Bü|che|rei**, die Bü|che|rei|en

der **Buch|sta|be**, die Buch|sta|ben

buch|sta|bie|ren, er buch|sta|biert

bü|geln, er bü|gelt

bunt, bun|ter, am bun|tes|ten

das **Bü|ro**, die Bü|ros

die **Bürs|te**, die Bürs|ten

bürs|ten, sie bürs|tet

der **Bus**, die Bus|se

der **Busch**, die Bü|sche

die **But|ter**

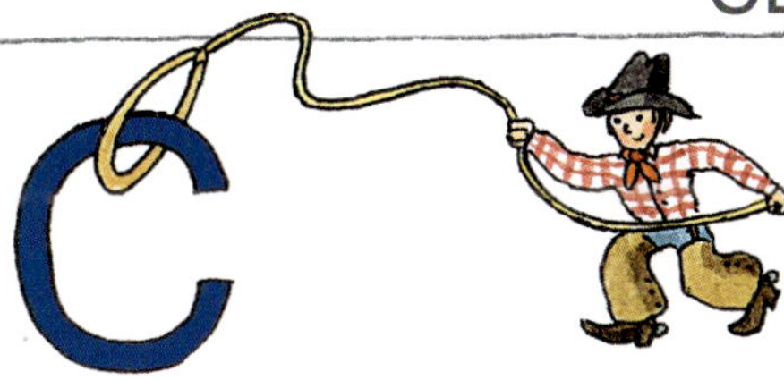

die **CD**, die CDs
der **Cent**, die Cent
das **Cha|mä|le|on**, die Cha|mä|le|ons
der **Chor**, die Chö|re
der **Christ**, die Chris|ten
der **Christ|baum**, die Christ|bäu|me
das **Christ|kind**
der **Clown**, die Clowns
cm (Zen|ti|me|ter)

der **Com|pu|ter**, die Com|pu|ter
cool, coo|ler, am cools|ten
der **Cou|sin**, die Cou|sins
die **Cou|si|ne**, die Cou|si|nen
der **Cow|boy**, die Cow|boys
die **Creme**, die Cremes

da
da|bei
das **Dach**, die Dä|cher
der **Dachs**, die Dach|se
er **dach|te** → den|ken
da|für
da|ge|gen
da|heim
da|her
da|hin
da|hin|ter
die **Da|me**, die Da|men
da|mit
da|nach
da|ne|ben
dank|bar, dank|ba|rer, am dank|bars|ten
die **Dank|bar|keit**
dan|ke!
dan|ken, er dankt
dann
da|ran
da|rauf
da|raus
er **darf** → dür|fen
da|rin
da|rü|ber
da|rum
da|run|ter
das
dass
dau|ern, es dau|ert
der **Dau|men**, die Dau|men
da|von
da|vor
da|zu
die **De|cke**, die De|cken
der **De|ckel**, die De|ckel
dein, dei|ne, dei|ner, dei|nem
der **Del|fin**, die Del|fi|ne
dem
den
den|ken, er denkt
denn
der
des
des|halb
der **De|tek|tiv**, die De|tek|ti|ve
deut|lich, deut|li|cher, am deut|lichs|ten
deutsch
Deutsch|land
der **De|zem|ber**
der **Di|a|mant**, die Di|a|man|ten
dich
dicht, dich|ter, am dich|tes|ten
dick, di|cker, am dicks|ten

die
der **Dieb**, die Die|be
der **Dienst**, die Diens|te
der **Diens|tag**, die Diens|ta|ge
dies
die|ser, die|se, die|ses
dies|mal
das **Dik|tat**, die Dik|ta|te
das **Ding**, die Din|ge
der **Di|no|sau|ri|er**, die Di|no|sau|ri|er
dir
di|rekt, di|rek|ter, am di|rek|tes|ten
doch
der **Don|ner**, die Don|ner
don|nern, es don|nert
der **Don|ners|tag**, die Don|ners|ta|ge
das **Dorf**, die Dör|fer
dort
dort|hin
die **Do|se**, die Do|sen
der **Dra|che** (Fa|bel|tier), die Dra|chen
der **Dra|chen** (Flug|ge|rät), die Dra|chen
drän|geln, sie drän|gelt
drau|ßen
der **Dreck**
dre|hen, sie dreht

drei
das **Drei|eck**, die Drei|ecke
drei|ßig
drei|zehn
drin|gend, drin|gen|der, am drin|gends|ten
drin|nen
dro|hen, er droht
drü|ben
drü|cken, sie drückt
der **Dschun|gel**, die Dschun|gel
du
der **Duft**, die Düf|te
duf|ten, es duf|tet
dumm, düm|mer, am dümms|ten
dun|kel, dunk|ler, am dun|kels|ten
die **Dun|kel|heit**
dünn, dün|ner, am dünns|ten
durch
durch|ei|nan|der
sie **durf|te** → dür|fen
dür|fen, sie darf
der **Durst**
durs|tig, durs|ti|ger, am durs|tigs|ten
du|schen, sie duscht

A B C D E F G H I J K L M N O P Q R S T U V W X Y Z

eben

eben|falls

echt

die **Ecke**, die Ecken

egal

eher

das **Ei**, die Ei|er

die **Ei|che**, die Ei|chen

die **Ei|chel**, die Ei|cheln

das **Eich|hörn|chen**, die Eich|hörn|chen

ei|gent|lich

ei|lig, ei|li|ger, am ei|ligs|ten

der **Ei|mer**, die Ei|mer

ein, ei|ne, ei|ner, ei|nem

ein|fach, ein|fa|cher, am ein|fachs|ten

der **Ein|gang**, die Ein|gän|ge

ei|ni|ge

sich **ei|ni|gen**, sie ei|nigt sich

ein|kau|fen, er kauft ein

die **Ein|la|dung**, die Ein|la|dun|gen

ein|mal

das **Ein|rad**, die Ein|rä|der

eins

ein|sam, ein|sa|mer, am ein|sams|ten

ein|schla|fen, sie schläft ein

ein|stim|mig

ein|ver|stan|den

die **Ein|zahl**

ein|zig, ein|zi|ge

das **Eis**

der **Eis|bär**, die Eis|bä|ren

die **Ei|sen|bahn**

der **Ele|fant**, die Ele|fan|ten

elf

die **El|tern**

das **En|de**, die En|den

end|lich

end|los

eng, en|ger, am engs|ten

der **En|gel**, die En|gel

eng|lisch

der **En|kel**, die En|kel

die **En|ke|lin**, die En|ke|lin|nen

ent|de|cken, sie ent|deckt

die **En|te**, die En|ten

ent|schei|den, sie ent|schei|det

sich **entschuldigen**, er entschuldigt sich
enttäuschen, er enttäuscht
entweder … oder …
sich **entwickeln**, sie entwickelt sich
er
die **Erdbeere**, die Erdbeeren
die **Erde**
erfahren, sie erfährt
erfinden, sie erfindet
erforschen, er erforscht
ergänzen, er ergänzt
das **Ergebnis**, die Ergebnisse
sich **erinnern**, er erinnert sich
die **Erinnerung**, die Erinnerungen
sich **erkälten**, sie erkältet sich
die **Erkältung**, die Erkältungen
erkennen, er erkennt
erklären, sie erklärt
erlauben, sie erlaubt
die **Erlaubnis**
erleben, er erlebt
das **Erlebnis**, die Erlebnisse
erledigen, sie erledigt
erleichtern, es erleichtert
die **Ernährung**
der **Ernst**
die **Ernte**, die Ernten
ernten, er erntet
erraten, sie errät
erreichen, er erreicht
erschöpft, erschöpfter, am erschöpftesten
sie **erschrak** → erschrecken
sich **erschrecken**, er erschrickt sich
erst
erstaunt, erstaunter, am erstauntesten
erwachsen
erwarten, sie erwartet
erwidern, er erwidert
erzählen, er erzählt
die **Erzählung**, die Erzählungen
es
der **Esel**, die Esel
das **Essen**, die Essen
essen, sie isst
etwa
etwas
euch
euer, eure
die **Eule**, die Eulen
der **Euro**, die Euros
ewig
extra

der **Fa|den**, die Fä|den
die **Fah|ne**, die Fah|nen
fah|ren, sie fährt
der **Fah|rer**, die Fah|rer
das **Fahr|rad**, die Fahr|rä|der
die **Fahrt**, die Fahr|ten
fair, fai|rer, am fairs|ten
der **Fall**, die Fäl|le
fal|len, er fällt
falsch, fal|scher, am fal|sches|ten
die **Fa|mi|lie**, die Fa|mi|li|en
er **fand** → fin|den
fan|gen, sie fängt
die **Fan|ta|sie**, die Fan|ta|si|en
die **Far|be**, die Far|ben
fär|ben, sie färbt
fast
fau|chen, sie faucht
faul, fau|ler, am fauls|ten
die **Faust**, die Fäus|te
der **Fe|bru|ar**
die **Fe|der**, die Fe|dern
die **Fee**, die Fe|en
fe|gen, er fegt
feh|len, sie fehlt
der **Feh|ler**, die Feh|ler

die **Fei|er**, die Fei|ern
fei|ern, er fei|ert
fein, fei|ner, am feins|ten
der **Feind**, die Fein|de
das **Feld**, die Fel|der
das **Fell**, die Fel|le
der **Fels**, die Fel|sen
das **Fens|ter**, die Fens|ter
die **Fe|ri|en**
das **Fer|kel**, die Fer|kel
fern, fer|ner, amferns|ten
fern|se|hen, er sieht fern
der **Fern|se|her**, die Fern|se|her
fer|tig
das **Fest**, die Fes|te
fest, fes|ter, am fes|tes|ten
fest|hal|ten, er hält fest
fett, fet|ter, am fet|tes|ten
feucht, feuch|ter, am feuch|tes|ten
das **Feu|er**, die Feu|er
die **Feu|er|wehr**
die **Fi|bel**, die Fi|beln
das **Fie|ber**

er **fiel** → fal|len
fies, fie|ser,
am fie|ses|ten
die **Fi|gur**, die Fi|gu|ren
der **Film**, die Fil|me
fin|den, sie fin|det
er **fing** → fan|gen
der **Fin|ger**, die Fin|ger
fins|ter, fins|te|rer,
am fins|ters|ten
der **Fisch**, die Fi|sche
die **Flä|che**, die Flä|chen
die **Flam|me**,
die Flam|men
die **Fla|sche**, die Fla|schen
flat|tern, sie flat|tert
flech|ten, er flicht
das **Fleisch**
flei|ßig, flei|ßi|ger,
am flei|ßigs|ten
er **flicht** → flech|ten
die **Flie|ge**, die Flie|gen
flie|gen, sie fliegt
flie|ßen, es fließt
die **Flo|cke**, die Flo|cken
er **flog** → flie|gen
das **Floß**, die Flö|ße
es **floss** → flie|ßen
die **Flö|te**, die Flö|ten
der **Flug**, die Flü|ge
der **Flü|gel**, die Flü|gel
das **Flug|zeug**,
die Flug|zeu|ge
der **Flur**, die Flu|re
der **Fluss**, die Flüs|se
flüs|sig, flüs|si|ger,
am flüs|sigs|ten
flüs|tern, sie flüs|tert
fol|gen, er folgt
die **Form**, die For|men
der **Förs|ter**, die Förs|ter
fort
das **Fo|to**, die Fo|tos
die **Fra|ge**, die Fra|gen
fra|gen, sie fragt
das **Fra|ge|zei|chen**,
die Fra|ge|zei|chen
es **fraß** → fres|sen
die **Frau**, die Frau|en
frech, fre|cher,
am frechs|ten
frei
der **Frei|tag**, die Frei|ta|ge
frei|wil|lig
fremd, frem|der,
am frem|des|ten,
die Frem|de
fres|sen, er frisst
die **Freu|de**, die Freu|den
sich **freu|en**, sie freut sich
der **Freund**, die Freun|de
die **Freun|din**,
die Freun|din|nen
freund|lich,
freund|li|cher,
am freund|lichs|ten
die **Freund|schaft**,
die Freund|schaf|ten
der **Frie|den**
fried|lich, fried|li|cher,
am fried|lichs|ten
frie|ren, er friert

frisch, fri|scher, am fri|sches|ten

es **frisst** → fres|sen

froh, fro|her, am frohs|ten

fröh|lich, fröh|li|cher, am fröh|lichs|ten

der **Frosch**, die Frö|sche

der **Frost**

die **Frucht**, die Früch|te

früh, frü|her, am frühs|ten

frü|her

der **Früh|ling**, die Früh|lin|ge

das **Früh|stück**

früh|stü|cken, sie früh|stückt

der **Fuchs**, die Füch|se

füh|len, er fühlt

sie **fuhr** → fah|ren

füh|ren, sie führt

fül|len, er füllt

der **Fül|ler**, die Fül|ler

fünf

fünf|zehn

fünf|zig

für

sich **fürch|ten**, er fürch|tet sich

der **Fuß**, die Fü|ße

der **Fuß|ball**, die Fuß|bäl|le

das **Fut|ter**

füt|tern, sie füt|tert

sie **gab** → ge|ben
die **Ga|bel**, die Ga|beln
ga|ckern, es ga|ckert
die **Gans**, die Gän|se
ganz
gan|ze, gan|zer, gan|zes
gar
der **Gar|ten**, die Gär|ten
der **Gast**, die Gäs|te
ge|ben, sie gibt
das **Ge|bir|ge**, die Ge|bir|ge
die **Ge|burt**, die Ge|bur|ten
der **Ge|burts|tag**, die Ge|burts|ta|ge
das **Ge|dicht**, die Ge|dich|te
die **Ge|fahr**, die Ge|fah|ren
ge|fähr|lich, ge|fähr|li|cher, am ge|fähr|lichs|ten
ge|fal|len, es ge|fällt
ge|fan|gen
es **ge|fiel** → ge|fal|len
das **Ge|fühl**, die Ge|füh|le
ge|gen
ge|hen, sie geht
die **Gei|ge**, die Gei|gen
der **Geist**, die Geis|ter
gelb, gel|ber, am gelbs|ten
das **Geld**, die Gel|der
ge|mein, ge|mei|ner, am ge|meins|ten
ge|mein|sam
das **Ge|mü|se**, die Ge|mü|se
ge|müt|lich, ge|müt|li|cher, am ge|müt|lichs|ten
ge|nau
ge|nug
ge|ra|de
das **Ge|räusch**, die Ge|räu|sche
gern
das **Ge|schäft**, die Ge|schäf|te
das **Ge|schenk**, die Ge|schen|ke
die **Ge|schich|te**, die Ge|schich|ten
das **Ge|schirr**
die **Ge|schwis|ter**
das **Ge|sicht**, die Ge|sich|ter
das **Ge|spenst**, die Ge|spens|ter
ges|tern
ge|sund, ge|sün|der, am ge|sün|des|ten
er **ge|wann** → ge|win|nen
ge|win|nen, er ge|winnt
das **Ge|wit|ter**, die Ge|wit|ter
sie **gibt** → ge|ben
gie|ßen, sie gießt

giftig, gifltilger, am gifltigslten
sie **ging** → gelhen
die **Gilraflfe**, die Gilraflfen
glänlzend, glänlzenlder, am glänlzendslten
das **Glas**, die Glälser
glatt, glatlter, am glatltesIten
glaulben, er glaubt
gleich
die **Glolcke**, die Glolcken
das **Glück**
glücklllich, glücklllilcher, am glückllichslten
das **Gold**
es **goss** → gielßen
der **Gott**, die Götlter
gralben, er gräbt
das **Gras**, die Grälser
grau, graular, am grauslten

greilfen, sie greift
die **Grenlze**, die Grenlzen
er **griff** → greilfen
grillen, er grillt
groß, grölßer, am größlten
die **Großlelltern**
er **grub** → gralben
grün, grülner, am grünslten
der **Grund**, die Grünlde
die **Grundlschulle**, die Grundlschullen
die **Grupl pe**, die Gruplpen
der **Gruß**, die Grülße
gulcken, sie guckt
die **Gurlke**, die Gurlken
der **Gürltel**, die Gürltel
gut, beslser, am beslten
Gulten Tag!, auch: Grüß Gott!

das **Haar**, die Haa|re
ha|ben, er hat
der **Ha|fen**, die Hä|fen
der **Hahn**, die Häh|ne
der **Hai**, die Haie
halb
er **half** → hel|fen
die **Hälf|te**, die Hälf|ten
hal|lo!, auch: Ser|vus!
der **Hals**, die Häl|se
hal|ten, sie hält
der **Ham|mer**, die Häm|mer
die **Hand**, die Hän|de
das **Han|dy**, die Han|dys
hän|gen, er hängt
hart, här|ter,
am här|tes|ten
der **Ha|se**, die Ha|sen
häss|lich, häss|li|cher,
am häss|lichs|ten
er **hat** → ha|ben
er **hat|te** → ha|ben
das **Haus**, die Häu|ser
die **Haut**, die Häu|te
die **He|cke**, die He|cken
das **Heft**, die Hef|te
heiß, hei|ßer,
am hei|ßes|ten
hei|ßen, sie heißt
hel|fen, er hilft
hell, hel|ler, am hells|ten

das **Hemd**, die Hem|den
her
he|raus
der **Herbst**, die Herbs|te
he|rein
der **Herr**, die Her|ren
herr|lich, herr|li|cher,
am herr|lichs|ten
he|rum
he|run|ter
her|vor
das **Herz**, die Her|zen
das **Heu**
heu|len, er heult
heu|te
die **He|xe**, die He|xen
sie **hielt** → hal|ten
hier
hier|her
sie **hieß** → hei|ßen
die **Hil|fe**, die Hil|fen
er **hilft** → hel|fen
der **Him|mel**, die Him|mel
hin
hi|nauf
hi|naus
hi|nein
er **hing** → hän|gen
hin|ten
hin|ter
hi|nü|ber

A B C D E F G H I J K L M N O P Q R S T U V W X Y Z

	hi|nun|ter
die	**Hit|ze**
das	**Hob|by**, die Hob|bys
	hoch, hö|her, am höchs|ten
	ho|cken, er hockt
der	**Hof**, die Hö|fe
	hof|fen, sie hofft
	hof|fent|lich
	hö|her → hoch
die	**Höh|le**, die Höh|len
	ho|len, er holt
das	**Holz**
der	**Ho|nig**
	hö|ren, sie hört
die	**Ho|se**, die Ho|sen
das	**Huhn**, die Hüh|ner
die	**Hum|mel**, die Hum|meln
der	**Hund**, die Hun|de
	hun|dert
der	**Hun|ger**
	hung|rig, hung|ri|ger, am hung|rigs|ten
	hüp|fen, sie hüpft
	hus|ten, er hus|tet
der	**Hut**, die Hü|te

I

ich
der **Igel**, die Igel
das/der **Ig|lu**, die Ig|lus
ihm
ihn
ih|nen
ihr, ih|re, ih|rer, ih|rem, ih|ren
im
im|mer
in
ins
die **In|sel**, die In|seln
in|te|res|sant, in|te|res|san|ter, am in|te|res|san|tes|ten
das **In|ter|net**
die **Inu|it**
sich **ir|ren**, er irrt sich
sie **isst** → es|sen
er **ist** → sein

ja
die **Ja|cke**, die Ja|cken
die **Jagd**, die Jag|den
ja|gen, sie jagt
der **Jä|ger**, die Jä|ger
der **Ja|gu|ar**, die Ja|gu|a|re
das **Jahr**, die Jah|re
jam|mern, er jam|mert
der **Ja|nu|ar**
je|der, je|de, je|des, je|dem, je|den
je|doch
je|mand
Je|sus
jetzt
der **Jo|ghurt**, die Jo|ghurts
ju|beln, sie ju|belt
der **Ju|li**
jung, jün|ger, am jüngs|ten
das **Jun|ge** (Tier|kind), die Jun|gen
der **Jun|ge** (Men|schen|kind), die Jun|gen, auch: der Bub, die Bu|ben
der **Ju|ni**

der **Kä|fer**, die Kä|fer
der **Kaf|fee**
der **Kä|fig**, die Kä|fi|ge
der **Kai|ser**, die Kai|ser
der **Ka|ka|du**, die Ka|ka|dus
der **Ka|len|der**, die Ka|len|der
kalt, käl|ter, am käl|tes|ten
die **Käl|te**
er **kam** → kom|men
der **Kamm**, die Käm|me
kämp|fen, er kämpft
das **Kän|gu|ru**, die Kän|gu|rus
das **Ka|nin|chen**, die Ka|nin|chen
er **kann** → kön|nen
die **Kan|ne**, die Kan|nen
er **kann|te** → ken|nen
der **Ka|pi|tän**, die Ka|pi|tä|ne
das **Ka|pi|tel**, die Ka|pi|tel
ka|putt
ka|riert
die **Ka|rot|te**, die Ka|rot|ten
die **Kar|te**, die Kar|ten
die **Kar|tof|fel**, die Kar|tof|feln
der **Kä|se**, die Kä|se
die **Kas|se**, die Kas|sen

die **Kas|ta|nie**, die Kas|ta|ni|en
der **Kas|ten**, die Käs|ten
die **Kat|ze**, die Kat|zen
kau|fen, sie kauft
kaum
kein, kei|ne, kei|ner
der **Kel|ler**, die Kel|ler
ken|nen, er kennt
der **Kern**, die Ker|ne
die **Ker|ze**, die Ker|zen
die **Ket|te**, die Ket|ten
ki|chern, sie ki|chert
ki|cken, er kickt
der **Ki|lo|me|ter** (km), die Ki|lo|me|ter
das **Kind**, die Kin|der
das **Ki|no**, die Ki|nos
die **Kir|che**, die Kir|chen
die **Kir|sche**, die Kir|schen
das **Kis|sen**, die Kis|sen
die **Kis|te**, die Kis|ten
klap|pen, es klappt
klar, kla|rer, am klars|ten
die **Klas|se**, die Klas|sen
klat|schen, er klatscht
das **Kla|vier**, die Kla|vie|re
kle|ben, es klebt
kleb|rig, kleb|ri|ger, am kleb|rigs|ten

das **Kleid**, die Klei|der
klein, klei|ner, am kleins|ten
klet|tern, sie klet|tert
klin|geln, er klin|gelt
das **Klo**, die Klos
klop|fen, er klopft
klug, klü|ger, am klügs|ten
km (Ki|lo|me|ter)
kne|ten, sie kne|tet
das **Knie**, die Knie
der **Kno|chen**, die Kno|chen
der **Knopf**, die Knöp|fe
knur|ren, er knurrt
der **Koch**, die Kö|che
ko|chen, er kocht
die **Kö|chin**, die Kö|chin|nen
der **Kof|fer**, die Kof|fer
kom|men, sie kommt
der **Kö|nig**, die Kö|ni|ge
die **Kö|ni|gin**, die Kö|ni|gin|nen
kön|nen, er kann
er **konn|te** → kön|nen
der **Kopf**, die Köp|fe
der **Korb**, die Kör|be
der **Kör|per**, die Kör|per
kost|bar, kost|ba|rer, am kost|bars|ten
kos|ten, es kos|tet
krab|beln, sie krab|belt

der **Krach**
die **Kraft**, die Kräf|te
kräf|tig, kräf|ti|ger, am kräf|tigs|ten
die **Kral|le**, die Kral|len
krank, krän|ker, am kränks|ten
krat|zen, es kratzt
krau|len, er krault
das **Kraut**, die Kräu|ter
die **Krei|de**, die Krei|den
der **Kreis**, die Krei|se
das **Kreuz**, die Kreu|ze
das **Kro|ko|dil**, die Kro|ko|di|le
die **Kro|ne**, die Kro|nen
die **Krö|te**, die Krö|ten
krumm, krum|mer, am krumms|ten
die **Kü|che**, die Kü|chen
der **Ku|chen**, die Ku|chen
der **Ku|ckuck**, die Ku|cku|cke
die **Ku|gel**, die Ku|geln
die **Kuh**, die Kü|he
kühl, küh|ler, am kühls|ten
der **Kühl|schrank**, die Kühl|schrän|ke
die **Kur|ve**, die Kur|ven
kurz, kür|zer, am kür|zes|ten
der **Kuss**, die Küs|se

l (Li|ter)
lä|cheln, er lä|chelt
la|chen, sie lacht
der **La|den**, die Lä|den
er **lag** → lie|gen
das **La|ma**, die La|mas
die **Lam|pe**, die Lam|pen
das **Land**, die Län|der
lang, län|ger, am längs|ten
lang|sam, lang|sa|mer, am lang|sams|ten
lang|wei|lig, lang|wei|li|ger, am lang|wei|ligs|ten
sie **las** → le|sen
las|sen, er lässt
die **La|ter|ne**, die La|ter|nen
das **Laub**
lau|fen, sie läuft
laut, lau|ter, am lau|tes|ten
die **La|va**
le|ben, sie lebt
le|ben|dig
le|cken, sie leckt
le|cker, le|cke|rer, am le|ckers|ten
leer
le|gen, er legt
der **Leh|rer**, die Leh|rer
die **Leh|re|rin**, die Leh|re|rin|nen
leicht, leich|ter, am leich|tes|ten
lei|hen, er leiht
lei|se, lei|ser, am lei|ses|ten
die **Lei|ter**, die Lei|tern
len|ken, er lenkt
ler|nen, sie lernt
le|sen, er liest
letz|te
leuch|ten, es leuch|tet
die **Leu|te**
das **Le|xi|kon**, die Le|xi|ka
das **Licht**, die Lich|ter
lieb, lie|ber, am liebs|ten
die **Lie|be**
lie|ben, er liebt
das **Lied**, die Lie|der
sie **lief** → lau|fen
lie|gen, sie liegt
er **ließ** → las|sen
er **liest** → le|sen
li|la
die **Lin|de**, die Lin|den
das **Li|ne|al**, die Li|ne|a|le
die **Li|nie**, die Li|ni|en
lin|ke, lin|ker

A B C D E F G H I J K L M N O P Q R S T U V W X Y Z

A B C D E F G H I J K L M N O P Q R S T U V W X Y Z

links

die **Lip|pe**, die Lip|pen

der **Li|ter** (l), die Li|ter

lo|ben, er lobt

das **Loch**, die Lö|cher

der **Löf|fel**, die Löf|fel

die **Lo|ko|mo|ti|ve**, die Lo|ko|mo|ti|ven

das **Los**, die Lo|se

los

lö|schen, sie löscht

lö|sen, er löst

die **Lö|sung**, die Lö|sun|gen

der **Lö|we**, die Lö|wen

die **Luft**, die Lüf|te

lü|gen, sie lügt

die **Lun|ge**, die Lun|gen

die **Lu|pe**, die Lu|pen

lus|tig, lus|ti|ger, am lus|tigs|ten

m (Meter)
machen, sie macht
mächtig, mächtiger, am mächtigsten
das **Mädchen**, die Mädchen
er **mag** → mögen
der **Mai**
der **Maikäfer**, die Maikäfer
malen, er malt
die **Mama**, die Mamas
man
manche
manchmal
die **Manege** (sprich: Manehsche), die Manegen
der **Mann**, die Männer
der **Mantel**, die Mäntel
das **Märchen**, die Märchen
die **Marke**, die Marken
der **Markt**, die Märkte
die **Marmelade**, die Marmeladen
der **März**
das **Marzipan**
der **Matsch**
die **Mauer**, die Mauern
die **Maus**, die Mäuse

meckern, er meckert
das **Meer**, die Meere
das **Meerschweinchen**, die Meerschweinchen
das **Mehl**
mehr
die **Mehrzahl**
die **Meile**, die Meilen
mein, meine, meiner
meinen, er meint
sich **melden**, sie meldet sich
die **Melone**, die Melonen
die **Menge**, die Mengen
der **Mensch**, die Menschen
merken, sie merkt
das **Messer**, die Messer
der **Meter** (m), die Meter
mich
die **Milch**
mild, milder, am mildesten
min (Minute)
die **Minute** (min), die Minuten
mir
mischen, er mischt
mit
mitbringen, sie bringt mit

miteinander
mithelfen, er hilft mit
mithilfe
der **Mitlaut**, die Mitlaute
mitnehmen, sie nimmt mit
mitspielen, er spielt mit
der **Mittag**, die Mittage
die **Mitte**, die Mitten
der **Mittwoch**, die Mittwoche
die **Möbel**
mögen, er mag
möglich
die **Möhre**, die Möhren
der **Monat**, die Monate
der **Mond**, die Monde
das **Monster**, die Monster
der **Montag**, die Montage
das **Moor**, die Moore
das **Moos**, die Moose
der **Morgen**, die Morgen
morgen
morgens
die **Mücke**, die Mücken
müde, müder, am müdesten
die **Mühe**
der **Müll**
der **Mund**, die Münder
munter, munterer, am muntersten
murren, er murrt
die **Muschel**, die Muscheln
die **Musik**
müssen, sie muss
er **musste** → müssen
der **Mut**
mutig, mutiger, am mutigsten
die **Mutter**, die Mütter
die **Mütze**, die Mützen

nach
der **Nach|bar**, die Nach|barn
nach|dem
nach|ei|nan|der
nach|her
der **Nach|mit|tag**, die Nach|mit|ta|ge
der **Nach|na|me**, die Nach|na|men
nächs|te
die **Nacht**, die Näch|te
nachts
nackt
die **Na|del**, die Na|deln
der **Na|gel**, die Nä|gel
nah, nä|her, am nächs|ten
er **nahm** → neh|men
der **Na|me**, die Na|men
näm|lich
sie **nann|te** → nen|nen
die **Na|se**, die Na|sen
das **Nas|horn**, die Nas|hör|ner
nass
die **Na|tur**
na|tür|lich
der **Ne|bel**, die Ne|bel
ne|ben
neh|men, er nimmt

nein
nen|nen, er nennt
das **Nest**, die Nes|ter
nett, net|ter, am net|tes|ten
das **Netz**, die Net|ze
neu, neu|er, am neus|ten
neun
neun|zehn
neun|zig
nicht
nichts
ni|cken, er nickt
nie
nie|mals
nie|mand
der **Ni|ko|laus**
das **Nil|pferd**, die Nil|pfer|de
er **nimmt** → neh|men
noch
das **No|men**, die No|men
der **Nor|den**
der **No|vem|ber**
die **Nu|del**, die Nu|deln
null
die **Num|mer**, die Num|mern
nun
nur
die **Nuss**, die Nüs|se

ob
oben
das **Obst**
ob|wohl
oder
der **Ofen**, die Öfen
of|fen
öff|nen, er öff|net
oft
öf|ter
oh|ne
das **Ohr**, die Oh|ren
der **Ok|to|ber**
das **Öl**
die **Oma**, die Omas
der **Om|ni|bus**, die Om|ni|bus|se

der **On|kel**, die On|kel
der **Opa**, die Opas
die **Oran|ge**, die Oran|gen
oran|ge
der **Orang-Utan**, die Orang-Utans
or|dent|lich, or|dent|li|cher, am or|dent|lichs|ten
ord|nen, sie ord|net
die **Or|gel**, die Or|geln
der **Ort**, die Or|te
der **Os|ten**
der **Os|ter|ha|se**
das **Os|tern**
der **Ot|ter**, die Ot|ter
der **Oze|an**, die Oze|a|ne

das **Paar**, die Paa|re
paar
pa|cken, er packt
das **Pa|ket**, die Pa|ke|te
der **Pa|pa**, die Pa|pas
der **Pa|pa|gei**, die Pa|pa|gei|en
das **Pa|pier**, die Pa|pie|re
die **Pap|pe**, die Pap|pen
der **Part|ner**, die Part|ner
pas|sie|ren, es pas|siert
die **Pau|se**, die Pau|sen
das **Pe|dal**, die Pe|da|le
die **Per|le**, die Per|len
der **Pfad**, die Pfa|de
die **Pfan|ne**, die Pfan|nen
der **Pfau**, die Pfaue
der **Pfef|fer**
die **Pfei|fe**, die Pfei|fen
pfei|fen, er pfeift
der **Pfeil**, die Pfei|le
das **Pferd**, die Pfer|de
die **Pflan|ze**, die Pflan|zen
pflan|zen, er pflanzt
die **Pflau|me**, die Pflau|men
pfle|gen, er pflegt
pflü|cken, er pflückt
die **Pfo|te**, die Pfo|ten
die **Pfüt|ze**, die Pfüt|zen
der **Pilz**, die Pil|ze
der **Pin|gu|in**, die Pin|gu|i|ne
pink
der **Pin|sel**, die Pin|sel
der **Pi|rat**, die Pi|ra|ten
die **Piz|za**, die Piz|zas
das **Pla|kat**, die Pla|ka|te
der **Plan**, die Plä|ne
der **Pla|net**, die Pla|ne|ten
der **Platz**, die Plät|ze
plötz|lich
die **Po|li|zei**
der **Po|li|zist**, die Po|li|zis|ten
die **Po|li|zis|tin**, die Po|li|zis|tin|nen
die **Pom|mes**
das **Po|ny**, die Po|nys
die **Post**
der **Preis**, die Prei|se
pri|ma
der **Prinz**, die Prin|zen
die **Prin|zes|sin**, die Prin|zes|sin|nen
das **Pro|blem**, die Pro|ble|me
der **Pul|lo|ver**, die Pul|lo|ver
der **Punkt**, die Punk|te
die **Pup|pe**, die Pup|pen
put|zen, er putzt

das **Qua|drat**,
die Qua|dra|te

qua|ken, er quakt

die **Qual**, die Qua|len

quä|len, sie quält

die **Qual|le**, die Qual|len

der **Qualm**

der **Quark**

das **Quar|tett**,
die Quar|tet|te

der **Quatsch**

die **Quel|le**, die Quel|len

quer

quet|schen,
er quetscht

quiet|schen,
sie quietscht

das **Quiz**

der **Rabe**, die Raben
das **Rad**, die Räder
der **Radiergummi**
das **Radio**, die Radios
die **Rakete**, die Raketen
der **Rand**, die Ränder
er **rannte** → rennen
der **Rasen**
rasen, er rast
raten, sie rät
das **Rätsel**, die Rätsel
die **Ratte**, die Ratten
der **Rauch**
der **Raum**, die Räume
die **Raupe**, die Raupen
rauschen, es rauscht
rechnen, sie rechnet
rechte, rechter
rechts
reden, sie redet
das **Regal**, die Regale
die **Regel**, die Regeln
der **Regen**
regnen, es regnet
das **Reh**, die Rehe
reich, reicher, am reichsten
die **Reihe**, die Reihen
der **Reim**, die Reime
der **Reis**
die **Reise**, die Reisen
reisen, er reist
reißen, er reißt
reiten, sie reitet
rennen, er rennt
retten, er rettet
richtig
riechen, es riecht
er **rief** → rufen
der **Riese**, die Riesen
er **riet** → raten
der **Ring**, die Ringe
der **Riss**, die Risse
es **riss** → reißen
der **Ritter**, die Ritter
es **roch** → riechen
der **Rock**, die Röcke
rollen, es rollt
der **Roller**, die Roller
rosa
die **Rose**, die Rosen
die **Rosine**, die Rosinen
rot, röter, am rötesten
der **Rücken**, die Rücken
rufen, er ruft
ruhig, ruhiger, am ruhigsten
rühren, sie rührt
rund, runder, am rundesten
der **Rüssel**, die Rüssel
die **Rutsche**, die Rutschen
rütteln, er rüttelt

die **Sa|che**, die Sa|chen
der **Sack**, die Sä|cke
der **Saft**, die Säf|te
die **Sä|ge**, die Sä|gen
sa|gen, sie sagt
er **sah** → se|hen
die **Sah|ne**
die **Sa|la|mi**
der **Sa|lat**, die Sa|la|te
das **Salz**
sam|meln, er sam|melt
der **Sams|tag**, die Sams|ta|ge
der **Sand**, san|dig
sie **sang** → sin|gen
er **saß** → sit|zen
satt
der **Satz**, die Sät|ze
sau|ber, sau|be|rer, am sau|bers|ten
sau|er, sau|rer, am sau|ers|ten
scha|de
das **Schaf**, die Scha|fe
der **Schal**, die Schals
die **Scha|le**, die Scha|len
scharf, schär|fer, am schärfs|ten
der **Schat|ten**, die Schat|ten
der **Schatz**, die Schät|ze

schau|en, er schaut
die **Schau|fel**, die Schau|feln
die **Schau|kel**, die Schau|keln
schau|keln, er schau|kelt
die **Schei|be**, die Schei|ben
schei|nen, es scheint
schen|ken, sie schenkt
die **Sche|re**, die Sche|ren
schi|cken, er schickt
schief, schie|fer, am schiefs|ten
es **schien** → schei|nen
schie|ßen, sie schießt
das **Schiff**, die Schif|fe
das **Schild**, die Schil|der
die **Schild|krö|te**, die Schild|krö|ten
schimp|fen, er schimpft
der **Schin|ken**, die Schinken
schla|fen, sie schläft
schla|gen, er schlägt
die **Schlan|ge**, die Schlan|gen
schlau, schlau|er, am schlaus|ten
der **Schlauch**,

die Schläu|che
schlecht, schlech|ter,
am schlech|tes|ten
die **Schlei|fe**,
die Schlei|fen
sie **schlief** → schla|fen
schlimm, schlim|mer,
am schlimms|ten
der **Schlit|ten**,
die Schlit|ten
das **Schloss**,
die Schlös|ser
schlu|cken,
sie schluckt
er **schlug** → schla|gen
der **Schluss**, die Schlüs|se
der **Schlüs|sel**,
die Schlüs|sel
schme|cken,
es schmeckt
der **Schmerz**,
die Schmer|zen
der **Schmet|ter|ling**,
die Schmet|ter|lin|ge
schmü|cken,
er schmückt
schmut|zig,
schmut|zi|ger,
am schmut|zigs|ten
der **Schna|bel**,
die Schnä|bel
die **Schnau|ze**,
die Schnau|zen
die **Schne|cke**,
die Schne|cken
der **Schnee**

schnei|den,
er schnei|det
schnei|en, es schneit
schnell, schnel|ler,
am schnells|ten
er **schnitt** → schnei|den
der **Schnup|fen**
die **Scho|ko|la|de**,
die Scho|ko|la|den
schön, schö|ner,
am schöns|ten
schon
er **schoss** → schie|ßen
der **Schrank**, die Schrän|ke
schreck|lich,
schreck|li|cher,
am schreck|lichs|ten
schrei|ben,
sie schreibt
schrei|en, er schreit
er **schrie** → schrei|en
er **schrieb** → schrei|ben
der **Schritt**, die Schrit|te
die **Schub|la|de**,
die Schub|la|den
der **Schuh**, die Schu|he
die **Schu|le**, die Schu|len
der **Schü|ler**, die Schü|ler
die **Schü|le|rin**,
die Schü|le|rin|nen
die **Schul|ter**,
die Schul|tern
die **Schüs|sel**,
die Schüs|seln
schüt|teln,
sie schüt|telt

schwach, schwä|cher, am schwächs|ten
der Schwamm, die Schwäm|me
er schwamm → schwim|men
schwarz, schwär|zer, am schwär|zes|ten
schwei|gen, sie schweigt
das Schwein, die Schwei|ne
schwer, schwe|rer, am schwers|ten
das Schwert, die Schwer|ter
die Schwes|ter, die Schwes|tern
schwie|rig, schwie|ri|ger, am schwie|rigs|ten
schwim|men, er schwimmt
schwit|zen, sie schwitzt
sechs
sech|zehn
sech|zig
der See, die Se|en
das See|pferd|chen, die See|pferd|chen
se|geln, sie se|gelt
se|hen, er sieht
sehr
ihr seid → sein
die Sei|fe
das Seil, die Sei|le
sein, er ist
sein, sei|ne, sei|ner
seit
die Sei|te, die Sei|ten
die Se|kun|de, die Se|kun|den
selbst
der Selbst|laut, die Selbst|lau|te
der Sep|tem|ber
sich set|zen, er setzt sich
sich
si|cher, si|che|rer, am si|chers|ten
sie
sie|ben
sieb|zehn
sieb|zig
er sieht → se|hen
die Sil|be, die Sil|ben
das Sil|ber
sie sind → sein
sin|gen, sie singt
sit|zen, er sitzt
so
die So|cke, die So|cken
so|dass
das So|fa, die So|fas
so|fort
der Sohn, die Söh|ne
sol|len, sie soll
der Som|mer, die Som|mer
son|dern
die Son|ne, die Son|nen
der Sonn|tag,

die Sonn|ta|ge
die **Spa|ghet|ti**
span|nend,
span|nen|der,
am span|nends|ten
spa|ren, er spart
der **Spaß**, die Spä|ße
spät, spä|ter,
am spä|tes|ten
der **Spatz**, die Spat|zen
spa|zie|ren, sie spa|ziert
der **Specht**, die Spech|te
der **Spie|gel**, die Spie|gel
spie|len, er spielt
der **Spiel|platz**,
die Spiel|plät|ze
die **Spin|ne**, die Spin|nen
spitz, spit|zer,
am spit|zes|ten
der **Sport**
sie **sprach** → spre|chen
die **Spra|che**, die Spra|chen
er **sprang** → sprin|gen
spre|chen, sie spricht
sprin|gen, er springt
spu|cken, sie spuckt
die **Spur**, die Spu|ren
die **Stadt**, die Städ|te
der **Stall**, die Stäl|le
sie **stand** → ste|hen
die **Stan|ge**, die Stan|gen
der **Stän|gel**, die Stän|gel
er **starb** → ster|ben
stark, stär|ker,
am stärks|ten
der **Start**, die Starts

ste|hen, sie steht
der **Stein**, die Stei|ne
stel|len, er stellt
der **Stem|pel**, die Stem|pel
ster|ben, sie stirbt
der **Stern**, die Ster|ne
der **Stie|fel**, die Stie|fel
er **stieß** → sto|ßen
der **Stift**, die Stif|te
still, stil|ler,
am stills|ten
die **Stim|me**, die Stim|men
sie **stirbt** → ster|ben
die **Stirn**, die Stir|nen
der **Stoff**, die Stof|fe
stolz, stol|zer,
am stol|zes|ten
sto|ßen, er stößt
der **Strand**, die Strän|de
die **Stra|ße**, die Stra|ßen
der **Strauß**, die Sträu|ße
strei|cheln, er strei|chelt
der **Streit**
der **Strumpf**, die Strümp|fe
das **Stück**, die Stü|cke
der **Stuhl**, die Stüh|le
stumm
die **Stun|de**, die Stun|den
der **Sturm**, die Stür|me
stür|zen, sie stürzt
su|chen, er sucht
der **Sü|den**
sum|men, es summt
die **Sup|pe**, die Sup|pen
süß, sü|ßer,
am sü|ßes|ten

die **Ta|bel|le**, die Ta|bel|len
die **Ta|fel**, die Ta|feln
der **Tag**, die Ta|ge
das **Tal**, die Tä|ler
die **Tan|ne**, die Tan|nen
die **Tan|te**, die Tan|ten
tan|zen, er tanzt
die **Ta|sche**, die Ta|schen
die **Tas|se**, die Tas|sen
er **tat** → tun
die **Tat|ze**, die Tat|zen
tau|chen, sie taucht
tau|schen, sie tauscht
tau|send
das **Ta|xi**, die Ta|xis
der **Ted|dy**, die Ted|dys
der **Tee**, die Tees
der **Teich**, die Tei|che
der **Teig**, die Tei|ge
das **Teil** (Stück), die Tei|le
der **Teil** (vom Gan|zen), die Tei|le
tei|len, er teilt
das **Te|le|fon**, die Te|le|fo|ne
te|le|fo|nie|ren, er te|le|fo|niert
der **Tel|ler**, die Tel|ler
die **Tem|pe|ra|tur**, die Tem|pe|ra|tu|ren
der **Tep|pich**, die Tep|pi|che
teu|er, teu|rer, am teu|ers|ten
der **Teu|fel**, die Teu|fel
der **Text**, die Tex|te
das **Ther|mo|me|ter**, die Ther|mo|me|ter
tief, tie|fer, am tiefs|ten
das **Tier**, die Tie|re
der **Ti|ger**, die Ti|ger
die **Tin|te**
das **Ti|pi** (In|di|a|ner|zelt), die Ti|pis
der **Tipp**, die Tipps
der **Tisch**, die Ti|sche
to|ben, er tobt
die **Toch|ter**, die Töch|ter
der **Tod**, die To|de
toll, tol|ler, am tolls|ten
die **To|ma|te**, die To|ma|ten
die **Ton|ne**, die Ton|nen
der **Topf**, die Töp|fe
das **Tor**, die To|re
die **Tor|te**, die Tor|ten
tot
sie **traf** → tref|fen
tra|gen, sie trägt
die **Trä|ne**, die Trä|nen
er **trank** → trin|ken

er **trat** → tre|ten
die **Trau|be**, die Trau|ben
der **Traum**, die Träu|me
träu|men, er träumt
trau|rig, trau|ri|ger, am trau|rigs|ten
sich **tref|fen**, sie trifft sich
tren|nen, sie trennt
die **Trep|pe**, die Trep|pen
tre|ten, er tritt
treu, treu|er, am treus|ten
sie **trifft sich** → sich tref|fen
trin|ken, sie trinkt
er **tritt** → tre|ten
tro|cken, tro|cke|ner, am tro|ckens|ten
die **Trom|mel**, die Trom|meln
trom|meln, er trom|melt
trotz|dem
sie **trug** → tra|gen
das **Tuch**, die Tü|cher
die **Tul|pe**, die Tul|pen
tun, er tut
die **Tür**, die Tü|ren
der **Turm**, die Tür|me
tur|nen, sie turnt
er **tut** → tun
die **Tü|te**, die Tü|ten

übel, üb|ler,
am übels|ten
üben, er übt
über
über|all
über|le|gen,
er über|legt
über|nach|ten,
sie über|nach|tet
über|ra|schen,
er über|rascht
die **Über|schrift**,
die Über|schrif|ten
üb|rig
üb|ri|gens
die **Übung**, die Übun|gen
das **Ufer**, die Ufer
das **Ufo**, die Ufos
die **Uhr**, die Uh|ren
der **Uhu**, die Uhus
um
um|ar|men,
sie um|armt
um|sonst
der **Um|weg**, die Um|we|ge
der **Um|zug**, die Um|zü|ge
un|be|dingt
und
der **Un|fall**, die Un|fäl|le
das **Un|glück**
un|glück|lich,
un|glück|li|cher,
am un|glück|lichs|ten
uns
un|ser, un|se|re
un|ten
un|ter
der **Un|ter|richt**
das **Un|wet|ter**,
die Un|wet|ter
der **Ur|laub**, die Ur|lau|be
der **Ur|wald**, die Ur|wäl|der

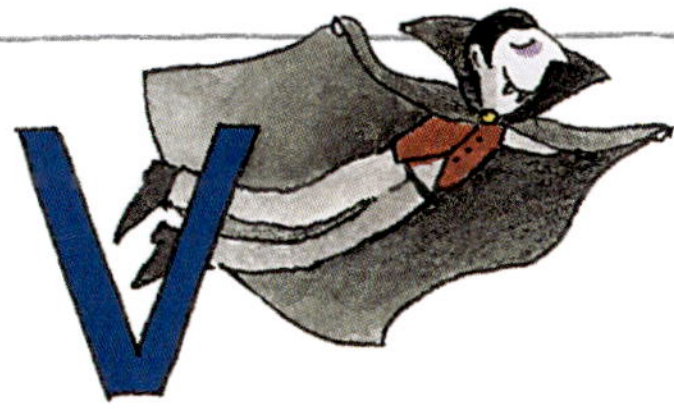

der Vam|pir, die Vam|pi|re
die Va|se, die Va|sen
der Va|ter, die Vä|ter
das Veil|chen, die Veil|chen
das Verb, die Ver|ben
der Ver|band, die Ver|bän|de
ver|bie|ten, er ver|bie|tet
er ver|bot → ver|bie|ten
ver|fol|gen, er ver|folgt
er ver|gaß → ver|ges|sen
ver|ges|sen, sie ver|gisst
ver|kau|fen, er ver|kauft
der Ver|kehr
sich ver|klei|den, sie ver|klei|det sich
ver|lie|ren, er ver|liert
er ver|lor → ver|lie|ren
ver|ra|ten, sie ver|rät
er ver|riet → ver|ra|ten
ver|rückt, ver|rück|ter, am ver|rück|tes|ten
ver|schwin|den, er ver|schwin|det
ver|spre|chen, sie ver|spricht
sie ver|stand → ver|ste|hen
ver|ste|cken, er ver|steckt
ver|ste|hen, sie ver|steht
ver|su|chen, er ver|sucht
ver|tei|len, er ver|teilt
ver|zei|hen, sie ver|zeiht
viel, mehr, am meis|ten
viel|leicht
vier
vier|zehn
vier|zig
die Vil|la, die Vil|len
der Vo|gel, die Vö|gel
voll, vol|ler, am volls|ten
vom
von
vor
vor|bei
vor|her
vor|le|sen, sie liest vor
vorn
der Vor|na|me, die Vor|na|men
der Vor|schlag, die Vor|schlä|ge
die Vor|sicht
vor|wärts
der Vul|kan, die Vul|ka|ne

A B C D E F G H I J K L M N O P Q R S T U V W X Y Z

die **Waa|ge**, die Waa|gen
wach, wa|cher, am wachs|ten
wach|sen, er wächst
der **Wa|gen**, die Wa|gen
die **Wahl**, die Wah|len
wahr
wäh|rend
der **Wal**, die Wa|le
der **Wald**, die Wäl|der
die **Wand**, die Wän|de
wan|dern, sie wan|dert
die **Wan|ge**, die Wan|gen
wann
er **war** → sein
warm, wär|mer, am wärms|ten
die **Wär|me**
sich **wär|men**, er wärmt sich
war|nen, sie warnt
war|ten, er war|tet
wa|rum
was
die **Wä|sche**
wa|schen, er wäscht
das **Was|ser**
wa|ten, sie wa|tet
die **Wat|te**
we|cken, er weckt
der **Weg**, die We|ge
weg

we|gen
weich, wei|cher, am weichs|ten
die **Wei|de**, die Wei|den
das **Weih|nach|ten**
der **Weih|nachts|baum**, die Weih|nachts|bäu|me
weil
wei|nen, sie weint
er **weiß** → wis|sen
weiß, wei|ßer, am wei|ßes|ten
weit, wei|ter, am wei|tes|ten
wei|ter
wel|cher, wel|che, wel|ches
die **Wel|le**, die Wel|len
der **Wel|len|sit|tich**, die Wel|len|sit|ti|che
der **Wel|pe**, die Wel|pen
die **Welt**, die Wel|ten
wem
wen
we|nig, we|ni|ger, am we|nigs|ten
wenn
wer
wer|den, er wird
wert
der **Wes|ten**

das **Wet|ter**
wich|tig, wich|ti|ger, am wich|tigs|ten
wie
wie|der
die **Wie|ge**, die Wie|gen
die **Wie|se**, die Wie|sen
wild, wil|der, am wil|des|ten
er **will** → wol|len
der **Wind**, die Win|de
win|ken, sie winkt
der **Win|ter**
win|zig, win|zi|ger, am win|zigs|ten
wir
es **wird** → wer|den
du **wirst** → wer|den
wis|sen, er weiß
wo
die **Wo|che**, die Wo|chen
der **Wo|chen|tag**
wo|her
wo|hin
woh|nen, sie wohnt
die **Woh|nung**, die Woh|nun|gen
der **Wolf**, die Wöl|fe
die **Wol|ke**, die Wol|ken
die **Wol|le**
wol|len, er will
wo|mit
wo|ran
wo|rauf
wo|rin
das **Wort**, die Wör|ter
wo|zu
sie **wuchs** → wach|sen
die **Wun|de**, die Wun|den
der **Wunsch**, die Wün|sche
sich **wün|schen**, sie wünscht sich
er **wur|de** → wer|den
der **Wür|fel**, die Wür|fel
der **Wurm**, die Wür|mer
die **Wurst**, die Würs|te
die **Wur|zel**, die Wur|zeln
sie **wuss|te** → wis|sen
die **Wut**
wü|tend, wü|ten|der, am wü|tends|ten

X

das **Xy|lo|fon**,
die Xy|lo|fo|ne

der/das **Yak**, die Yaks
der **Ye|ti**, die Ye|tis

das **Yo|ga**

die **Zahl**, die Zah|len
zah|len, er zahlt
zäh|len, er zählt
zahm, zah|mer, am zahms|ten
der **Zahn**, die Zäh|ne
die **Zahn|bürs|te**, die Zahn|bürs|ten
die **Zan|ge**, die Zan|gen
sich **zan|ken**, sie zankt sich
zap|peln, er zap|pelt
zart, zar|ter, am zar|tes|ten
zau|bern, er zau|bert
der **Zaun**, die Zäu|ne
das **Ze|bra**, die Ze|bras
der **Zeh**, die Ze|hen
die **Ze|he**, die Ze|hen
zehn
das **Zei|chen**, die Zei|chen
zeich|nen, er zeich|net
zei|gen, sie zeigt
die **Zeit**, die Zei|ten
die **Zei|tung**, die Zei|tun|gen
das **Zelt**, die Zel|te
der **Zen|ti|me|ter** (cm), die Zen|ti|me|ter
der **Zet|tel**, die Zet|tel
das **Zeug|nis**, die Zeug|nis|se
die **Zie|ge**, die Zie|gen
zie|hen, er zieht
das **Ziel**, die Zie|le
das **Zim|mer**, die Zim|mer
der **Zir|kus**, die Zir|kus|se
die **Zi|tro|ne**, die Zi|tro|nen
zit|tern, sie zit|tert
er **zog** → zie|hen
der **Zoo**, die Zoos
der **Zopf**, die Zöp|fe
zu
der **Zu|cker**
der **Zug**, die Zü|ge
zum
die **Zun|ge**, die Zun|gen
zup|fen, er zupft
zur
zu|rück
zu|sam|men
zwan|zig
zwar
zwei
der **Zweig**, die Zwei|ge
der **Zwerg**, die Zwer|ge
die **Zwie|bel**, die Zwie|beln
zwi|schen
zwölf

A B C D E F G H I J K L M N O P Q R S T U V W X Y Z

Von Seite 95 bis Seite 253 findest du alle Wörter, die im dritten und vierten Schuljahr wichtig sind.
Wie kannst du ein Wort finden, das du nachschlagen und richtig schreiben möchtest?

der **Bär**, die Bären,
die Bärin
barfuß
der **Bärlauch**
barmherzig,
barmherziger

Alle Wörter in diesem Wörterverzeichnis sind nach dem **Abc** geordnet.
Die Buchstaben für die Laute **ä, ö, ü** und **äu** sind unter **a, o, u** oder **au** eingeordnet.

Am Rand einer jeden Seite ist das Abc untereinander angeordnet.
Wenn du zum Beispiel ein Wort mit dem Anfangsbuchstaben **C** suchst, blättere die Seiten so lange um, bis du den dunkel gefärbten Buchstaben **C** siehst. Nun kannst du auf den Seiten mit **C** dein Wort finden.

Fängt ein neuer Buchstabe an, siehst du immer den neuen Buchstaben als großen Druckbuchstaben oben auf der Seite. Dazu gibt es immer ein zum Buchstaben passendes Bild.

Die ersten Buchstaben des ersten und des letzten Wortes einer Seite stehen ganz oben auf der Seite.

der **Buch|sta|be**,
die Buchstaben,
buchstabieren,
du buchstabierst,
sie buchstabiert

Worttrennungen sind durch einen senkrechten Strich angegeben. Nur die Hauptstichwörter sind so gekennzeichnet.

das **Dromedar**,
die Dromedare
die **Droschke**,
die Droschken
die **Drossel**,
die Drosseln

Die Einzahl und die Mehrzahl der **Nomen** stehen nebeneinander.
Der **Artikel** steht vor jedem Nomen.

einschalten, du schaltest ein, er schaltet ein
einschlafen, du schläfst ein, sie schläft ein,
sie schlief ein,
sie ist eingeschlafen

Verben sind in der Grundform eingeordnet.

Verben verändern ihre Form, wenn sie zum Beispiel mit er, sie oder es verbunden werden. Eine dieser veränderten Formen steht immer hinter der Grundform.
Wenn es bei Verben schwierige Formen gibt, sind diese hinter der Grundform angegeben.

fein, feiner, am feinsten
fern, ferner, am fernsten
fest, fester, am festesten

Bei den **Adjektiven** findest du auch die Steigerungsformen. Sie stehen immer dahinter.

lesen, du liest, sie liest, sie las, sie hat gelesen, die Lesung, der Leser, die Leserin, lesbar, leserlich, leserlicher, am leserlichsten, das Lesebuch, die Lese-Rechtschreib-Schwäche (LRS), das Lesezeichen

Die **Hauptstichwörter** sind fett gedruckt. Hinter ihnen stehen die verwandten Wörter. Beim Nachschlagen musst du also auch auf verwandte Wörter achten. Du kannst zum Beispiel das Wort „Lesebuch“ unter dem Hauptstichwort „lesen“ finden. **Verwandte Wörter** haben den gleichen Wortstamm und gehören deshalb zu einer **Wortfamilie**.

der **Adel**, adelig/adlig, die Adelsfamilie	Es gibt für manche Wörter zwei Schreibweisen. Wenn beide Schreibweisen möglich sind, dann werden sie mit einem Schrägstrich angegeben.
der **Delfin**, auch: Delphin, die Delfine	Eine andere gültige Schreibung, z. B. bei Fremdwörtern, findest du nach dem Wörtchen „**auch**“.
dynamisch (schwungvoll)	Hinter schwierigen Wörtern steht in Klammern eine Worterklärung.
das **Baguette** (sprich: Ba-gett)	Hinter Wörtern, die aus anderen Sprachen kommen, steht in Klammern, wie du sie aussprechen kannst. Wenn du die genaue Aussprache wissen willst, frage deine Eltern oder deine Lehrer.
schön (→ S. 297), schöner, am schönsten, die Schönheit	Hinter manchen Wörtern steht eine Seitenzahl. Wenn du diese Seite aufschlägst, erfährst du, zu welcher Wortfamilie, zu welchem Wortfeld oder zu welchem Sachthema das Wort gehört.

1. Ordne die folgenden Wörter nach dem Abc:
der Mantel, das Gras, der Affe, das Dorf, der Ball, der Hut, die Wiege, das Poster, der Urwald, der Rock, der Zoo, die Sonne.
Schreibe die Wörter mit den Seitenzahlen in dein Heft.
Schreibe so: der Affe – S. 97 …

2. Wie heißt das erste fett gedruckte Wort mit den folgenden Anfangsbuchstaben: **A, B, E, J, M, O, P, U**? Achte beim Blättern auf den gelben Randstreifen.
Schreibe die Wörter mit den Seitenzahlen in dein Heft.
Schreibe so: der Aal – S. 95 …

Han – Hef

die **Hand|lung**, die Handlungen
das **Hand|werk**, der Handwerker, die Handwerkerin
das **Han|dy**, die Handys
der **Hanf**, das Hanfseil
der **Hang**, die Hänge
sich **han|geln**, du hangelst dich, sie hangelt sich
hän|gen, du hängst, er hängt, er hing, er hat gehangen, die Hängematte
hän|seln, du hänselst,

3. Wie heißen die beiden ersten fett gedruckten Wörter unter **He, Hi, Ho, De, Do, Gi, Gl, Ka, Ke, Kl, Kn, Me, Mo, Pf**?
Schreibe die Wörter mit den Seitenzahlen in dein Heft.
Schreibe so: die Hebamme, der Hebel – S. 148 …

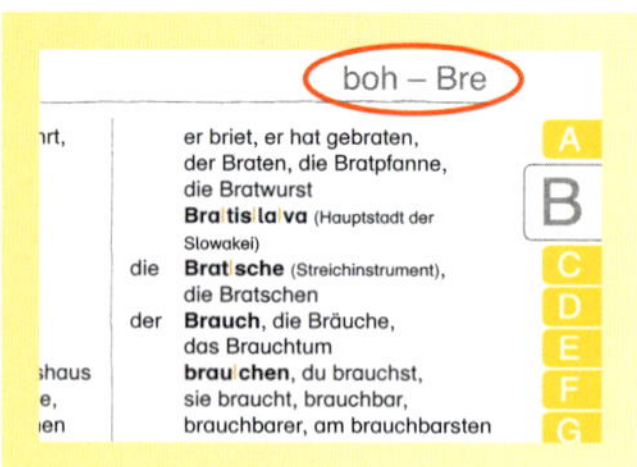
boh – Bre

er briet, er hat gebraten, der Braten, die Bratpfanne, die Bratwurst
Bra|tis|la|va (Hauptstadt der Slowakei)
die **Brat|sche** (Streichinstrument), die Bratschen
der **Brauch**, die Bräuche, das Brauchtum
brau|chen, du brauchst, sie braucht, brauchbar, brauchbarer, am brauchbarsten

4. Wie heißen die ersten drei fett gedruckten Wörter unter **Bra, Dre, Ein, Flo, Gew, Kno, Lan, Org, Pil, Schre, Wil**?
Schreibe die Wörter mit den Seitenzahlen in dein Heft.
Schreibe so: der Brand, Brandenburg, die Brandung – S. 115 …

5. Suche zu den folgenden Wörtern die Mehrzahl:
der Ast, das Evangelium, der General, das Haus, der Käfer, der Kaktus, der Kamin, der Kamm, die Kuh, das Licht, der Markt, das Maul, der Mund, der Pfahl, der Pirat, der Saal, der Schal, der Schatz, die Stirn, die Tochter, der Zahn.
Achtung: Bei manchen Wörtern gibt es zwei mögliche Mehrzahlformen.
Schreibe die Wörter in der Einzahl und in der Mehrzahl mit Seitenzahlen in dein Heft.
Schreibe so: der Ast – die Äste – S. 102 …

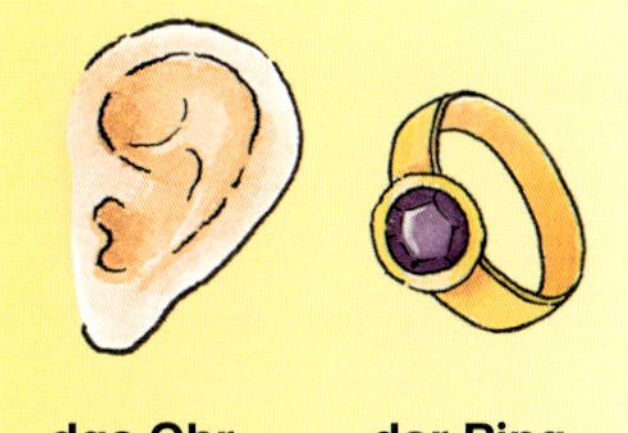

6. Suche folgende Wörter, nachdem du sie in zwei Nomen zerlegt hast:
die Abendsonne, der Sonnenstrahl, die Waldwiese, die Wiesenblume, die Straßenlaterne, der Vogelkäfig, der Fußweg, der Gartenzwerg, die Muschelbank, die Ziegenmilch.
Schreibe die Wörter mit den Seitenzahlen in dein Heft.
Schreibe so: der Ohrring: das Ohr – S. 182, der Ring – S. 196 …

bringen, du bringst, er bringt, er brachte, er hat gebracht
laufen, du läufst, er läuft, er lief, er ist gelaufen
werfen, du wirfst, er wirft, er warf, er hat geworfen

7. Suche die folgenden Verben, indem du die Grundform nachschlägst: **fand, flog, fraß, gab, gefiel, gewann, hielt, kroch, litt, schrie, schritt, schwamm**.
Schreibe die Wörter mit den Seitenzahlen in dein Heft.
Schreibe so: brachte – bringen – S. 116 …

binden, du bindest, er band, er hat gebunden
essen, du isst, er isst, er aß, er hat gegessen
sein, du bist, er ist, er war, er ist gewesen

8. Suche die Vergangenheitsform in der 3. Person Einzahl von folgenden Verben: **streiten, pfeifen, greifen, befehlen, beginnen, begraben, bitten, entlassen, fahren**.
Schreibe die Wörter mit den Seitenzahlen in dein Heft.
Schreibe so: laufen – sie lief – S. 167 …

lesen (→ S. 286), du liest, sie liest, sie las, sie hat gelesen, die Lesung, der Leser, die Leserin, lesbar, leserlich, leserlicher, am leserlichsten, das Lesebuch, die Lese-Rechtschreib-Schwäche (LRS), das Lesezeichen

9. Schreibe zu folgenden Wörtern eine Wortfamilie: **der Abend, das Auge, der Bagger, der Berg, binden, bügeln, die Butter, finden, fließen, der Gast**.
Schlage die Wörter im Wörterbuch nach. Dort findest du die Wortfamilien. Schreibe die Wortfamilien mit den Seitenzahlen in dein Heft.

10. Wie heißen die Hauptstichwörter zu folgenden Wörtern:
das Quellwasser, das Waisenhaus, vorbildlich, die Weintraube, unschuldig, das Fensterbrett, gleichmäßig?
Schreibe die Wörter mit den Seitenzahlen in dein Heft.
Schreibe so: das Quellwasser – die Quelle – S. 191 …

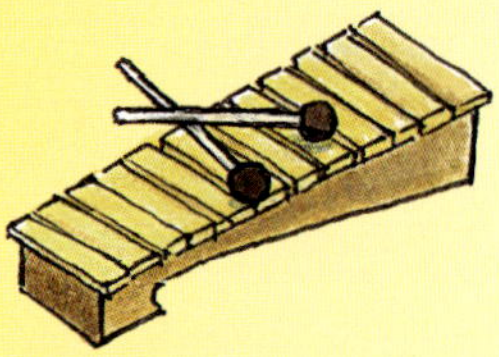

11. Für manche Wörter gibt es zwei Schreibweisen, wovon du dir eine auf alle Fälle merken musst. Suche folgende Wörter im Wörterbuch: **das Xylofon, der Klub, der Brokkoli, die Fantasie, planschen, der Delfin, die Jacht**.
Schreibe die Wörter in den zwei Schreibweisen in dein Heft.
Schreibe so: das Xylofon, auch: Xylophon – S. 247 …

12. Für manche Wörter gibt es zwei Möglichkeiten, sie zu bilden. Suche folgende Wörter im Wörterbuch: **die Couches, hügelig, holperig, die Cellos, chic, der Ellbogen, kitzelig, die Saltos, die Schemas**. Schreibe die Wörter in den zwei Schreibweisen in dein Heft. Schreibe auch die Seitenzahlen dazu. Schreibe so: die Couches/Couchen – S. 118 …

abschüssig (steil abfallend),
abschüssiger,
am abschüssigsten

13. Schlage die folgenden Wörter im Wörterbuch nach: **abschüssig, die Clique, die Bratsche, dynamisch, die Gruft, das Inserat, die Klamm, naiv, die Terrine, die Zeche**. Du findest im Wörterverzeichnis eine Worterklärung. Schreibe die Wörter mit Seitenzahlen in dein Heft. Schreibe so: abschüssig (steil abfallend) – S. 96 …

14. Schlage folgende Wörter im Wörterbuch nach: **Radio, Schwester, Theater, Katze, Ruine, Woche, Wange, Tischler, Tochter, Apotheke**. Trenne die Wörter. Schreibe die Wörter mit Seitenzahlen in dein Heft. Schreibe so: Radio, Ra-dio – S. 192 …

Online-Übungen zur Benutzung des Wörterbuchs

Lösungen

1. der Affe – S. 97, der Ball – S. 106, das Dorf – S. 122, das Gras – S. 145, der Hut – S. 152, der Mantel – S. 171, das Poster – S. 188, der Rock – S. 197, die Sonne – S. 213, der Urwald – S. 233, die Wiege – S. 245, der Zoo – S. 251

2. der Aal – S. 95, das Baby – S. 106, die Ebbe – S. 124, ja – S. 154, machen – S. 170, die Oase – S. 182, das Paar – S. 184, die U-Bahn – S. 228

3. die Hebamme, der Hebel – S. 148; der Hieb, hier – S. 150; das Hobby, der Hobel – S. 151; das Deck, die Decke – S. 120; doch, der Docht – S. 122; der Giebel, die Gier – S. 144; der Gladiator, glänzen – S. 144; das Kabel, der Kabeljau – S. 156; der Kebab, der Kegel – S. 157; kläffen, klagen – S. 159; knabbern, das Knäckebrot – S. 160; der Mechaniker, meckern – S. 172; das Mobbing, das Möbel – S. 175; der Pfad, der Pfahl – S. 186

4. der Brand, Brandenburg, die Brandung – S. 115;
   der Dreck, drehen, drei – S. 122;
   ein, einander, die Einbahnstraße – S. 125;
   die Flocke, der Floh, das Floß – S. 135;
   das Gewächs, gewähren, die Gewalt – S. 143;
   knobeln, der Knoblauch, der Knochen – S. 160;
   das Land, landen, die Landstraße – S. 166;
   das Organ, die Organisation, die Orgel – S. 183;
   der Pilger, die Pille, der Pilot – S. 187;
   der Schrebergarten, der Schreck, der Schrei – S. 207;
   wild, wildern, der Wille – S. 245

5. der Ast – die Äste – S. 102; das Evangelium – die Evangelien S. 131;
   der General – die Generäle/Generale – S. 141;
   das Haus – die Häuser – S. 148; der Käfer – die Käfer – S. 156;
   der Kaktus – die Kakteen – S. 156; der Kamin – die Kamine – S. 156;
   der Kamm – die Kämme – S. 156; die Kuh – die Kühe – S. 165;
   das Licht – die Lichter – S. 168; der Markt – die Märkte – S. 171;
   das Maul – die Mäuler – S. 172; der Mund – die Münder – S. 177;
   der Pfahl – die Pfähle – S. 186; der Pirat – die Piraten – S. 187;
   der Saal – die Säle – S. 199;
   der Schal – die Schals, auch: Schale – S. 201;
   der Schatz – die Schätze – S. 201; die Stirn – die Stirnen – S. 218;
   die Tochter – die Töchter – S. 224; der Zahn – die Zähne – S. 248

6. die Abendsonne: der Abend – S. 95, die Sonne – S. 213;
der Sonnenstrahl: die Sonne – S. 213, der Strahl – S. 218;
die Waldwiese: der Wald – S. 241, die Wiese – S. 245;
die Wiesenblume: die Wiese – S. 245, die Blume S. 114;
die Straßenlaterne: die Straße – S. 219, die Laterne – S. 167;
der Vogelkäfig: der Vogel – S. 239, der Käfig – S. 156;
der Fußweg: der Fuß – S. 138, der Weg – S. 243;
der Gartenzwerg: der Garten – S. 139, der Zwerg – S. 253;
die Muschelbank: die Muschel – S. 177, die Bank – S. 107;
die Ziegenmilch: die Ziege – S. 250, die Milch – S. 174

7. fand – finden – S. 134, flog – fliegen – S. 135, fraß – fressen – S. 137,
gab – geben – S. 139, gefiel – gefallen – S. 140,
gewann – gewinnen – S. 143, hielt – halten – S. 147,
kroch – kriechen – S. 164, litt – leiden – S. 168,
schrie – schreien – S. 207, schritt – schreiten – S. 207,
schwamm – schwimmen – S. 209

8. streiten – er stritt – S. 219, pfeifen – er pfiff – S. 186,
greifen – er griff – S. 145, befehlen – er befahl – S. 108,
beginnen – es begann – S. 108, begraben – er begrub – S. 108,
bitten – sie bat – S. 113, entlassen – er entließ – S. 128,
fahren – er fuhr – S. 132

9. der Abend, die Abende, abends, das Abendbrot, das Abendessen,
das Abendmahl – S. 95
das Auge, die Augen, die Augenbraue, das Augenlid – S. 104
der Bagger, die Bagger, baggern, du baggerst, sie baggert,
die Baggerschaufel, der Baggersee – S. 106
der Berg, die Berge, bergig, bergiger, am bergigsten, der Berggipfel,
der Bergkamm, der Bergrettungsdienst, der Bergsteiger,
die Bergsteigerin – S. 110
binden, du bindest, er bindet, er band, er hat gebunden, die Binde,
die Bindung, der Bindestrich, der Bindfaden – S. 113
bügeln, du bügelst, er bügelt, das Bügelbrett, das Bügeleisen – S. 116
die Butter, das Butterbrot, die Buttermilch, butterweich – S. 117
finden, du findest, er findet, er fand, er hat gefunden, der Fund, der Finder,
die Finderin, der Finderlohn – S. 134
fließen, es fließt, es floss, es ist geflossen, das Fließband – S. 135
der Gast, die Gäste, gastlich, gastlicher, am gastlichsten, die Gastlichkeit,
das Gasthaus, die Gaststätte, der Gastwirt, die Gastwirtin – S. 139

10. das Quellwasser – die Quelle – S. 191,
das Waisenhaus – die Waise – S. 241,
vorbildlich – das Vorbild – S. 239,
die Weintraube – der Wein – S. 243,
unschuldig – die Unschuld – S. 231,
das Fensterbrett – das Fenster – S. 133,
gleichmäßig – gleich – S. 144

11. das Xylofon, auch: das Xylophon – S. 247;
der Klub, auch: der Club – S. 160;
der Brokkoli, auch: der Broccoli – S. 116;
die Fantasie, auch: die Phantasie – S. 132;
planschen, auch: plantschen – S. 187;
der Delfin, auch: der Delphin – S. 120;
die Jacht, auch: die Yacht – S. 154

12. die Couches/Couchen – S. 118, hügelig/hüglig – S. 152,
holperig/holprig – S. 151, die Cellos/Celli – S. 117,
chic/schick – S. 118, der Ellbogen/Ellenbogen – S. 127,
kitzelig/kitzlig – S. 159, die Saltos/Salti – S. 199,
die Schemas/Schemata – S. 202

13. abschüssig (steil abfallend) – S. 96,
die Clique (Freundeskreis) – S. 118,
die Bratsche (Streichinstrument) – S. 115,
dynamisch (schwungvoll) – S. 124,
die Gruft (Grab) – S. 146,
das Inserat (Zeitungsanzeige) – S. 153,
die Klamm (Felsenschlucht) – S. 159,
naiv (leichtgläubig) – S. 179,
die Terrine (Suppenschüssel) – S. 223,
die Zeche (Kohlebergwerk) – S. 249

14. Radio, Ra-dio – S. 192; Schwester, Schwes-ter – S. 209;
Theater, The-a-ter – S. 223; Katze, Kat-ze – S. 157;
Ruine, Ru-i-ne – S. 198; Woche, Wo-che – S. 246;
Wange, Wan-ge – S. 242, Tischler, Tisch-ler – S. 224;
Tochter, Toch-ter – S. 224; Apotheke, Apo-the-ke – S. 101

der **Aal**, die Aale, aalglatt
das **Aas**
ab
ab|bau|en, du baust ab, er baut ab
die **Ab|bil|dung**, die Abbildungen
ab|blen|den, du blendest ab, er blendet ab, das Abblendlicht
ab|bre|chen, du brichst ab, er bricht ab, er brach ab, er hat abgebrochen
das **Abc**
ab|dru|cken, du druckst ab, sie druckt ab, der Abdruck
der **Abend** (→ S. 284), die Abende, abends, das Abendbrot, das Abendessen, das Abendmahl
das **Aben|teu|er**, die Abenteuer, der Abenteurer, die Abenteurerin, abenteuerlich, abenteuerlicher, am abenteuerlichsten
aber
der **Aber|glau|be**, abergläubisch, abergläubischer, am abergläubischsten
aber|mals
ab|fah|ren, du fährst ab, sie fährt ab, sie fuhr ab, sie ist abgefahren, die Abfahrt
der **Ab|fall**, die Abfälle
der **Ab|flug**, die Abflüge
der **Ab|fluss**, die Abflüsse
ab|fül|len, du füllst ab, er füllt ab, die Abfüllung
das **Ab|gas**, die Abgase
ab|ge|spannt, abgespannter, am abgespanntesten
ab|gie|ßen, du gießt ab, sie gießt ab, sie goss ab, sie hat abgegossen
der **Ab|grund**, die Abgründe, abgrundtief
der **Ab|hang**, die Abhänge
ab|hän|gig, abhängiger, am abhängigsten, die Abhängigkeit
ab|här|ten, du härtest ab, sie härtet ab, die Abhärtung
ab|hau|en (einen Baum fällen), du haust ab, er haut ab, er hieb ab, er hat abgehauen
ab|hau|en (weglaufen), du haust ab, er haut ab, er haute ab, er ist abgehauen
sich **ab|het|zen**, du hetzt dich ab, er hetzt sich ab
ab|ho|len, du holst ab, er holt ab
ab|hol|zen, du holzt ab, sie holzt ab
ab|hö|ren, du hörst ab, er hört ab
das **Abi|tur**
ab|küh|len, du kühlst ab, es kühlt ab, die Abkühlung
ab|kür|zen, du kürzt ab, er kürzt ab, die Abkürzung
der **Ab|lauf**, die Abläufe
ab|le|gen, du legst ab, sie legt ab, der Ableger
ab|leh|nen (→ S. 290), du lehnst ab, er lehnt ab, die Ablehnung
ab|lei|ten, du leitest ab, sie leitet ab
ab|len|ken, du lenkst ab, sie lenkt ab, die Ablenkung
ab|le|sen, du liest ab, er liest ab, er las ab, er hat abgelesen

ab|ma|chen, du machst ab, sie macht ab, die Abmachung
ab|mel|den, du meldest ab, er meldet ab, die Abmeldung
ab|mes|sen, du misst ab, sie misst ab, sie maß ab, sie hat abgemessen, die Abmessung
die **Ab|nei|gung**, die Abneigungen
ab|nut|zen, du nutzt ab, sie nutzt ab, die Abnutzung
abon|nie|ren (dauerhaft beziehen, z. B. eine Zeitschrift), du abonnierst, er abonniert, das Abonnement
ab|pum|pen, du pumpst ab, sie pumpt ab
ab|rech|nen, du rechnest ab, er rechnet ab, die Abrechnung
ab|rei|sen, du reist ab, sie reist ab, die Abreise
ab|rei|ßen, du reißt ab, sie reißt ab, sie riss ab, sie hat abgerissen, der Abriss, die Abrissbirne
der **Ab|satz**, die Absätze
ab|schal|ten, du schaltest ab, er schaltet ab
ab|scheu|lich, abscheulicher, am abscheulichsten
der **Ab|schied**, die Abschiede
ab|schlaf|fen, du schlaffst ab, er schlafft ab
ab|schlep|pen, du schleppst ab, sie schleppt ab, das Abschleppseil
ab|schlie|ßen, du schließt ab, er schließt ab, er schloss ab, er hat abgeschlossen, der Abschluss, abschließend
ab|schme|cken, du schmeckst ab, sie schmeckt ab
ab|schnei|den, du schneidest ab, er schneidet ab, er schnitt ab, er hat abgeschnitten, der Abschnitt
ab|schrei|ben, du schreibst ab, sie schreibt ab, sie schrieb ab, sie hat abgeschrieben
ab|schüs|sig (steil abfallend), abschüssiger, am abschüssigsten
ab|seits, im Abseits stehen, aber: abseitsstehen
ab|sen|den, du sendest ab, er sendet ab, er sandte ab, er hat abgesendet, der Absender
die **Ab|sicht**, die Absichten, absichtlich
ab|so|lut
ab|sper|ren, du sperrst ab, sie sperrt ab, die Absperrung
ab|spü|len, du spülst ab, er spült ab
ab|stam|men, du stammst ab, sie stammt ab, die Abstammung
der **Ab|stand**, die Abstände
ab|stel|len, du stellst ab, er stellt ab
der **Ab|stieg**, die Abstiege
ab|stim|men, du stimmst ab, sie stimmt ab, die Abstimmung
ab|stür|zen, du stürzt ab, er stürzt ab, der Absturz
das **Ab|teil**, die Abteile
die **Ab|tei|lung**, die Abteilungen
ab|tren|nen, du trennst ab, sie trennt ab
ab|trock|nen, du trocknest ab, er trocknet ab
ab|wärts
der **Ab|wasch**, abwaschen, du wäschst ab, sie wäscht ab, sie wusch ab, sie hat abgewaschen,

abwaschbar
sich **ab|wech|seln**, du wechselst dich ab, er wechselt sich ab, die Abwechslung, abwechslungsreich, abwechslungsreicher, am abwechslungsreichsten, abwechselnd
ab|weh|ren, du wehrst ab, sie wehrt ab, die Abwehr, der Abwehrspieler, die Abwehrspielerin
ab|wei|send, abweisender, am abweisendsten
ab|we|send, die Abwesenheit
ab|wie|gen, du wiegst ab, sie wiegt ab, sie wog ab, sie hat abgewogen
das **Ab|zei|chen**, die Abzeichen
der **Ab|zug**, die Abzüge
ab|zwei|gen, du zweigst ab, er zweigt ab, die Abzweigung
ach!, ach so!, ach ja!
die **Ach|se**, die Achsen
die **Ach|sel**, die Achseln, die Achselhöhle
acht, achtzehn, achtzig, achtmal, der Achte, ein Achtel
ach|ten, du achtest, er achtet, die Achtung, achtlos, achtloser, am achtlosesten
die **Ach|ter|bahn**, die Achterbahnen
äch|zen, du ächzt, sie ächzt
der **Acker**, die Äcker
ackern (→ S. 284), du ackerst, er ackert
die **Ac|tion** (sprich: Äkschn; ereignisreiche Handlung)
ad|die|ren (zusammenzählen), du addierst, sie addiert, die Addition
der **Adel**, adelig/adlig, die Adelsfamilie
die **Ader**, die Adern
das **Ad|jek|tiv**, die Adjektive
der **Ad|ler**, die Adler, der Adlerhorst
ad|op|tie|ren, du adoptierst, er adoptiert, die Adoption
die **Ad|res|se**, die Adressen, adressieren, du adressierst, sie adressiert, das Adressbuch
der **Ad|vent**, der Adventskalender, der Adventskranz
das **Ad|verb** (Umstandswort des Ortes, der Zeit u. a.), die Adverbien
der **Af|fe**, die Affen
Af|ri|ka, der Afrikaner, die Afrikanerin, afrikanisch
der **Af|ter**, die After
die **AG** (Arbeitsgemeinschaft), die AGs
die **Ag|gres|si|on** (Angriff), die Aggressionen
ag|gres|siv (angriffslustig), aggressiver, am aggressivsten, die Aggressivität (Angriffslust)
ah|nen, du ahnst, er ahnt, die Ahnung, ahnungslos, ahnungsloser, am ahnungslosesten
ähn|lich, ähnlicher, am ähnlichsten, die Ähnlichkeit
der **Ahorn**, die Ahorne, der Ahornsirup
die **Äh|re**, die Ähren
das **Aids** (sprich: Eyds; Krankheit)
der **Air|bag** (sprich: Ähr-bäg; Luftkissen im Auto, das sich bei einem Aufprall automatisch aufbläst), die Airbags
der **Ak|kord**, die Akkorde
das **Ak|kor|de|on**, die Akkordeons
der **Ak|ku** (Akkumulator), die Akkus, der Akkuschrauber
ak|ku|rat (genau), akkurater, am akkuratesten

A

der **Ak|ku|sa|tiv** (Wenfall), die Akkusative
die **Ak|ne** (Hauterkrankung)
der **Ak|ro|bat**, die Akrobaten, die Akrobatin
der **Akt** (1. Abschnitt eines Theaterstücks, 2. Bild eines nackten Körpers), die Akte
die **Ak|te**, die Akten, der Aktenkoffer
die **Ak|ti|on**, die Aktionen
ak|tiv, aktiver, am aktivsten, die Aktivität
ak|tu|ell, aktueller, am aktuellsten
akut (dringend)
der **Alarm**, die Alarme, alarmieren, du alarmierst, sie alarmiert, die Alarmanlage
al|bern, alberner, am albernsten, die Albernheit
der **Alb|traum**, auch: Alptraum, die Albträume
das **Al|bum**, die Alben
die **Al|ge**, die Algen
das **Ali|bi**, die Alibis
der **Al|ko|hol**, die Alkohole, alkoholisch, alkoholfrei
das **All**
Al|lah (Name Gottes im Islam)
al|le, alles, vor allem
die **Al|lee**, die Alleen
al|lein
am **al|ler|bes|ten**, das Allerbeste
al|ler|dings
die **Al|ler|gie** (Überempfindlichkeit), die Allergien, allergisch, allergischer, am allergischsten
al|ler|hand
Al|ler|hei|li|gen (katholisches Fest zu Ehren aller Heiligen)
al|ler|lei
all|ge|mein, im Allgemeinen
der **Al|li|ga|tor**, die Alligatoren
all|jähr|lich
all|mäh|lich (nach und nach)
der **All|tag**, alltäglich
all|zu
die **Alm**, die Almen
die **Al|pen**
das **Al|pha|bet**, alphabetisch
als
al|so
alt, älter, am ältesten, der/die Alte
der **Al|tar**, die Altäre
die **Al|ten|pfle|ge**, der Altenpfleger, die Altenpflegerin
das **Al|ter**, das Altersheim
al|tern, du alterst, er altert
alt|mo|disch, altmodischer, am altmodischsten
das **Alt|pa|pier**
die **Alt|stadt**, die Altstädte
die **Alu|fo|lie**, die Alufolien
das **Alu|mi|ni|um**
am
der **Ama|teur**, die Amateure, die Amateurin
der **Am|boss**, die Ambosse
die **Amei|se**, die Ameisen, der Ameisenhaufen
der **Amei|sen|bär**, die Ameisenbären
das **Amen**
Ame|ri|ka, der Amerikaner, die Amerikanerin, amerikanisch
der **Amok** (blindwütig töten), Amok laufen
die **Am|pel**, die Ampeln
die **Am|sel**, die Amseln
Ams|ter|dam (Hauptstadt der Niederlande)
das **Amt**, die Ämter, amtlich
an
die **Ana|nas**, die Ananasse

an|bau|en, du baust an, sie baut an, der Anbau

an|bie|ten, du bietest an, sie bietet an, sie bot an, sie hat angeboten

der **An|blick**

die **An|dacht**, die Andachten, andächtig, andächtiger, am andächtigsten

an|dau|ernd

das **An|den|ken**, die Andenken

an|de|re

an|de|rer|seits

än|dern, du änderst, sie ändert, die Änderung

an|ders, ändern

der **An|drang**

an|dro|hen, du drohst an, er droht an, die Androhung

an|ei|nan|der

an|er|ken|nen, du erkennst an, sie erkennt an, sie erkannte an, sie hat anerkannt, die Anerkennung, anerkennend

die **An|fahrt**, die Anfahrten, anfahren, du fährst an, er fährt an, er fuhr an, er ist angefahren

der **An|fall**, die Anfälle, anfällig, anfälliger, am anfälligsten

der **An|fang**, die Anfänge, der Anfänger, die Anfängerin, anfangs, anfänglich

an|fan|gen, du fängst an, er fängt an, er fing an, er hat angefangen

an|fas|sen, du fasst an, sie fasst an

an|fer|ti|gen, du fertigst an, sie fertigt an

an|feu|ern, du feuerst an, er feuert an

an|for|dern, du forderst an, sie fordert an, die Anforderung

an|fra|gen, du fragst an, er fragt an, die Anfrage

der **An|füh|rer**, die Anführer, die Anführerin, anführen, du führst an, sie führt an

das **An|füh|rungs|zei|chen**, die Anführungszeichen

an|ge|ben, du gibst an, sie gibt an, sie gab an, sie hat angegeben, der Angeber, die Angeberin, angeberisch

an|geb|lich

das **An|ge|bot**, die Angebote

der/die **An|ge|hö|ri|ge**, die Angehörigen

der/die **An|ge|klag|te**, die Angeklagten, anklagen, du klagst an, er klagt an

die **An|gel**, die Angeln, der Angler, die Anglerin, angeln, du angelst, sie angelt

die **An|ge|le|gen|heit**, die Angelegenheiten

an|ge|nehm, angenehmer, am angenehmsten

an|ge|spannt, angespannter, am angespanntesten, die Anspannung

der/die **An|ge|stell|te**, die Angestellten

sich **an|ge|wöh|nen**, du gewöhnst dir an, er gewöhnt sich an

an|grei|fen, du greifst an, er greift an, sie griff an, sie hat angegriffen, der Angriff, der Angreifer, die Angreiferin, angreifbar, angreifbarer, am angreifbarsten, angriffslustig, angriffslustiger, am angriffslustigsten

die **Angst**, die Ängste

sich **ängs|ti|gen**, du ängstigst dich, sie ängstigt sich

ängstlich, ängstlicher, am ängstlichsten

anhalten, du hältst an, er hält an, er hielt an, er hat angehalten, der Anhalter, die Anhalterin

anhand

der **Anhänger**, die Anhänger, die Anhängerin

die **Animation** (Bewegung der Figuren in Trickfilmen), die Animationen, der Animationsfilm

der **Anime** (japanischer Zeichentrickfilm), die Animes

Ankara (Hauptstadt der Türkei)

der **Anker**, die Anker, ankern, du ankerst, sie ankert

anketten, du kettest an, sie kettet an

die **Anklage**, die Anklagen, anklagen, du klagst an, er klagt an, der Ankläger, die Anklägerin

anklopfen, du klopfst an, sie klopft an

ankommen, du kommst an, sie kommt an, sie kam an, sie ist angekommen

ankreuzen, du kreuzt an, er kreuzt an

die **Ankunft**

die **Anlage**, die Anlagen

der **Anlass**, die Anlässe, anlässlich

der **Anlauf**, die Anläufe

sich **anlehnen**, du lehnst dich an, sie lehnt sich an

die **Anleitung**, die Anleitungen

anmalen, du malst an, er malt an

sich **anmelden**, du meldest dich an, er meldet sich an, die Anmeldung

annehmen, du nimmst an, sie nimmt an, sie nahm an, sie hat angenommen, die Annahme

die **Annonce** (sprich: A-nong-se; Zeitungsanzeige), die Annoncen, annoncieren, du annoncierst, er annonciert

der **Anorak**, die Anoraks

der **Anpfiff**, die Anpfiffe

anpflanzen, du pflanzt an, sie pflanzt an

anprobieren, du probierst an, er probiert an

anreden, du redest an, sie redet an, die Anrede

der **Anrufbeantworter**, die Anrufbeantworter

anrufen, du rufst an, er ruft an, er rief an, er hat angerufen, der Anruf

die **Ansage**, die Ansagen

anschauen, du schaust an, sie schaut an

anschaulich, anschaulicher, am anschaulichsten

die **Anschauung**, die Anschauungen

anscheinend

anschließen, du schließt an, er schließt an, er schloss an, er hat angeschlossen, der Anschluss

anschließend

sich **anschnallen**, du schnallst dich an, sie schnallt sich an

anschreiben, du schreibst an, er schreibt an, er schrieb an, er hat angeschrieben, das Anschreiben

die **Anschrift**, die Anschriften

ansehen, du siehst an, sie sieht an, sie sah an, sie hat angesehen

die **An|sicht**, die Ansichten, die Ansichtskarte
an|spit|zen, du spitzt an, er spitzt an, der Spitzer
der **An|spruch**, die Ansprüche
die **An|stalt**, die Anstalten
der **An|stand**, anständig, anständiger, am anständigsten, anstandslos
sich **an|ste|cken**, du steckst dich an, sie steckt sich an, die Ansteckung, ansteckend, ansteckender, am ansteckendsten
an|ste|hen, du stehst an, sie steht an, sie stand an, sie hat angestanden
an|stel|len, du stellst an, er stellt an, die Anstellung
an|sto|ßen, du stößt an, er stößt an, er stieß an, er hat angestoßen, der Anstoß
der **An|strei|cher**, die Anstreicher, die Anstreicherin
sich **an|stren|gen**, du strengst dich an, er strengt sich an, die Anstrengung, anstrengend, anstrengender, am anstrengendsten
die **Ant|ark|tis** (Gebiet um den Südpol), antarktisch
der **An|teil**, die Anteile
die **An|ten|ne**, die Antennen
die **An|ti|lo|pe**, die Antilopen
der **An|trag**, die Anträge
der **An|trieb**
die **Ant|wort**, die Antworten
ant|wor|ten, du antwortest, sie antwortet
an|wei|sen, du weist an, sie weist an, sie wies an, sie hat angewiesen, die Anweisung
an|wen|den, du wendest an, er wendet an, er wendete an/wandte an, er hat angewendet/angewandt, die Anwendung
an|we|send, die Anwesenheit
die **An|zahl**
an|zah|len, du zahlst an, sie zahlt an, die Anzahlung
das **An|zei|chen**, die Anzeichen
an|zei|gen, du zeigst an, er zeigt an, die Anzeige
sich **an|zie|hen**, du ziehst dich an, er zieht sich an, er zog sich an, er hat sich angezogen
an|zün|den, du zündest an, sie zündet an
der **Ap|fel**, die Äpfel, der Apfelbaum, das Apfelmus, der Apfelsaft
die **Ap|fel|si|ne**, die Apfelsinen
die **Apo|the|ke**, die Apotheken, der Apotheker, die Apothekerin
der **Ap|pa|rat**, die Apparate
der **Ap|pe|tit**, appetitlich, appetitlicher, am appetitlichsten
der **Ap|plaus** (Beifall), applaudieren, du applaudierst, er applaudiert
die **Ap|ri|ko|se**, die Aprikosen
der **Ap|ril**, der Aprilscherz
das **Aqua|ri|um**, die Aquarien
der **Äqua|tor**
der **Ara**, die Aras
die **Ar|beit**, die Arbeiten, der Arbeiter, die Arbeiterin, der Arbeitgeber, die Arbeitgeberin, der Arbeitnehmer, die Arbeitnehmerin, der Arbeitsplatz
ar|bei|ten (→ S. 290), du arbeitest, sie arbeitet
ar|beits|los, die Arbeitslosigkeit, der/die Arbeitslose

A B C D E F G H I J K L M N O P Q R S T U V W X Y Z

der **Architekt**, die Architekten, die Architektin, die Architektur
die **Arena**, die Arenen
arg (schlimm), ärger, am ärgsten, der Argwohn
ärgern, du ärgerst, er ärgert, der Ärger, das Ärgernis, ärgerlich, ärgerlicher, am ärgerlichsten
das **Argument** (Begründung), die Argumente
die **Arktis** (Gebiet um den Nordpol)
der **Arm**, die Arme
arm, ärmer, am ärmsten, ärmlich, ärmlicher, am ärmlichsten, die Armut
der/die **Arme**, die Armen
die **Armee**, die Armeen
der **Ärmel**, die Ärmel, ärmellos
arrogant, arroganter, am arrogantesten
die **Art**, die Arten
artig, artiger, am artigsten
der **Artikel** (1. Ware, 2. Begleiter), die Artikel
die **Artischocke**, die Artischocken
der **Artist**, die Artisten, die Artistin
die **Arznei**, die Arzneien
der **Arzt**, die Ärzte, die Ärztin, ärztlich
die **Asche**, der Aschenbecher
Asien, der Asiate, die Asiatin, asiatisch
der **Asphalt**, die Asphalte, asphaltieren, du asphaltierst, er asphaltiert
das **Ass** (1. Spielkarte, 2. der Beste), die Asse, aber: er aß (Grundform essen)
der **Assistent**, die Assistenten, die Assistentin
der **Ast**, die Äste
das **Asthma** (Atemwegserkrankung), der Asthmaanfall
der **Astronaut**, die Astronauten, die Astronautin
das **Asyl** (Zufluchtsort), die Asyle, der Asylbewerber, die Asylbewerberin
der **Atem**, die Atmung, atmen, du atmest, er atmet, die Atemnot, atemlos
Athen (Hauptstadt Griechenlands)
der **Athlet** (Wettkämpfer im Sport), die Athleten, die Athletin
der **Atlantik** (Weltmeer)
der **Atlas**, die Atlanten/Atlasse
die **Atmosphäre**, die Atmosphären
das **Atom**, die Atome, die Atombombe, das Atomkraftwerk
das **Attest** (Gutachten), die Atteste
die **Attraktion**, die Attraktionen
attraktiv, attraktiver, am attraktivsten
ätzend, ätzender, am ätzendsten
die **Aubergine** (sprich: O-ber-schi-ne), die Auberginen
auch
der **Auerhahn**, die Auerhähne
auf
aufbewahren, du bewahrst auf, er bewahrt auf, die Aufbewahrung
aufbrausend, aufbrausender, am aufbrausendsten
aufbrechen, du brichst auf, sie bricht auf, sie brach auf, sie hat/ist aufgebrochen
aufdringlich, aufdringlicher, am aufdringlichsten
aufeinander
der **Aufenthalt**, die Aufenthalte

die **Auf|er|ste|hung**

die **Auf|fahrt**, die Auffahrten

auf|fal|len, du fällst auf, sie fällt auf, sie fiel auf, sie ist aufgefallen, auffallend, auffallender, am auffallendsten, auffällig, auffälliger, am auffälligsten

auf|fan|gen, du fängst auf, er fängt auf, er fing auf, er hat aufgefangen

auf|fas|sen, du fasst auf, sie fasst auf, die Auffassung

auf|for|dern, du forderst auf, er fordert auf, die Aufforderung, der Aufforderungssatz

auf|füh|ren, du führst auf, sie führt auf, die Aufführung

die **Auf|ga|be**, die Aufgaben

der **Auf|gang**, die Aufgänge

auf|ge|ben, du gibst auf, er gibt auf, er gab auf, er hat aufgegeben

auf|ge|regt, aufgeregter, am aufgeregtesten

auf|grund, auch: auf Grund

auf|hal|ten, du hältst auf, sie hält auf, sie hielt auf, sie hat aufgehalten

auf|he|ben, du hebst auf, er hebt auf, er hob auf, er hat aufgehoben

auf|hö|ren, du hörst auf, sie hört auf

auf|kle|ben, du klebst auf, er klebt auf, der Aufkleber

auf|le|gen, du legst auf, sie legt auf

auf|ma|chen, du machst auf, er macht auf

auf|merk|sam, aufmerksamer, am aufmerksamsten, die Aufmerksamkeit

auf|neh|men, du nimmst auf, sie nimmt auf, sie nahm auf, sie hat aufgenommen, die Aufnahme

auf|pas|sen, du passt auf, er passt auf

auf|pral|len, du prallst auf, sie prallt auf, der Aufprall

auf|räu|men, du räumst auf, er räumt auf, der Raum

auf|recht

sich **auf|re|gen**, du regst dich auf, sie regt sich auf, die Aufregung

auf|re|gend, aufregender, am aufregendsten

auf|rich|tig, aufrichtiger, am aufrichtigsten, die Aufrichtigkeit

der **Auf|satz**, die Aufsätze

auf|schla|gen, du schlägst auf, er schlägt auf, er schlug auf, er hat/ist aufgeschlagen

auf|schlie|ßen, du schließt auf, er schließt auf, er schloss auf, er hat aufgeschlossen

der **Auf|schnitt**

auf|schrei|ben, du schreibst auf, er schreibt auf, er schrieb auf, er hat aufgeschrieben

die **Auf|sicht**, die Aufsichten

der **Auf|stand**, die Aufstände

auf|ste|hen, du stehst auf, sie steht auf, sie stand auf, sie ist aufgestanden

auf|stel|len, du stellst auf, er stellt auf, die Aufstellung

auf|tei|len, du teilst auf, sie teilt auf, die Aufteilung

der **Auf|trag**, die Aufträge

auf|tre|ten, du trittst auf, er tritt auf, er trat auf, er ist aufgetreten, der Auftritt

auf|wa|chen, du wachst auf, sie wacht auf

auf|wach|sen, du wächst auf, er wächst auf, er wuchs auf, er ist aufgewachsen

der **Auf|wand**, aufwendig, auch: aufwändig, aufwendiger, am aufwendigsten

auf|wärts

auf|we|cken, du weckst auf, sie weckt auf, der Wecker

auf|zäh|len, du zählst auf, er zählt auf, die Aufzählung

der **Auf|zug**, die Aufzüge

das **Au|ge**, die Augen, die Augenbraue, das Augenlid

der **Au|gen|blick**, die Augenblicke, augenblicklich

der **Au|gust**

die **Auk|ti|on** (Versteigerung), die Auktionen

die **Au|la**, die Aulas/Aulen

aus

aus|beu|ten, du beutest aus, sie beutet aus, die Ausbeutung

aus|bil|den, du bildest aus, er bildet aus, die Ausbildung, der/die Auszubildende

der **Aus|blick**, die Ausblicke

aus|bre|chen, du brichst aus, er bricht aus, er brach aus, er ist ausgebrochen, der Ausbruch, der Ausbrecher, die Ausbrecherin

die **Aus|dau|er**, ausdauernd, ausdauernder, am ausdauerndsten

sich **aus|deh|nen**, du dehnst dich aus, es dehnt sich aus, die Ausdehnung

aus|drü|cken, du drückst aus, sie drückt aus, der Ausdruck, die Ausdrucke (Druckerzeugnis), die Ausdrücke (Formulierungen), ausdrücklich, ausdrücklicher, am ausdrücklichsten

aus|ei|nan|der

die **Aus|ei|nan|der|set|zung**, die Auseinandersetzungen

aus|flip|pen, du flippst aus, er flippt aus

der **Aus|flug**, die Ausflüge

die **Aus|fuhr**, die Ausfuhren

aus|führ|lich, ausführlicher, am ausführlichsten

die **Aus|ga|be**, die Ausgaben, ausgeben, du gibst aus, sie gibt aus, sie gab aus, sie hat ausgegeben

der **Aus|gang**, die Ausgänge

aus|ge|rech|net

aus|ge|zeich|net

aus|gie|big, ausgiebiger, am ausgiebigsten

aus|glei|chen, du gleichst aus, er gleicht aus, er glich aus, er hat ausgeglichen, der Ausgleich

der **Aus|guss**, die Ausgüsse

die **Aus|kunft**, die Auskünfte

das **Aus|land**, der Ausländer, die Ausländerin, ausländisch

der **Aus|laut**, die Auslaute

aus|lei|hen, du leihst aus, sie leiht aus, sie lieh aus, sie hat ausgeliehen

aus|ma|len, du malst aus, er malt aus

die **Aus|nah|me**, die Ausnahmen, ausnahmsweise

aus|pa|cken, du packst aus, sie packt aus

aus|pro|bie|ren, du probierst aus, er probiert aus

der **Aus|puff**, die Auspuffe

aus|ras|ten, du rastest aus, sie rastet aus

aus|rech|nen, du rechnest aus,

er rechnet aus

die **Ausrede**, die Ausreden

ausreichend

ausreißen, du reißt aus, er reißt aus, er riss aus, er ist ausgerissen

ausrufen, du rufst aus, sie ruft aus, sie rief aus, sie hat ausgerufen, der Ausruf

das **Ausrufezeichen**, die Ausrufezeichen

sich **ausruhen**, du ruhst dich aus, sie ruht sich aus

ausrüsten, du rüstest aus, er rüstet aus, die Ausrüstung

aussäen, du säst aus, sie sät aus, die Aussaat

aussagen, du sagst aus, er sagt aus, die Aussage, der Aussagesatz

ausscheiden, du scheidest aus, sie scheidet aus, sie schied aus, sie hat/ist ausgeschieden, die Ausscheidung

der **Ausschlag**, die Ausschläge, ausschlaggebend

ausschneiden, du schneidest aus, er schneidet aus, er schnitt aus, er hat ausgeschnitten, der Ausschnitt

aussehen, du siehst aus, sie sieht aus, sie sah aus, sie hat ausgesehen, das Aussehen

außen

der **Außenseiter**, die Außenseiter, die Außenseiterin

außer, außerdem

außergewöhnlich

außerhalb

der **Außerirdische**, die Außerirdischen, die Außerirdische, außerirdisch

äußerlich, die Äußerlichkeit

sich **äußern**, du äußerst dich, er äußert sich, die Äußerung

die **Aussicht**, die Aussichten, aussichtslos, aussichtsloser, am aussichtslosesten

aussprechen, du sprichst aus, sie spricht aus, sie sprach aus, sie hat ausgesprochen, die Aussprache, der Ausspruch

ausstatten, du stattest aus, sie stattet aus, die Ausstattung

aussteigen, du steigst aus, sie steigt aus, sie stieg aus, sie ist ausgestiegen, der Ausstieg

ausstellen, du stellst aus, er stellt aus, die Ausstellung

aussuchen, du suchst aus, sie sucht aus

austauschen, du tauschst aus, er tauscht aus, der Austausch

austeilen, du teilst aus, sie teilt aus

Australien, der Australier, die Australierin, australisch

austrinken, du trinkst aus, er trinkt aus, er trank aus, er hat ausgetrunken

auswählen, du wählst aus, sie wählt aus, die Auswahl

auswandern, du wanderst aus, sie wandert aus, die Auswanderung

auswärts, das Auswärtsspiel

auswechseln, du wechselst aus, er wechselt aus

der **Ausweg**, die Auswege, ausweglos, auswegloser, am ausweglosesten

ausweichen, du weichst aus, er weicht aus, er wich aus, er ist ausgewichen der **Aus|weis**, die Ausweise, sich ausweisen, du weist dich aus, sie weist sich aus, sie wies sich aus, sie hat sich ausgewiesen

aus|wen|dig

aus|zeich|nen, du zeichnest aus, er zeichnet aus, die Auszeichnung

aus|zie|hen, du ziehst aus, sie zieht aus, sie zog aus, sie ist ausgezogen, der Auszug

das **Au|to**, die Autos, der Autofahrer, die Autofahrerin, die Autobahn

das **Au|to|gramm**, die Autogramme

der **Au|to|mat**, die Automaten, automatisch

der **Au|tor** (Verfasser, Schriftsteller), die Autoren, die Autorin

die **Avo|ca|do**, die Avocados

die **Axt**, die Äxte

der/die **Azu|bi** (der/die Auszubildende), die Azubis

das **Ba|by**, die Babys

der **Bach**, die Bäche

die **Ba|cke**, die Backen, der Backenzahn

ba|cken, du backst/bäckst, sie backt/bäckt, sie backte, sie hat gebacken, der Bäcker, die Bäckerin, die Bäckerei, der Backofen, das Backpulver, das Gebäck

das **Bad**, die Bäder, der Badeanzug, die Badehose, der Bademeister, die Badewanne, das Badezimmer

ba|den, du badest, er badet

Ba|den-Würt|tem|berg, der Baden-Württemberger, die Baden-Württembergerin, baden-württembergisch

der **Bag|ger**, die Bagger, baggern, du baggerst, sie baggert, die Baggerschaufel, der Baggersee

das **Ba|guette** (sprich: Ba-gett), die Baguettes

die **Bahn**, die Bahnen, der Bahnhof, die Bahnschranke, der Bahnsteig

die **Bak|te|rie**, die Bakterien

ba|lan|cie|ren (sprich: ba-long-ßie-ren), du balancierst, sie balanciert, die Balance (sprich: Ba-longs)

bald

der **Bal|ken**, die Balken

der **Bal|kon**, die Balkone/Balkons

der **Ball**, die Bälle, das Ballspiel

der **Ball** (Tanzvergnügen), die Bälle

der **Bal|len**, die Ballen

bal|len (die Faust ...), du ballst, sie ballt

das **Bal|lett**, die Ballette, der Balletttänzer, die Balletttänzerin

der **Bal|lon**, die Ballone/Ballons

der **Bam|bus**

die **Ba|na|ne**, die Bananen

das **Band** (zum Binden), die Bänder

der **Band** (Buch), die Bände

die **Band** (sprich: Bähnd; Musikgruppe), die Bands

die **Ban|de** (Räuber...), die Banden

bän|di|gen, du bändigst, er bändigt

der **Ban|dit**, die Banditen

der **Band|wurm**, die Bandwürmer

die **Bank** (Sitzgelegenheit), die Bänke

die **Bank** (Geldinstitut), die Banken, das Bankkonto, die Banknote

die **Bar**, die Bars

der **Bär**, die Bären, die Bärin

bar, bargeldlos, das Bargeld

bar|fuß

der **Bär|lauch**

barm|her|zig, barmherziger, am barmherzigsten, die Barmherzigkeit

das **Ba|ro|me|ter**, die Barometer

der **Bar|ren**, die Barren

der **Bart**, die Bärte, bärtig, bärtiger, am bärtigsten

der **Ba|sar**, die Basare

das **Ba|si|li|kum**

der **Bas|ket|ball**, die Basketbälle, der Basketballer, die Basketballerin

der **Bass** (tiefste Tonlage), die Bässe, der Bassist, die Bassistin

der **Bast** (Pflanzenfaser)

bas|teln, du bastelst, er bastelt, die Bastelei

die **Ba|tik**, batiken, du batikst, sie batikt

die **Bat|te|rie**, die Batterien

der **Bau** (Tierhöhle), die Baue

der **Bau** (Gebäude), die Bauten

der **Bau|ar|bei|ter**, die Bauarbeiter, die Bauarbeiterin

der **Bauch**, die Bäuche, bauchig (ein bauchiger Krug), der Bauchnabel, das Bauchweh

bau|en (→ S. 284), du baust, er baut, baufällig, baufälliger, am baufälligsten

der **Bau|er**, die Bauern, die Bäuerin, bäuerlich, bäuerlicher, am bäuerlichsten, das Bauernhaus, der Bauernhof

das/der **Bau|er** (Vogelkäfig), die Bauer

der **Baum**, die Bäume, das Baumhaus, die Baumkrone, der Baumstumpf

bau|meln, du baumelst, sie baumelt

die **Baum|wol|le**

der **Bau|stein**, die Bausteine

die **Bau|stel|le**, die Baustellen

Bay|ern, der Bayer, die Bayerin, bayerisch

der **Ba|zil|lus** (Krankheitserreger), die Bazillen

be|ach|ten, du beachtest, er beachtet

der **Be|am|te**, die Beamten, die Beamtin

be|an|tra|gen, du beantragst, sie beantragt

be|ant|wor|ten, du beantwortest, er beantwortet

be|ar|bei|ten, du bearbeitest, sie bearbeitet

be|at|men, du beatmest, er beatmet, die Beatmung
be|ben, du bebst, sie bebt, das Beben
der **Be|cher**, die Becher, die Becherlupe
das **Be|cken** (1. Wasch..., 2. Knochen, 3. Schlaginstrument), die Becken
sich **be|dan|ken**, du bedankst dich, er bedankt sich
der **Be|darf**
be|dau|ern, du bedauerst, sie bedauert, das Bedauern, bedauerlich, bedauerlicher, am bedauerlichsten
be|den|ken, du bedenkst, er bedenkt, er bedachte, er hat bedacht, die Bedenken
be|deu|ten, du bedeutest, sie bedeutet, die Bedeutung, bedeutend, bedeutender, am bedeutendsten, bedeutungslos
be|die|nen, du bedienst, er bedient, die Bedienung
die **Be|din|gung**, die Bedingungen, bedingungslos
be|dro|hen, du bedrohst, sie bedroht, die Bedrohung, bedrohlich, bedrohlicher, am bedrohlichsten
das **Be|dürf|nis**, die Bedürfnisse, bedürftig, bedürftiger, am bedürftigsten
sich **be|ei|len**, du beeilst dich, er beeilt sich, die Beeilung
be|ein|dru|cken, du beeindruckst, sie beeindruckt
be|ein|flus|sen, du beeinflusst, er beeinflusst, die Beeinflussung
be|en|den, du beendest, sie beendet, die Beendigung
be|er|di|gen, du beerdigst, er beerdigt, die Beerdigung
die **Bee|re**, die Beeren
das **Beet**, die Beete
be|feh|len, du befiehlst, er befiehlt, er befahl, er hat befohlen, der Befehl
be|fes|ti|gen, du befestigst, sie befestigt, die Befestigung
sich **be|fin|den**, du befindest dich, er befindet sich, er befand sich, er hat sich befunden, das Befinden, befindlich
be|för|dern, du beförderst, sie befördert, die Beförderung
be|fra|gen, du befragst, er befragt, die Befragung
be|frei|en, du befreist, sie befreit, die Befreiung
be|frie|di|gen, du befriedigst, er befriedigt, die Befriedigung, befriedigend, befriedigender, am befriedigendsten
be|fruch|ten, du befruchtest, sie befruchtet, die Befruchtung
be|gabt, begabter, am begabtesten, die Begabung, der/die Begabte
be|geg|nen, du begegnest, er begegnet, die Begegnung
sich **be|geis|tern**, du begeisterst dich, sie begeistert sich, die Begeisterung
be|gie|rig, begieriger, am begierigsten, die Begierde
be|gin|nen, du beginnst, es beginnt, es begann, es hat begonnen, der Beginn
be|glei|ten, du begleitest, sie begleitet, die Begleitung, der Begleiter, die Begleiterin
be|gra|ben, du begräbst, er begräbt, er begrub, er hat begraben, das Begräbnis

be|grei|fen, du begreifst,
er begreift, er begriff,
er hat begriffen, der Begriff,
begriffsstutzig, begriffsstutziger,
am begriffsstutzigsten
be|gren|zen, du begrenzt,
er begrenzt, die Begrenzung
be|grün|den, du begründest,
sie begründet, die Begründung
be|grü|ßen, du begrüßt,
er begrüßt, die Begrüßung
be|hag|lich, behaglicher,
am behaglichsten,
die Behaglichkeit
be|hal|ten, du behältst,
er behält, er behielt,
er hat behalten
be|hän|de (geschickt)
be|han|deln, du behandelst,
sie behandelt, die Behandlung
be|har|ren, du beharrst,
er beharrt, beharrlich,
beharrlicher, am beharrlichsten
be|haup|ten, du behauptest,
sie behauptet, die Behauptung
be|herr|schen, du beherrschst,
er beherrscht,
die Beherrschung
be|herzt
be|hilf|lich, behilflicher,
am behilflichsten
be|hin|dern, du behinderst,
sie behindert
be|hin|dert, die Behinderung
die **Be|hör|de**, die Behörden
be|hü|ten, du behütest,
er behütet
be|hut|sam, behutsamer,
am behutsamsten,
die Behutsamkeit
bei, beim
bei|brin|gen, du bringst bei,
sie bringt bei, sie brachte bei,
sie hat beigebracht
beich|ten, du beichtest,
er beichtet, die Beichte,
der Beichtstuhl
bei|de, beides
bei|ei|nan|der
der **Bei|fah|rer**, die Beifahrer,
die Beifahrerin
der **Bei|fall**, beifällig
beige (sprich: behsch; sandfarben)
das **Beil**, die Beile
das **Bein**, die Beine
bei|na|he
bei|sam|men
bei|sei|te
das **Bei|spiel**, die Beispiele,
zum Beispiel (z. B.), beispielhaft,
beispielsweise
bei|ßen, du beißt, er beißt,
er biss, er hat gebissen,
der Biss, bissig, bissiger,
am bissigsten, die Beißzange
bei|tra|gen, du trägst bei,
sie trägt bei, sie trug bei,
sie hat beigetragen, der Beitrag
be|kannt, bekannter,
am bekanntesten,
die Bekanntheit,
der/die Bekannte, bekanntlich,
die Bekanntschaft
das **Be|kennt|nis**, die Bekenntnisse
sich **be|kle|ckern**, du bekleckerst
dich, er bekleckert sich
die **Be|klei|dung**
be|kom|men, du bekommst,
er bekommt, er bekam,
er hat bekommen
der **Be|lag**, die Beläge
be|läs|ti|gen, du belästigst,
sie belästigt, die Belästigung
be|lei|di|gen, du beleidigst,
er beleidigt, die Beleidigung
be|leuch|ten, du beleuchtest,

sie beleuchtet, die Beleuchtung
Bel|gi|en, der Belgier, die Belgierin, belgisch
be|lie|big, beliebiger, am beliebigsten
be|liebt, beliebter, am beliebtesten, die Beliebtheit
bel|len, du bellst, er bellt, das Gebell
be|loh|nen, du belohnst, sie belohnt, die Belohnung
be|ma|len, du bemalst, er bemalt, die Bemalung
be|mer|ken, du bemerkst, sie bemerkt, die Bemerkung
sich **be|mü|hen**, du bemühst dich, er bemüht sich, die Bemühung
be|nach|rich|ti|gen, du benachrichtigst, sie benachrichtigt, die Benachrichtigung
sich **be|neh|men**, du benimmst dich, er benimmt sich, er benahm sich, er hat sich benommen, das Benehmen
be|nei|den, du beneidest, sie beneidet
be|nen|nen, du benennst, sie benennt, sie benannte, sie hat benannt
die **Be|nom|men|heit**
be|no|ten, du benotest, er benotet, die Benotung
be|nö|ti|gen, du benötigst, sie benötigt
be|nut|zen, du benutzt, er benutzt, die Benutzung, der Benutzer, die Benutzerin
das **Ben|zin**, der Benzinpreis
be|ob|ach|ten, du beobachtest, sie beobachtet, die Beobachtung
be|quem, bequemer, am bequemsten, die Bequemlichkeit
be|ra|ten, du berätst, er berät, er beriet, er hat beraten, die Beratung, der Berater, die Beraterin
be|rech|ti|gen, du berechtigst, sie berechtigt, die Berechtigung
der **Be|reich**, die Bereiche
be|reit, die Bereitschaft
be|reits, bereit
be|reu|en, du bereust, er bereut
der **Berg**, die Berge, bergig, bergiger, am bergigsten, der Berggipfel, der Bergkamm, der Bergrettungsdienst, der Bergsteiger, die Bergsteigerin
ber|gen, du birgst, er birgt, er barg, er hat geborgen, die Bergung
der **Be|richt**, die Berichte
be|rich|ten, du berichtest, er berichtet
be|rich|ti|gen, du berichtigst, sie berichtigt, die Berichtigung
Ber|lin (Hauptstadt Deutschlands), der Berliner, die Berlinerin, berlinerisch
Bern (Hauptstadt der Schweiz)
be|rück|sich|ti|gen, du berücksichtigst, sie berücksichtigt, die Berücksichtigung
der **Be|ruf**, die Berufe, beruflich, berufstätig, die Berufsberatung, die Berufsschule
sich **be|ru|hi|gen**, du beruhigst dich, er beruhigt sich, die Beruhigung
be|rühmt, berühmter, am berühmtesten, die Berühmtheit
be|rüh|ren, du berührst,

sie berührt, die Berührung

die **Be|sat|zung**, die Besatzungen

be|schä|di|gen, du beschädigst, er beschädigt, die Beschädigung

sich **be|schäf|ti|gen**, du beschäftigst dich, sie beschäftigt sich, die Beschäftigung

die **Be|schei|den|heit**, bescheiden, bescheidener, am bescheidensten

be|schei|ni|gen, du bescheinigst, er bescheinigt, die Bescheinigung

be|sche|ren, du bescherst, sie beschert, die Bescherung

be|schimp|fen, du beschimpfst, er beschimpft, die Beschimpfung

be|schleu|ni|gen, du beschleunigst, sie beschleunigt, die Beschleunigung

be|schlie|ßen, du beschließt, er beschließt, er beschloss, er hat beschlossen

der **Be|schluss**, die Beschlüsse

be|schmut|zen, du beschmutzt, sie beschmutzt

sich **be|schrän|ken**, du beschränkst dich, er beschränkt sich, die Beschränkung

be|schrei|ben, du beschreibst, sie beschreibt, sie beschrieb, sie hat beschrieben, die Beschreibung

be|schrif|ten, du beschriftest, er beschriftet

be|schul|di|gen, du beschuldigst, sie beschuldigt, die Beschuldigung

be|schüt|zen, du beschützt, er beschützt

sich **be|schwe|ren**, du beschwerst dich, sie beschwert sich, die Beschwerde

be|sei|ti|gen, du beseitigst, er beseitigt, die Beseitigung

der **Be|sen**, die Besen, der Besenstiel

die **Be|ses|sen|heit**

be|set|zen, du besetzt, sie besetzt, die Besetzung

be|sich|ti|gen, du besichtigst, er besichtigt, die Besichtigung

be|sie|gen, du besiegst, sie besiegt

sich **be|sin|nen**, du besinnst dich, sie besinnt sich, sie besann sich, sie hat sich besonnen, die Besinnung

be|sit|zen, du besitzt, er besitzt, er besaß, er hat besessen, der Besitz, der Besitzer, die Besitzerin

be|son|ders

be|sor|gen, du besorgst, sie besorgt, die Besorgung

be|spre|chen, du besprichst, er bespricht, er besprach, er hat besprochen, die Besprechung

bes|ser → gut, am besten, die Besserung

sich **bes|sern**, du besserst dich, sie bessert sich

der **Be|stand**, die Bestände

be|stä|ti|gen, du bestätigst, er bestätigt, die Bestätigung

be|stäu|ben, du bestäubst, sie bestäubt, die Bestäubung

be|ste|chen, du bestichst, er besticht, er bestach, er hat bestochen, die Bestechung

das **Be|steck**, die Bestecke

be|ste|hen, du bestehst,

sie besteht, sie bestand, sie hat bestanden, der Bestand

be|stel|len, du bestellst, er bestellt, die Bestellung

am **bes|ten** → gut, besser, bestens, das Beste

die **Bes|tie**, die Bestien

be|stim|men, du bestimmst, sie bestimmt, die Bestimmung

be|stra|fen, du bestrafst, er bestraft, die Bestrafung

die **Be|strah|lung**, die Bestrahlungen

be|streu|en, du bestreust, sie bestreut

be|su|chen, du besuchst, er besucht, der Besuch, der Besucher, die Besucherin, die Besuchszeit

die **Be|täu|bung**, die Betäubungen

sich **be|tei|li|gen**, du beteiligst dich, sie beteiligt sich, die Beteiligung

be|ten, du betest, er betet, das Gebet

der **Be|ton**, betonieren, du betonierst, sie betoniert, der Betonmischmaschine

be|to|nen, du betonst, er betont, die Betonung

be|trach|ten, du betrachtest, sie betrachtet, die Betrachtung

der **Be|trag**, die Beträge

sich **be|tra|gen**, du beträgst dich, sie beträgt sich, er betrug sich, er hat sich betragen, das Betragen

be|treu|en, du betreust, er betreut, die Betreuung, der Betreuer, die Betreuerin

der **Be|trieb**, die Betriebe, die Betriebsleitung

sich **be|trin|ken**, du betrinkst dich, sie betrinkt sich, sie betrank sich, sie hat sich betrunken, der/die Betrunkene

be|trof|fen, betroffener, am betroffensten

be|trü|gen, du betrügst, er betrügt, er betrog, er hat betrogen, der Betrug, der Betrüger, die Betrügerin

das **Bett**, die Betten, bettlägerig, die Bettdecke, das Bettlaken

bet|teln, du bettelst, sie bettelt, der Bettler, die Bettlerin

sich **beu|gen**, du beugst dich, er beugt sich, die Beugung

die **Beu|le**, die Beulen

be|ur|tei|len, du beurteilst, sie beurteilt, die Beurteilung

die **Beu|te**, erbeuten, du erbeutest, er erbeutet

der **Beu|tel**, die Beutel

die **Be|völ|ke|rung**, die Bevölkerungen

be|vor

be|vor|zu|gen, du bevorzugst, sie bevorzugt, die Bevorzugung

be|wa|chen, du bewachst, sie bewacht, die Bewachung

be|wah|ren, du bewahrst, er bewahrt

sich **be|wäh|ren**, du bewährst dich, sie bewährt sich, die Bewährung

be|wäl|ti|gen, du bewältigst, er bewältigt, die Bewältigung

die **Be|wäs|se|rung**, bewässern, du bewässerst, sie bewässert

sich **be|we|gen**, du bewegst dich, er bewegt sich, die Bewegung, beweglich, beweglicher, am beweglichsten, bewegungslos

be|wei|sen, du beweist, er beweist, er bewies, er hat bewiesen, der Beweis

sich **be|wer|ben**, du bewirbst dich, er bewirbt sich, er bewarb sich, er hat sich beworben, die Bewerbung

be|wer|ten, du bewertest, sie bewertet, die Bewertung

be|wil|li|gen, du bewilligst, sie bewilligt, die Bewilligung

be|wir|ten, du bewirtest, er bewirtet, die Bewirtung

be|woh|nen, du bewohnst, sie bewohnt, der Bewohner, die Bewohnerin

be|wölkt, bewölkter, am bewölktesten, die Bewölkung

be|wun|dern, du bewunderst, sie bewundert, die Bewunderung, bewundernswert, bewundernswerter, am bewundernswertesten

be|wusst, bewusstlos, das Bewusstsein

be|zah|len, du bezahlst, er bezahlt, die Bezahlung

be|zeich|nen, du bezeichnest, sie bezeichnet, die Bezeichnung

be|zie|hen, du beziehst, er bezieht, er bezog, er hat bezogen

der **Be|zirk**, die Bezirke

der **Be|zug**, die Bezüge, bezüglich

bib|bern, du bibberst, sie bibbert

die **Bi|bel**, die Bibeln

der **Bi|ber**, die Biber, der Biberbau, der Biberdamm

die **Bib|lio|thek**, die Bibliotheken, der Bibliothekar, die Bibliothekarin

bie|gen, du biegst, er biegt, er bog, er hat gebogen, die Biegung, biegsam, biegsamer, am biegsamsten

die **Bie|ne**, die Bienen, der Bienenschwarm, der Bienenstock

das **Bier**, die Biere, die Bierflasche

das **Biest**, die Biester

bie|ten, du bietest, sie bietet, sie bot, sie hat geboten

der **Bi|ki|ni**, die Bikinis

das **Bild**, die Bilder, das Bilderbuch, der Bildschirm

sich **bil|den**, du bildest dich, er bildet sich, die Bildung

bil|lig, billiger, am billigsten

bin|den (→ S. 284), du bindest, er bindet, er band, er hat gebunden, die Binde, die Bindung, der Bindestrich, der Bindfaden

das **Bin|de|wort**, die Bindewörter

die **Bio|lo|gie**, der Biologe, die Biologin, biologisch

das/der **Bio|top**, die Biotope

die **Bir|ke**, die Birken

die **Bir|ne**, die Birnen, der Birnbaum

bis, bisher

der **Bi|schof**, die Bischöfe, die Bischöfin

der **Biss**, die Bisse, bissig, bissiger, am bissigsten

ein **biss|chen**

das **Bit** (Informationseinheit), die Bits

die **Bit|te**, die Bitten, bitten, du bittest, sie bittet, sie bat, sie hat gebeten

bit|ter, bitterer, am bittersten, die Bitterkeit, bitterböse

der/das **Black|out** (sprich: Bläck-aut; Erinnerungslücke)

blä|hen, du blähst, es bläht

die **Blä|hung**, die Blähungen

die **Bla|ma|ge** (sprich: Bla-mah-sche), die Blamagen, sich blamieren, du blamierst dich, sie blamiert sich

blank, blanker, am blanksten

die **Bla|se**, die Blasen

bla|sen, du bläst, er bläst, er blies, er hat geblasen, der Bläser, die Bläserin, der Blasebalg

blass, blasser/blässer, am blassesten/blässesten, die Blässe

das **Blatt**, die Blätter, die Blattlaus

blät|tern, du blätterst, sie blättert

blau, blauer, am blausten, das Blau, blauäugig, blauäugiger, am blauäugigsten, blaugrau, bläulich, bläulicher, am bläulichsten, die Blaubeere, das Blaulicht

das **Blech**, die Bleche, die Blechdose

das **Blei**, bleiern, bleifrei

blei|ben, du bleibst, er bleibt, er blieb, er ist geblieben, die Bleibe

bleich, bleicher, am bleichsten

der **Blei|stift**, die Bleistifte

blen|den, du blendest, sie blendet

bli|cken, du blickst, er blickt, der Blick, die Blickrichtung

blind, die Blindheit, der/die Blinde, blindlings, der Blindenhund, die Blindenschrift

der **Blind|darm**, die Blinddärme, die Blinddarmentzündung

die **Blind|schlei|che**, die Blindschleichen

blin|ken, du blinkst, sie blinkt, der Blinker, das Blinklicht

blin|zeln, du blinzelst, er blinzelt

der **Blitz**, die Blitze, blitzen, du blitzt, es blitzt, der Blitzableiter, das Blitzlicht, blitzschnell

der **Block**, die Blöcke

die **Block|flö|te**, die Blockflöten

blo|ckie|ren, du blockierst, er blockiert, die Blockade, die Blockierung

blöd/blöde, blöder, am blödesten, der Blödsinn

blö|ken, du blökst, es blökt

blond, blonder, am blondesten, der Blondschopf

bloß

die **Blö|ße**, die Blößen

blub|bern, du blubberst, es blubbert

blü|hen, du blühst, es blüht

die **Blu|me**, die Blumen, das Blumenbeet, der Blumenkohl, der Blumenstrauß, die Blumenvase

die **Blu|se**, die Blusen

das **Blut**, bluten, du blutest, er blutet, blutig, blutiger, am blutigsten, die Blutgruppe, blutarm

die **Blü|te**, die Blüten, blütenweiß

das **BMX-Rad**, die BMX-Räder

der **Bob** (Rennschlitten), die Bobs

der **Bock**, die Böcke, bockig, bockiger, am bockigsten

der **Bo|den**, die Böden

der **Bo|den|see**

der **Bo|gen**, die Bogen

die **Boh|ne**, die Bohnen, die Bohnenstange

bohren, du bohrst, sie bohrt, der Bohrer, die Bohrung, die Bohrmaschine
der **Boiler**, die Boiler
die **Boje**, die Bojen
bolzen, du bolzt, er bolzt, der Bolzplatz
die **Bombe**, die Bomben
das/der **Bonbon**, die Bonbons
das **Boot**, die Boote, das Bootshaus
das **Bord** (Bücherwand), die Borde, der Bordstein, an Bord gehen
borgen, du borgst, sie borgt
die **Börse** (Wertpapiermarkt), die Börsen
die **Borste**, die Borsten
die **Böschung**, die Böschungen
böse, böser, am bösesten, bösartig, bösartiger, am bösartigsten, boshaft, boshafter, am boshaftesten, die Bosheit, der Bösewicht
Bosnien-Herzegowina (Land in Europa), der Bosnier, die Bosnierin, bosnisch
der **Bote**, die Boten, die Botin
die **Botschaft**, die Botschaften
die **Boutique** (sprich: Bu-tiek), die Boutiquen
boxen, du boxt, er boxt, der Boxer, die Boxerin
der **Brand**, die Brände, der Brandstifter, die Brandstiftung, die Brandwunde
Brandenburg, der Brandenburger, die Brandenburgerin, brandenburgisch
die **Brandung**, branden, es brandet
braten, du brätst, er brät, er briet, er hat gebraten, der Braten, die Bratpfanne, die Bratwurst
Bratislava (Hauptstadt der Slowakei)
die **Bratsche** (Streichinstrument), die Bratschen
der **Brauch**, die Bräuche, das Brauchtum
brauchen, du brauchst, sie braucht, brauchbar, brauchbarer, am brauchbarsten
brauen, du braust, er braut, die Brauerei
braun, brauner, am braunsten, sich bräunen, du bräunst dich, sie bräunt sich, die Bräune, bräunlich, bräunlicher, am bräunlichsten
die **Brause**, die Brausen, brausen, du braust, es braust
die **Braut**, die Bräute, der Bräutigam, das Brautkleid, das Brautpaar
brav, braver, am bravsten, die Bravheit
bravo!
brechen (→ S. 284), du brichst, es bricht, es brach, es ist gebrochen, der Bruch
der **Brei**, die Breie, breiig
breit, breiter, am breitesten, die Breite, der Breitengrad
Bremen, der Bremer, die Bremerin, bremisch
bremsen, du bremst, sie bremst, die Bremse, die Bremsspur, der Bremsweg
brennen, du brennst, es brennt, es brannte, es hat gebrannt, das Brennholz
die **Brennnessel**, die Brennnesseln

das **Brett**, die Bretter
die **Bre|zel**, die Brezeln
der **Brief**, die Briefe, der Briefkasten, die Briefmarke, der Briefträger, die Briefträgerin
die **Bril|le**, die Brillen
brin|gen, du bringst, er bringt, er brachte, er hat gebracht
die **Bri|se**, die Brisen
der **Bro|cken**, die Brocken, bröckeln, es bröckelt, bröckelig/bröcklig
bro|deln, du brodelst, es brodelt
der **Brok|ko|li**, auch: Broccoli
die **Brom|bee|re**, die Brombeeren
die **Bron|chie**, die Bronchien, die Bronchitis
die **Bron|ze**, die Bronzemedaille
die **Bro|sche**, die Broschen
die **Bro|schü|re**, die Broschüren
der **Brö|sel**, die Brösel, bröseln, du bröselst, es bröselt
das **Brot**, die Brote, das Brötchen, der Brotlaib
der **Bruch**, die Brüche, brüchig, brüchiger, am brüchigsten
die **Brü|cke**, die Brücken
der **Bru|der**, die Brüder, brüderlich
die **Brü|he**
brül|len, du brüllst, sie brüllt, das Gebrüll
brum|men, du brummst, er brummt, der Brummer
der **Brun|nen**, die Brunnen
Brüs|sel (Hauptstadt Belgiens)
die **Brust**, die Brüste
sich **brüs|ten**, du brüstest dich, sie brüstet sich
die **Brüs|tung**, die Brüstungen
bru|tal, brutaler, am brutalsten, die Brutalität
brü|ten, du brütest, er brütet, die Brut, der Brutkasten
brutto, der Bruttolohn
der **Bub**, die Buben
das **Buch**, die Bücher, die Bücherei, die Buchhandlung, das Bücherregal
die **Bu|che**, die Buchen
der **Buch|sta|be**, die Buchstaben, buchstabieren, du buchstabierst, sie buchstabiert
die **Bucht**, die Buchten
der **Bu|ckel**, die Buckel, buckelig/bucklig
sich **bü|cken**, du bückst dich, er bückt sich
Bu|da|pest (Hauptstadt Ungarns)
bud|deln, du buddelst, sie buddelt
der **Bud|dha**, der Buddhismus, der Buddhist, die Buddhistin, buddhistisch
die **Bu|de**, die Buden
der **Büf|fel**, die Büffel
der **Bü|gel**, die Bügel
bü|geln, du bügelst, er bügelt, das Bügelbrett, das Bügeleisen
der **Bug|gy** (sprich: Bag-gi), die Buggys
bu|hen, du buhst, sie buht
die **Büh|ne**, die Bühnen
Bu|ka|rest (Hauptstadt Rumäniens)
Bul|ga|ri|en, der Bulgare, die Bulgarin, bulgarisch
der **Bul|le**, die Bullen
der **Bu|me|rang**, die Bumerangs/Bumerange
bum|meln, du bummelst, sie bummelt, der Bummel, die Bummelei
das **Bund** (Gebinde), die Bunde
der **Bund** (1. Vereinigung, 2. oberer Rand der Hose), die Bünde, der Bundeskanzler, die Bundeskanzlerin,

das Bundesland,
die Bundesliga,
die Bundesregierung,
die Bundesrepublik,
die Bundeswehr

das **Bün|del**, die Bündel, bündeln, du bündelst, er bündelt

das **Bünd|nis**, die Bündnisse

bunt, bunter, am buntesten, der Buntstift

die **Burg**, die Burgen

der **Bür|ger**, die Bürger, die Bürgerin, das Bürgerbüro, der Bürgermeister, die Bürgermeisterin

der **Bür|ger|steig**, die Bürgersteige

das **Bü|ro**, die Büros

die **Bürs|te**, die Bürsten, bürsten, du bürstest, sie bürstet

der **Bus**, die Busse, der Busfahrer, die Bushaltestelle

der **Busch**, die Büsche, buschig, buschiger, am buschigsten

das **Bü|schel**, die Büschel

der **Bu|sen**, die Busen

der **Bus|sard**, die Bussarde

bü|ßen, du büßt, er büßt, die Buße

die **But|ter**, das Butterbrot, die Buttermilch, butterweich

bye-bye! (sprich: bei-bei; tschüss!)

ca. (circa; ungefähr)

das **Ca|brio**, die Cabrios

das **Ca|fé**, die Cafés

cam|pen, du campst, sie campt, der Camper, die Camperin, der Campingplatz

die **CD** (Compact Disk), die CDs, der CD-Player, die CD-ROM

das **Cel|lo** (sprich: Tschel-lo; Streichinstrument), die Cellos/Celli

Cel|si|us (C)

das **Cem|ba|lo** (sprich: Tschem-ba-lo; Tasteninstrument), die Cembalos/Cembali

der **Cent**, die Cent

das **Cha|mä|le|on**, die Chamäleons

der **Cham|pi|gnon** (Pilz), die Champignons

der **Cham|pi|on** (Meister im Sport), die Champions

die **Chan|ce**, die Chancen, chancenlos

das **Cha|os** (Unordnung), chaotisch, chaotischer, am chaotischsten

der **Cha|rak|ter**, die Charaktere, charakteristisch, charakteristischer, am charakteristischsten

der **Charme** (sprich: Scharm), charmant, charmanter, am charmantesten

die **Charts** (sprich: Tscharts)

der **Chat** (sprich: Tschätt), die Chats, chatten, du chattest, sie chattet

der **Chauf|feur** (sprich: Schof-föhr), die Chauffeure, die Chauffeurin

che|cken (überprüfen), du checkst, er checkt, die Checkliste
der **Chef**, die Chefs, die Chefin
die **Che|mie**, der Chemiker, die Chemikerin, chemisch
chic/schick, schicker, am schicksten
der **Chi|co|rée**, die Chicorées
Chi|na, der Chinese, die Chinesin, chinesisch
der **Chip** (Spielmarke), die Chips
der **Chi|rurg**, die Chirurgen, die Chirurgin, chirurgisch
das **Chlor**
der **Chor** (Gesangsgruppe), die Chöre
der **Christ**, die Christen, die Christin, Christus, das Christentum, christlich, der Christbaum, das Christkind
die **Chro|nik**, die Chroniken
cir|ca (ca.; ungefähr), auch: zirka
die **Ci|ty**, die Citys, der Cityroller
cle|ver (schlau), cleverer, am cleversten, die Cleverness
die **Cli|que** (Freundeskreis), die Cliquen
der **Clown**, die Clowns
cm (Zentimeter)
das **Cock|pit**, die Cockpits
der **Code** (sprich: Kohd), die Codes
die/das **Co|la**, die Colas
das/der **Co|mic**, die Comics, das Comicheft
der **Com|pu|ter**, die Computer, das Computerspiel
der **Con|tai|ner** (Behälter), die Container
cool, cooler, am coolsten
die **Corn|flakes** (sprich: Korn-fleyks)
die **Couch** (sprich: Kautsch; Liegesofa), die Couches/Couchen, der Couchtisch
das/der **Cous|cous**
der **Cou|sin** (sprich: Ku-seng), die Cousins
die **Cou|si|ne**, die Cousinen
der **Cow|boy**, die Cowboys
die **Creme**, die Cremes, cremig, cremiger, am cremigsten
das **Crois|sant** (sprich: Kroa-song), die Croissants
das/der **Cur|ry**, die Currywurst
der **Cur|sor** (sprich: Kör-ser), die Cursors

da
da|bei
das **Dach**, die Dächer, der Dachboden, der Dachdecker, die Dachdeckerin, der Dachfirst, die Dachrinne, der Dachziegel
der **Dachs**, die Dachse, der Dachsbau
der **Da|ckel**, die Dackel
da|durch
da|für
da|ge|gen
da|heim
da|her
da|hin
da|hin|ten
da|hin|ter
die **Dah|lie** (Blume), die Dahlien
da|mals
die **Da|me**, die Damen
da|mit
däm|lich, dämlicher, am dämlichsten, die Dämlichkeit
der **Damm**, die Dämme, dämmen, du dämmst, er dämmt, eindämmen, du dämmst ein, er dämmt ein
die **Däm|me|rung**, dämmern, es dämmert, dämmrig, dämmriger, am dämmrigsten
der **Dampf**, die Dämpfe, der Dampfer, dampfen, du dampfst, es dampft, die Dampfmaschine, das Dampfschiff
dämp|fen, du dämpfst, er dämpft, der Dämpfer
da|nach
da|ne|ben
Dä|ne|mark, der Däne, die Dänin, dänisch
dan|ke!
dan|ken, du dankst, sie dankt, der Dank, dankbar, dankbarer, am dankbarsten, die Dankbarkeit, Danke schön!
dann
da|ran
da|rauf
da|raus
da|rin
das **Dar|le|hen** (geliehenes Geld), die Darlehen
der **Darm**, die Därme
dar|stel|len, du stellst dar, er stellt dar, der Darsteller, die Darstellerin, die Darstellung
das **Darts** (Wurfpfeilspiel)
da|rü|ber
da|rum
da|run|ter
das
das|je|ni|ge
dass
das|sel|be
da|ste|hen, du stehst da, er steht da, er stand da, er hat/ist dagestanden
die **Da|tei**, die Dateien
der **Da|ten|schutz**
der **Da|tiv** (Wemfall), die Dative, das Dativobjekt
die **Dat|tel**, die Datteln
das **Da|tum**, die Daten
dau|ern, es dauert, die Dauer, dauerhaft, dauernd, der Dauerlauf

der **Dau|men**, die Daumen
da|von
da|vor
da|zu
da|zu|ge|ben, du gibst dazu, sie gibt dazu, sie gab dazu, sie hat dazugegeben
da|zu|ge|hö|ren, du gehörst dazu, sie gehört dazu
da|zwi|schen
die **DDR** (Deutsche Demokratische Republik)
das **Deck** (Stockwerk im Schiff), die Decks
die **De|cke**, die Decken, die Deckung, aufdecken, du deckst auf, er deckt auf, bedecken, du bedeckst, sie bedeckt, entdecken, du entdeckst, er entdeckt, das Verdeck
der **De|ckel**, die Deckel
de|cken, du deckst, sie deckt
das **Deck|weiß**
de|fekt (kaputt), der Defekt
def|tig, deftiger, am deftigsten
deh|nen, du dehnst, er dehnt, die Dehnung, dehnbar, dehnbarer, am dehnbarsten
der **Deich**, die Deiche
die **Deich|sel**, die Deichseln
dein, deine, deiner, deinem, deinen
die **De|kli|na|ti|on**, die Deklinationen
de|ko|rie|ren, du dekorierst, sie dekoriert, die Dekoration
der **Del|fin**, auch: Delphin, die Delfine
die **De|li|ka|tes|se** (Feinkost), die Delikatessen
die **Del|le**, die Dellen
dem
dem|nach
dem|nächst
die **De|mo|kra|tie** (Staatsform, in der die Herrschaft vom Volk ausgeht), die Demokratien, der Demokrat, die Demokratin, demokratisch
de|mons|trie|ren, du demonstrierst, er demonstriert, die Demonstration, der Demonstrant, die Demonstrantin, demonstrativ, demonstrativer, am demonstrativsten
die **De|mut**, demütig, demütiger, am demütigsten
den
de|nen
den|ken, du denkst, er denkt, er dachte, er hat gedacht, das Gedenken, denkbar
das **Denk|mal**, die Denkmäler
denn
den|noch
das **Deo** (Deodorant), die Deos
die **De|po|nie** (Müllabladeplatz), die Deponien
der
der|ar|tig
derb, derber, am derbsten
de|ren
der|je|ni|ge
der|sel|be
des
des|halb
des|in|fi|zie|ren, du desinfizierst, sie desinfiziert
der **Desk|top**, die Desktops
des|sen
das **Des|sert**, die Desserts
des|to (je ... desto ...)
des|we|gen
das **De|tail** (sprich: Deh-tai), die Details
der **De|tek|tiv**, die Detektive,

die Detektivin
deuten, du deutest, sie deutet, die Deutung
deutlich, deutlicher, am deutlichsten
deutsch, auf Deutsch, Deutsch sprechen, Deutsch lernen, der Deutschunterricht
Deutschland, der Deutsche, die Deutsche
der **Dezember**
der/das **Dezimeter** (1 dm = 10 cm)
d. h. (das heißt)
der **Diabetes** (Zuckerkrankheit), der Diabetiker, die Diabetikerin
diagonal (schräglaufend), die Diagonale
der **Dialekt**, die Dialekte
der **Dialog**, die Dialoge
der **Diamant**, die Diamanten
die **Diät**, die Diäten
dich
dicht, dichter, am dichtesten, die Dichte
dichten, du dichtest, sie dichtet, die Dichtung, der Dichter, die Dichterin
dick (→ S. 294), dicker, am dicksten, der Dicke, dickflüssig, dickflüssiger, am dickflüssigsten, der Dickkopf
das **Dickicht**
die
der **Dieb**, die Diebe, die Diebin, diebisch, das Diebesgut, der Diebstahl
diejenige
die **Diele**, die Dielen
dienen, du dienst, er dient, der Diener, die Dienerin
der **Dienst**, die Dienste, dienstlich, die Dienstleistung
der **Dienstag**, die Dienstage, dienstags, am Dienstagabend, dienstagabends
dies, diesem, diesen
der **Diesel**, der Dieselmotor, das Dieselöl
dieselbe
dieser, diese, dieses
diesig, diesiger, am diesigsten
diesmal, aber: dieses Mal
die **Differenz** (1. Unterschied, 2. Meinungsverschiedenheit), die Differenzen
digital, die Digitalkamera, die Digitaluhr
das **Diktat**, die Diktate, diktieren, du diktierst, sie diktiert
die **Diktatur** (Staatsform, bei der die Herrschaft von einer Person ausgeht), die Diktaturen, der Diktator, die Diktatorin
der **Dill** (Gewürzpflanze), die Dillsoße
das **Ding**, die Dinge
der **Dinkel**
der **Dinosaurier**, die Dinosaurier
dir
direkt, direkter, am direktesten
der **Direktor**, die Direktorin
der **Dirigent**, die Dirigenten, die Dirigentin, dirigieren, du dirigierst, er dirigiert
das **Dirndl** (Trachtenkleid), die Dirndln
die **Disco** (Discothek), auch: Disko
die **Diskette**, die Disketten
diskutieren, du diskutierst, sie diskutiert, die Diskussion
das **Display**, die Displays
disqualifizieren, du disqualifizierst, er disqualifiziert
die **Distanz**, die Distanzen
die **Distel**, die Disteln
die **Disziplin** (Ordnung), diszipliniert, disziplinierter,

am diszipl
iniertesten
di|vi|die|ren (teilen), du dividierst, sie dividiert, der Dividend, die Division, der Divisor
der **DJ** (Discjockey), die DJs
doch
der **Docht**, die Dochte
das **Dock**, die Docks
die **Dog|ge**, die Doggen
der **Dok|tor** (Dr.), die Doktoren, die Doktorin
das **Do|ku|ment**, die Dokumente
der **Dolch**, die Dolche
der **Dol|lar** ($), die Dollars
der **Dol|met|scher**, die Dolmetscher, die Dolmetscherin, dolmetschen, du dolmetschst, er dolmetscht
der **Dom**, die Dome
das **Do|mi|no** (Spiel), die Dominos, der Dominostein
der **Domp|teur**, die Dompteure, die Dompteurin
die **Do|nau**
der **Dö|ner** (Döner Kebab), die Döner
don|nern, es donnert, der Donner, das Donnerwetter
der **Don|ners|tag**, die Donnerstage, donnerstags, am Donnerstag
doof, doofer, am doofsten, die Doofheit
dop|pelt, der Doppelkonsonant, der Doppelpunkt, das Doppelzimmer
das **Dorf**, die Dörfer, dörflich
der **Dorn**, die Dornen, dornig, dorniger, am dornigsten
Dorn|rös|chen
dör|ren, du dörrst, es dörrt, das Dörrobst
dort
dort|her
dort|hin
die **Do|se**, die Dosen
dö|sen, du döst, er döst
der/das **Dot|ter**, die Dotter, dottergelb, die Dotterblume
down|loa|den, du downloadest, sie downloadet
der **Dra|che** (Fabeltier), die Drachen
der **Dra|chen** (Fluggerät), die Drachen, der Drachenflieger
der **Draht**, die Drähte, drahtlos
das **Dra|ma** (Theaterstück), die Dramen, dramatisch, dramatischer, am dramatischsten
dran
drän|geln, du drängelst, er drängelt, die Drängelei
drän|gen, du drängst, sie drängt, der Drang, das Gedränge
drauf
drau|ßen
der **Dreck**, dreckig, dreckiger, am dreckigsten
dre|hen, du drehst, er dreht, die Drehung, das Drehbuch, die Drehorgel, der Drehwurm
drei, dreieckig, dreimal, dreißig, dreizehn, das Dreieck, die Dreiviertelstunde
dre|schen, du drischst, er drischt, er drosch, er hat gedroschen
dres|sie|ren, du dressierst, sie dressiert, die Dressur
drib|beln, du dribbelst, er dribbelt, das Dribbling
dril|len, du drillst, er drillt
der **Dril|ling**, die Drillinge
drin
drin|gend, dringender,

am dringendsten
drin|nen
der **Drit|te**, ein Drittel, drittens
die **Dro|ge** (Rauschgift), die Drogen, drogenabhängig
die **Dro|ge|rie**, die Drogerien
dro|hen, du drohst, sie droht, die Drohung, drohend, drohender, am drohendsten
dröh|nen, es dröhnt
drol|lig, drolliger, am drolligsten
das **Dro|me|dar**, die Dromedare
die **Drosch|ke**, die Droschken
die **Dros|sel**, die Drosseln
dros|seln (vermindern), du drosselst, sie drosselt
drü|ben
dru|cken, du druckst, er druckt, der Druck, der Drucker, die Druckerei, der Druckbuchstabe, der Druckfehler, der Druckknopf
drü|cken, du drückst, er drückt, der Druck
die **Drü|se**, die Drüsen
der **Dschun|gel**, die Dschungel
du
der **Dü|bel**, die Dübel
Dub|lin (Hauptstadt Irlands)
sich **du|cken**, du duckst dich, er duckt sich
der **Du|del|sack**, die Dudelsäcke
der **Duft**, die Düfte, duften, du duftest, es duftet, duftig
dul|den, du duldest, er duldet
dumm (→ S. 295), dümmer, am dümmsten, die Dummheit, der Dummkopf
dumpf, dumpfer, am dumpfesten
die **Dü|ne**, die Dünen
dün|gen, du düngst, sie düngt, der Dünger
dun|kel, dunkler, am dunkelsten, die Dunkelheit, dunkelhaarig, dunkelhäutig
dünn (→ S. 295), dünner, am dünnsten, dünnflüssig, dünnflüssiger, am dünnflüssigsten
der **Dunst**, die Dünste, dunstig, dunstiger, am dunstigsten
das **Duo**, die Duos
das **Dur**
durch
durch|aus
der **Durch|blick**, durchblicken, du blickst durch, er blickt durch
durch|dre|hen, es dreht durch
durch|ei|nan|der, das Durcheinander
der **Durch|fall**, die Durchfälle
durch|fal|len, du fällst durch, er fällt durch, er fiel durch, er ist durchgefallen
durch|füh|ren, du führst durch, sie führt durch
der **Durch|gang**, die Durchgänge
durch|ge|hend
durch|hal|ten, du hältst durch, sie hält durch, sie hielt durch, sie hat durchgehalten
der **Durch|mes|ser**, die Durchmesser
durch|que|ren, du durchquerst, er durchquert, die Durchquerung
die **Durch|sa|ge**, die Durchsagen
der **Durch|schnitt**, durchschnittlich, durchschnittlicher, am durchschnittlichsten
sich **durch|set|zen**, du setzt dich durch, sie setzt sich durch
durch|sich|tig, durchsichtiger, am durchsichtigsten,

die Durchsichtigkeit

durch|strei|chen, du streichst durch, er streicht durch, er strich durch, er hat durchgestrichen

durch|su|chen, du durchsuchst, er durchsucht

der **Durch|zug**

dür|fen, du darfst, er darf, er durfte, er hat gedurft

dürf|tig, dürftiger, am dürftigsten, die Dürftigkeit

dürr, dürrer, am dürrsten, die Dürre

der **Durst**, durstig, durstiger, am durstigsten

du|schen, du duschst, sie duscht, die Dusche, der Duschvorhang

die **Dü|se**, die Düsen, der Düsenantrieb, das Düsenflugzeug, der Düsenjäger

dus|se|lig/dusslig, dusseliger, am dusseligsten

düs|ter, düsterer, am düstersten, die Düsternis

das **Dut|zend**, die Dutzende

du|zen, du duzt, er duzt

die **DVD** (Datenträger wie CD, mit mehr Speicherplatz), die DVDs

dy|na|misch (schwungvoll), dynamischer, am dynamischsten, die Dynamik

das **Dy|na|mit**

der **Dy|na|mo**, die Dynamos

die **Eb|be** (Ebbe und Flut)

eben (flach), die Ebene

eben (vorhin)

eben|falls

eben|so

der **Eber**, die Eber

das **Echo**, die Echos

die **Ech|se**, die Echsen

echt, die Echtheit

die **Ecke**, die Ecken, eckig, der Eckzahn

edel, edler, am edelsten, der Edelstein

der **Efeu**, die Efeuranke

der **Ef|fekt**, die Effekte

egal

die **Eg|ge**, die Eggen, eggen, du eggst, er eggt

der **Ego|ist**, die Egoisten, die Egoistin, der Egoismus, egoistisch, egoistischer, am egoistischsten

die **Ehe**, die Ehen, die Ehefrau, der Ehemann, das Ehepaar

ehe, eher

ehe|mals

die **Eh|re**, die Ehren, ehren, du ehrst, sie ehrt, das Ehrenamt, ehrenamtlich, das Ehrenwort, die Ehrfurcht, ehrfürchtig, ehrfürchtiger, am ehrfürchtigsten

ehr|gei|zig, ehrgeiziger, am ehrgeizigsten, der Ehrgeiz

ehr|lich, ehrlicher, am ehrlichsten

die **Ehr|lich|keit**

das **Ei**, die Eier, das Eigelb, die Eierschale, das Eiweiß
die **Ei|che**, die Eichen
die **Ei|chel**, die Eicheln
das **Eich|hörn|chen**, die Eichhörnchen
der **Eid**, die Eide
die **Ei|dech|se**, die Eidechsen
der **Ei|fer**
ei|fer|süch|tig, eifersüchtiger, am eifersüchtigsten, die Eifersucht
eif|rig, eifriger, am eifrigsten
ei|gen, eigenartig, eigenartiger, am eigenartigsten, eigensinnig, eigensinniger, am eigensinnigsten, eigentümlich, eigentümlicher, am eigentümlichsten
das **Ei|gen|schafts|wort** (Adjektiv), die Eigenschaftswörter
ei|gent|lich
das **Ei|gen|tum**, der Eigentümer, die Eigentümerin
ei|len, du eilst, er eilt, die Eile, eilig, eiliger, am eiligsten
der **Ei|mer**, die Eimer
ein, eine, einer, eines, einem, einen
ei|nan|der
die **Ein|bahn|stra|ße**, die Einbahnstraßen
der **Ein|band**, die Einbände, einbinden, du bindest ein, sie bindet ein, sie band ein, sie hat eingebunden
die **Ein|bau|kü|che**, die Einbauküchen
sich **ein|bil|den**, du bildest dir ein, er bildet sich ein, die Einbildung, eingebildet, eingebildeter, am eingebildetsten
ein|bre|chen, du brichst ein, er bricht ein, er brach ein, er ist eingebrochen, der Einbruch, der Einbrecher, die Einbrecherin
ein|che|cken, du checkst ein, sie checkt ein
sich **ein|cre|men**, du cremst dich ein, er cremt sich ein
ein|deu|tig, die Eindeutigkeit
ein|drin|gen, du dringst ein, er dringt ein, er drang ein, er ist eingedrungen, der Eindringling, eindringlich, eindringlicher, am eindringlichsten
der **Ein|druck**, die Eindrücke, eindrucksvoll, eindrucksvoller, am eindrucksvollsten
ein|ei|ig
ei|ner|lei
ein|fach, einfacher, am einfachsten
die **Ein|fahrt**, die Einfahrten
der **Ein|fall**, die Einfälle, einfallsreich, einfallsreicher, am einfallsreichsten
die **Ein|falt**, einfältig, einfältiger, am einfältigsten
das **Ein|fa|mi|li|en|haus**, die Einfamilienhäuser
ein|far|big
der **Ein|fluss**, die Einflüsse, einflussreich, einflussreicher, am einflussreichsten
ein|frie|ren, du frierst ein, sie friert ein, sie fror ein, sie hat eingefroren
die **Ein|füh|rung**, die Einführungen, einführen, du führst ein, er führt ein
der **Ein|gang**, die Eingänge
ein|gie|ßen, du gießt ein, er gießt ein, er goss ein, er hat eingegossen
ein|grei|fen, du greifst ein,

er greift ein, er griff ein, er hat eingegriffen, der Eingriff

ein|hei|misch

die **Ein|heit**, die Einheiten, einheitlich, einheitlicher, am einheitlichsten

das **Ein|horn**, die Einhörner

ei|nig, sich einigen, du einigst dich, sie einigt sich, die Einigung, die Einigkeit

ei|ni|ge

ei|ni|ger|ma|ßen

ein|kau|fen, du kaufst ein, er kauft ein, der Einkauf, der Einkaufskorb, der Einkaufswagen, der Einkaufszettel

ein|klem|men, du klemmst ein, sie klemmt ein

das **Ein|kom|men**, die Einkommen

ein|la|den, du lädst ein, er lädt ein, er lud ein, er hat eingeladen, die Einladung

der **Ein|lass**, die Einlässe, einlassen, du lässt ein, sie lässt ein, sie ließ ein, sie hat eingelassen

die **Ein|lei|tung**, die Einleitungen, einleiten, du leitest ein, er leitet ein

ein|mal, einmalig

das **Ein|mal|eins**

ein|mün|den, er mündet ein, die Einmündung

die **Ein|nah|me**, die Einnahmen, einnehmen, du nimmst ein, sie nimmt ein, sie nahm ein, sie hat eingenommen

die **Ein|öde**, die Einöden

ein|ord|nen, du ordnest ein, er ordnet ein

ein|pa|cken, du packst ein, sie packt ein

sich **ein|prä|gen**, du prägst dir ein, er prägt sich ein

das **Ein|rad**, die Einräder

ein|räu|men, du räumst ein, sie räumt ein

ein|ren|ken, du renkst ein, sie renkt ein

die **Ein|rich|tung**, die Einrichtungen, einrichten, du richtest ein, er richtet ein

eins

ein|sam, einsamer, am einsamsten, die Einsamkeit

ein|sam|meln, du sammelst ein, sie sammelt ein

der **Ein|satz**, die Einsätze

ein|schal|ten, du schaltest ein, er schaltet ein

ein|schla|fen, du schläfst ein, sie schläft ein, sie schlief ein, sie ist eingeschlafen

ein|schlie|ßen, du schließt ein, er schließt ein, er schloss ein, er hat eingeschlossen

ein|schließ|lich

die **Ein|schu|lung**, die Einschulungen

ein|se|hen, du siehst ein, sie sieht ein, sie sah ein, sie hat eingesehen, die Einsicht

ein|sei|tig

der **Ein|sied|ler**, die Einsiedler

ein|sper|ren, du sperrst ein, er sperrt ein

der **Ein|spruch**, die Einsprüche

ein|spu|rig

einst

ein|stei|gen, du steigst ein, sie steigt ein, sie stieg ein, sie ist eingestiegen

die **Ein|stel|lung**, die Einstellungen

der **Ein|stieg**, die Einstiege

ein|stim|mig

die **Ein|tei|lung**, die Einteilungen
der **Ein|topf**, die Eintöpfe
ein|tre|ten, du trittst ein, er tritt ein, er trat ein, er hat/ist eingetreten, der Eintritt, die Eintrittskarte
ein|ver|stan|den, das Einverständnis
der **Ein|wand**, die Einwände, einwandfrei
der **Ein|wan|de|rer**, die Einwanderer, die Einwanderin, die Einwanderung, einwandern, du wanderst ein, er wandert ein
die **Ein|weg|fla|sche**, die Einwegflaschen
ein|wei|hen, du weihst ein, er weiht ein, die Einweihung
der **Ein|woh|ner**, die Einwohner, die Einwohnerin
die **Ein|zahl** (Singular)
ein|zäu|nen, du zäunst ein, er zäunt ein
ein|zeln, die Einzelheit
ein|zie|hen, du ziehst ein, er zieht ein, er zog ein, er ist eingezogen, der Einzug
ein|zig, einziger, einzige, einziges, einzigartig, der Einzige
das **Eis**, eisig, eisiger, am eisigsten, der Eisbär, das Eishockey, der Eiswürfel, eislaufen, du läufst eis, er läuft eis, er lief eis, er ist eisgelaufen, eisgekühlt, eiskalt
das **Ei|sen**, die Eisen, eisern, die Eisenbahn
ei|tel, eitler, am eitelsten, die Eitelkeit
der **Ei|ter**, eitern, es eitert, eitrig, eitriger, am eitrigsten
der **Ekel**, sich ekeln, du ekelst dich, er ekelt sich, ekelhaft, ekelhafter, am ekelhaftesten, eklig/ekelig, ekliger, am ekligsten
elas|tisch (dehnbar), elastischer, am elastischsten, die Elastizität
die **El|be** (Fluss)
der **Elch**, die Elche
der **Ele|fant**, die Elefanten
ele|gant, eleganter, am elegantesten, die Eleganz
elek|trisch, der Elektriker, die Elektrikerin, die Elektrizität
die **Elek|tro|nik**, elektronisch
das **Ele|ment**, die Elemente
das **Elend**, elend, elender, am elendsten
elf, elffach, elfmal, der Elfmeter
der **Ell|bo|gen**/Ellenbogen, die Ellbogen
die **Els|ter**, die Elstern
die **El|tern**, der Elternabend
die **E-Mail**, die E-Mails
der **Em|bryo** (ungeborenes Lebewesen), die Embryos/Embryonen
emp|fan|gen, du empfängst, er empfängt, er empfing, er hat empfangen, der Empfang, der Empfänger, die Empfängerin
emp|feh|len, du empfiehlst, er empfiehlt, er empfahl, er hat empfohlen, die Empfehlung, empfehlenswert, empfehlenswerter, am empfehlenswertesten
emp|fin|den, du empfindest, er empfindet, er empfand, er hat empfunden, empfindlich, empfindlicher, am empfindlichsten
em|por, die Empore

em|sig (fleißig), emsiger, am emsigsten

das **En|de**, die Enden, enden, du endest, sie endet, endgültig, endlich, endlos

die **Ener|gie**, die Energien, energiesparend, energiesparender, am energiesparendsten

ener|gisch, energischer, am energischsten

eng, enger, am engsten, die Enge

der **En|gel**, die Engel, engelhaft

Eng|land, der Engländer, die Engländerin, englisch, Englisch sprechen

der **En|kel**, die Enkel, die Enkelin, das Enkelkind

enorm (außerordentlich)

ent|beh|ren, du entbehrst, sie entbehrt, die Entbehrung

ent|bin|den, du entbindest, sie entbindet, sie entband, sie hat entbunden, die Entbindung

ent|de|cken, du entdeckst, er entdeckt, die Entdeckung, der Entdecker

die **En|te**, die Enten

sich **ent|fer|nen**, du entfernst dich, sie entfernt sich, die Entfernung

ent|füh|ren, du entführst, er entführt, die Entführung, der Entführer, die Entführerin

ent|ge|gen

ent|geg|nen, du entgegnest, sie entgegnet

ent|glei|sen, er entgleist, die Entgleisung

ent|hal|ten, du enthältst, sie enthält, sie enthielt, sie hat enthalten

ent|kom|men, du entkommst, sie entkommt, sie entkam, sie ist entkommen

ent|lang

ent|las|sen, du entlässt, er entlässt, er entließ, er hat entlassen, die Entlassung

die **Ent|schä|di|gung**, die Entschädigungen

ent|schei|den, du entscheidest, sie entscheidet, sie entschied, sie hat entschieden, die Entscheidung

sich **ent|schlie|ßen**, du entschließt dich, er entschließt sich, er entschloss sich, er hat sich entschlossen, der Entschluss

sich **ent|schul|di|gen**, du entschuldigst dich, sie entschuldigt sich, die Entschuldigung

das **Ent|set|zen**, entsetzlich, entsetzlicher, am entsetzlichsten

ent|sor|gen, du entsorgst, er entsorgt, die Entsorgung

sich **ent|span|nen**, du entspannst dich, sie entspannt sich, die Entspannung

ent|ste|hen, du entstehst, sie entsteht, sie entstand, sie ist entstanden

ent|täu|schen, du enttäuschst, er enttäuscht, die Enttäuschung

ent|we|der (… oder …)

ent|wer|fen, du entwirfst, er entwirft, er entwarf, er hat entworfen, der Entwurf

sich **ent|wi|ckeln**, du entwickelst dich, sie entwickelt sich, die Entwicklung

ent|zü|ckend, entzückender, am entzückendsten

die **Ent|zün|dung**,

die Entzündungen
ent|zwei
er
sich **er|bar|men**, du erbarmst dich, sie erbarmt sich, das Erbarmen, erbärmlich, erbärmlicher, am erbärmlichsten, erbarmungslos
er|ben, du erbst, er erbt, das Erbe, der Erbe, die Erbin
er|bre|chen, du erbrichst, er erbricht, er erbrach, er hat erbrochen
die **Erb|se**, die Erbsen
die **Erd|bee|re**, die Erdbeeren
die **Er|de**, das Erdbeben, der Erdboden, die Erderwärmung, das Erdgeschoss, die Erdkruste, das Erdöl, der Erdteil
das **Erd|männ|chen**, die Erdmännchen
die **Erd|nuss**, die Erdnüsse
sich **er|eig|nen**, es ereignet sich, das Ereignis
er|fah|ren, du erfährst, sie erfährt, sie erfuhr, sie hat erfahren, die Erfahrung
er|fin|den, du erfindest, sie erfindet, sie erfand, sie hat erfunden, die Erfindung, der Erfinder, die Erfinderin, erfinderisch, erfinderischer, am erfinderischsten
der **Er|folg**, die Erfolge, erfolglos, erfolgreich, erfolgreicher, am erfolgreichsten
er|for|der|lich
er|for|schen, du erforschst, er erforscht, die Erforschung
er|freu|lich, erfreulicher, am erfreulichsten, sich erfreuen, du erfreust dich, sie erfreut sich
er|frie|ren, du erfrierst, er erfriert, er erfror, er ist erfroren, die Erfrierung
sich **er|fri|schen**, du erfrischst dich, sie erfrischt sich, die Erfrischung, erfrischend, erfrischender, am erfrischendsten
er|fül|len, du erfüllst, er erfüllt, die Erfüllung
er|gän|zen, du ergänzt, er ergänzt, die Ergänzung
das **Er|geb|nis**, die Ergebnisse, ergeben, es ergibt, es ergab, es hat ergeben, ergebnislos
er|gie|big, ergiebiger, am ergiebigsten, die Ergiebigkeit
er|grei|fen, du ergreifst, er ergreift, er ergriff, er hat ergriffen, ergreifend, ergreifender, am ergreifendsten
er|hal|ten, du erhältst, sie erhält, sie erhielt, sie hat erhalten, die Erhaltung
er|hit|zen, du erhitzt, sie erhitzt, die Hitze
sich **er|ho|len**, du erholst dich, sie erholt sich, die Erholung, erholsam, erholsamer, am erholsamsten
sich **er|in|nern**, du erinnerst dich, er erinnert sich, die Erinnerung
sich **er|käl|ten**, du erkältest dich, sie erkältet sich, die Erkältung
er|ken|nen, du erkennst, er erkennt, er erkannte, er hat erkannt
die **Er|kennt|nis**, die Erkenntnisse
der **Er|ker**, die Erker
er|klä|ren, du erklärst, er erklärt, die Erklärung
er|kran|ken, du erkrankst,

sie erkrankt, die Erkrankung
sich **er|kun|di|gen**, du erkundigst dich, er erkundigt sich, die Erkundigung
er|lau|ben, du erlaubst, sie erlaubt, die Erlaubnis
er|läu|tern, du erläuterst, er erläutert, die Erläuterung
die **Er|le**, die Erlen
das **Er|leb|nis**, die Erlebnisse, erleben, du erlebst, sie erlebt, erlebnisreich, erlebnisreicher, am erlebnisreichsten
er|le|di|gen, du erledigst, er erledigt
er|leich|tert, die Erleichterung
der **Er|lös**, die Erlöse
er|lö|sen, du erlöst, er erlöst, die Erlösung, der Erlöser
er|mah|nen, du ermahnst, sie ermahnt, die Ermahnung
die **Er|mä|ßi|gung**, die Ermäßigungen, ermäßigt
er|mü|den, du ermüdest, er ermüdet
er|näh|ren, du ernährst, sie ernährt, die Ernährung
er|neu|ern, du erneuerst, er erneuert, erneut
ernst, ernster, am ernstesten, der Ernst, ernsthaft, ernsthafter, am ernsthaftesten
ern|ten, du erntest, sie erntet, die Ernte, das Erntedankfest
er|o|bern, du eroberst, er erobert, die Eroberung, der Eroberer
er|öff|nen, du eröffnest, sie eröffnet, die Eröffnung
der **Er|pel**, die Erpel
er|pres|sen, du erpresst, er erpresst, die Erpressung, der Erpresser, die Erpresserin
er|ra|ten, du errätst, sie errät, sie erriet, sie hat erraten
der **Er|re|ger**, die Erreger, erregen, du erregst, er erregt
er|rei|chen, du erreichst, sie erreicht
er|rin|gen, du erringst, er erringt, er errang, er hat errungen
er|rö|ten, du errötest, sie errötet
der **Er|satz**, ersetzen, du ersetzt, sie ersetzt, die Ersatzbank
er|schei|nen, du erscheinst, er erscheint, er erschien, er ist erschienen, die Erscheinung
er|schöpft, erschöpfter, am erschöpftesten, die Erschöpfung
er|schre|cken, du erschrickst, er erschrickt, er erschrak, er ist erschrocken
er|schüt|tern, es erschüttert, die Erschütterung, erschütternd, erschütternder, am erschütterndsten
erst
er|star|ren, du erstarrst, er erstarrt
er|stau|nen, du erstaunst, sie erstaunt, erstaunlich, erstaunlicher, am erstaunlichsten, erstaunt, erstaunter, am erstauntesten
ers|te, erster, der Erste
die **Ers|te Hil|fe**, der Erste-Hilfe-Koffer
er|sti|cken, du erstickst, er erstickt, die Erstickung
erst|klas|sig
er|tap|pen, du ertappst, sie ertappt
er|tra|gen, du erträgst, er erträgt, er ertrug,

er hat ertragen, erträglich, erträglicher, am erträglichsten
ertrinken, du ertrinkst, er ertrinkt, er ertrank, er ist ertrunken
erwachsen, der Erwachsene
erwähnen, du erwähnst, sie erwähnt, die Erwähnung
erwarten, du erwartest, er erwartet, die Erwartung, erwartungsvoll, erwartungsvoller, am erwartungsvollsten
erwidern, du erwiderst, sie erwidert, die Erwiderung
das **Erz**, die Erze
erzählen, du erzählst, er erzählt, die Erzählung, der Erzähler, die Erzählerin
erzeugen, du erzeugst, sie erzeugt, das Erzeugnis, der Erzeuger, die Erzeugerin
erziehen, du erziehst, sie erzieht, sie erzog, sie hat erzogen, die Erziehung, der Erzieher, die Erzieherin
es
die **Esche**, die Eschen
der **Esel**, die Esel, das Eselsohr
essen (→ S. 290, 302), du isst, er isst, er aß, er hat gegessen, das Essen, essbar, das Essbesteck, der Esslöffel, das Esspapier, der Esstisch
der **Essig**, die Essige, die Essiggurke
Estland (Land in Europa), der Este, die Estin, estländisch
die **Etage** (sprich: E-ta-sche; Stockwerk), die Etagen
die **Etappe** (Teilstrecke), die Etappen
das **Etikett**, die Etiketten, etikettieren, du etikettierst, sie etikettiert
etliche
das **Etui**, die Etuis
etwa (ungefähr)
etwas
euch, euer, eure, eurem, euren
die **Eule**, die Eulen
der **Euro** (€), die Euros
Europa, der Europäer, die Europäerin, europäisch
das/der **Euter**, die Euter
evangelisch (ev.), der Evangele, die Evangelin
das **Evangelium**, die Evangelien
eventuell (evtl.)
ewig, die Ewigkeit
exakt (genau), exakter, am exaktesten
das **Exemplar**, die Exemplare
existieren, du existierst, er existiert, die Existenz
exklusiv, exklusiver, am exklusivsten
der **Exot**, die Exoten, die Exotin, exotisch, exotischer, am exotischsten
die **Expedition**, die Expeditionen
das **Experiment**, die Experimente, experimentieren, du experimentierst, sie experimentiert
der **Experte**, die Experten, die Expertin
explodieren, du explodierst, er explodiert, die Explosion
extra
extrem (äußerst), extremer, am extremsten

die **Fa|bel**, die Fabeln, das Fabeltier

die **Fa|brik**, die Fabriken, fabrizieren, du fabrizierst, sie fabriziert, fabrikneu

das **Fach**, die Fächer, fachlich, der Facharzt, die Fachfrau, der Fachmann, das Fachwerk, das Fachwerkhaus

fä|cheln, du fächelst, er fächelt, der Fächer

die **Fa|ckel**, die Fackeln, der Fackelzug

der **Fa|den**, die Fäden, einfädeln, du fädelst ein, sie fädelt ein

das **Fa|gott** (Blasinstrument), die Fagotte

fä|hig, fähiger, am fähigsten, die Fähigkeit

fahl (bleich), fahler, am fahlsten

fahn|den, du fahndest, er fahndet, die Fahndung, der Fahnder, die Fahnderin

die **Fah|ne**, die Fahnen

die **Fäh|re**, die Fähren

fah|ren (→ S. 285), du fährst, er fährt, er fuhr, er ist gefahren, die Fahrt, der Fahrer, die Fahrerin, die Fahrbahn, die Fahrkarte, der Fahrplan, der Fahrstuhl, das Fahrzeug

das **Fahr|rad**, die Fahrräder, der Fahrradfahrer, die Fahrradfahrerin, Fahrrad fahren (→ S. 305), du fährst Fahrrad, sie fährt Fahrrad, sie fuhr Fahrrad, sie ist Fahrrad gefahren

die **Fähr|te**, die Fährten

fair, fairer, am fairsten, unfair, unfairer, am unfairsten, die Fairness, das Fair Play, auch: Fairplay

der **Fal|ke**, die Falken

der **Fall**, die Fälle

die **Fal|le**, die Fallen

fal|len (→ S. 285, 291), du fällst, er fällt, er fiel, er ist gefallen, das Fallobst, der Fallschirm

fäl|len, du fällst, sie fällt

fäl|lig, die Fälligkeit

falls

falsch, falscher, am falschesten, fälschen, du fälschst, er fälscht, die Fälschung, der Fälscher

die **Fal|te**, die Falten, falten, du faltest, sie faltet, faltig, faltiger, am faltigsten, das Faltboot, der Faltenrock

der **Fal|ter**, die Falter

die **Fa|mi|lie** (→ S. 299), die Familien, der Familienname

der **Fan**, die Fans, der Fanklub, auch: Fanclub

fan|gen, du fängst, er fängt, er fing, er hat gefangen, der Fang, der Fänger, die Fängerin, die Gefangenschaft, der/die Gefangene

die **Fan|ta|sie**, auch: Phantasie, die Fantasien, fantasieren, du fantasierst, er fantasiert, fantasielos, fantasievoll, fantasievoller, am fantasievollsten, fantastisch, fantastischer, am fantastischsten,

die Fantasiereise
die **Farbe**, die Farben, färben, du färbst, sie färbt, farbig, farbiger, am farbigsten, farbenblind, farbenfroh, farbenfroher, am farbenfrohsten, farblos
der **Farn**, die Farne, das Farnkraut
der **Fasan**, die Fasane
der **Fasching**, die Faschings/Faschinge
faseln, du faselst, er faselt
die **Faser**, die Fasern, faserig, fasriger, am faserigsten
das **Fass**, die Fässer
die **Fassade** (Außenansicht eines Gebäudes), die Fassaden
fassen, du fasst, sie fasst, die Fassung, fassungslos
fast
fasten, du fastest, sie fastet, das Fasten, die Fastenzeit
das **Fast Food**, auch: Fastfood
die **Fastnacht**
faszinierend, faszinierender, am faszinierendsten, die Faszination
die **Fata Morgana** (Sinnestäuschung durch Luftspiegelung), die Fata Morganen/Morganas
fauchen, du fauchst, er faucht
faul, fauler, am faulsten, die Faulheit, faulenzen, du faulenzt, sie faulenzt
faulen, es fault, die Fäule, die Fäulnis
das **Faultier**, die Faultiere
die **Faust**, die Fäuste, die Faustregel
der **Favorit**, die Favoriten, die Favoritin
das **Fax**, die Faxe, faxen, du faxt, er faxt, die Faxnummer
der **Februar**
fechten, du fichst, er ficht, er focht, er hat gefochten, der Fechter, die Fechterin
die **Feder**, die Federn, federn, du federst, sie federt, der Federball
die **Fee**, die Feen
fegen, du fegst, er fegt, der Feger
fehlen, du fehlst, sie fehlt
der **Fehler**, die Fehler, fehlerfrei, fehlerhaft, fehlerhafter, am fehlerhaftesten, fehlerlos
feiern, du feierst, er feiert, die Feier, feierlich, feierlicher, am feierlichsten, der Feierabend, der Feiertag
die **Feige**, die Feigen
feige/feig, feiger, am feigsten, die Feigheit, der Feigling
die **Feile**, die Feilen, feilen, du feilst, sie feilt
fein, feiner, am feinsten, die Feinheit, der Feinschmecker
der **Feind**, die Feinde, die Feindin, die Feindschaft, feindlich, feindlicher, am feindlichsten, feindselig, feindseliger, am feindseligsten
das **Feld**, die Felder
die **Felge**, die Felgen
das **Fell**, die Felle
der **Fels**, die Felsen, felsig, felsiger, am felsigsten, der Felsbrocken, die Felswand, felsenfest
der **Fenchel**, der Fencheltee
das **Fenster**, die Fenster, das Fensterbrett, der Fensterrahmen, die Fensterscheibe
die **Ferien**, das Ferienheim, der Ferienjob, der Ferientag

das **Fer|kel**, die Ferkel

fern, ferner, am fernsten, die Ferne, das Fernglas, das Fernrohr

fern|se|hen, du siehst fern, sie sieht fern, sie sah fern, sie hat ferngesehen, das Fernsehprogramm, die Fernsehzeitschrift

der **Fern|se|her**, die Fernseher, das Fernsehen

die **Fer|se**, die Fersen

fer|tig

die **Fes|sel**, die Fesseln, fesseln, du fesselst, er fesselt

das **Fest**, die Feste, festlich, festlicher, am festlichsten, das Festessen, die Festspiele

fest, fester, am festesten, die Festigkeit, das Festland, die Festplatte, die Festnahme, die Festung

fest|hal|ten, du hältst fest, sie hält fest, sie hielt fest, sie hat festgehalten

fest|stel|len, du stellst fest, er stellt fest

das **Fett**, die Fette, der Fettfleck, fettig, fettiger, am fettigsten

fett, fetter, am fettesten, das Fett

der **Fet|zen**, die Fetzen

feucht, feuchter, am feuchtesten, die Feuchtigkeit

das **Feu|er**, die Feuer, feurig, feuriger, am feurigsten, der Feuermelder, die Feuerstelle, die Feuerwehr, das Feuerwerk, das Feuerzeug

die **Fi|bel**, die Fibeln

die **Fich|te**, die Fichten

das **Fie|ber**, fiebern, du fieberst, er fiebert, fiebrig/fieberig, fiebriger, am fiebrigsten, fieberhaft, fieberhafter, am fieberhaftesten, das Fieberthermometer

fies, fieser, am fiesesten

die **Fi|gur**, die Figuren

der **Film**, die Filme, filmen, du filmst, sie filmt, der Filmstar

der **Fil|ter**, die Filter, filtern, du filterst, er filtert, der Filterkaffee, das Filterpapier

der **Filz**, die Filze, filzen, du filzt, sie filzt, die Filzpantoffeln, der Filzstift

fin|den, du findest, er findet, er fand, er hat gefunden, der Fund, der Finder, die Finderin, der Finderlohn

der **Fin|ger**, die Finger, der Fingerabdruck, der Fingerhut, der Fingernagel

der **Fink**, die Finken

Finn|land, der Finne, die Finnin, finnisch

fins|ter, finstrer/finsterer, am finstersten, die Finsternis

die **Fir|ma**, die Firmen

die **Fir|mung**, die Firmungen, firmen, er firmt, der Firmling

der **First**, die Firste, der Firstbalken

der **Fisch**, die Fische, fischen, du fischst, sie fischt, der Fischer, die Fischerin, der Fischlaich, der Fischotter, der Fischrogen, das Fischstäbchen

fit, fitter, am fittesten, die Fitness, das Fitnesscenter

fix (schnell), fixer, am fixesten

flach, flacher, am flachsten, das Flachland

die **Flä|che**, die Flächen,

der Flächeninhalt
fla|ckern, es flackert
der **Fla|den**, die Fladen, das Fladenbrot
die **Flag|ge**, die Flaggen
der **Fla|min|go**, die Flamingos
die **Flam|me**, die Flammen, flammen, es flammt, entflammt
die **Flan|ke**, die Flanken, flanken, du flankst, er flankt
die **Fla|sche**, die Flaschen, der Flaschenöffner, die Flaschenpost
die **Flat|rate** (sprich: Flätt-reyt), die Flatrates
flat|tern, sie flattert
der **Flaum**, flaumig
der **Flausch**, flauschig, flauschiger, am flauschigsten
die **Flau|te**, die Flauten
flech|ten, du flichst, er flicht, er flocht, er hat geflochten
der **Fleck**/Flecken, die Flecken, fleckig, fleckiger, am fleckigsten, fleckenlos
die **Fle|der|maus**, die Fledermäuse
fle|hen, du flehst, sie fleht
das **Fleisch**, die Fleischerei, der Fleischer, die Fleischerin, fleischig, fleischiger, am fleischigsten, die Fleischbrühe, fleischfarben
der **Fleiß**, fleißig, fleißiger, am fleißigsten, die Fleißarbeit
flet|schen, du fletschst, er fletscht
fli|cken, du flickst, er flickt, der Flicken, die Flickerei
der **Flie|der**
die **Flie|ge**, die Fliegen, der Fliegenfänger, der Fliegenpilz
flie|gen (→ S. 285), du fliegst, sie fliegt, sie flog, sie ist geflogen, der Flug, der Flieger, die Fliegerin
flie|hen, du fliehst, er flieht, er floh, er ist geflohen, die Flucht
die **Flie|se**, die Fliesen, fliesen, du fliest, sie fliest, der Fliesenleger, die Fliesenlegerin
flie|ßen, es fließt, es floss, es ist geflossen, das Fließband
flim|mern, es flimmert, flimmernd
flink, flinker, am flinkesten
flit|zen, du flitzt, er flitzt
die **Flo|cke**, die Flocken, flockig, flockiger, am flockigsten
der **Floh**, die Flöhe, der Flohmarkt
das **Floß**, die Flöße
die **Flos|se**, die Flossen
die **Flö|te**, die Flöten, flöten, du flötest, er flötet
der **Fluch**, die Flüche, fluchen, du fluchst, sie flucht, verfluchen, du verfluchst, er verflucht
die **Flucht**, der Flüchtling, flüchten, du flüchtest, sie flüchtet, flüchtig, flüchtiger, am flüchtigsten, fluchtartig, der Flüchtigkeitsfehler, der Fluchtweg
der **Flug**, die Flüge, der Flughafen, der Flugplatz, das Flugzeug
der **Flü|gel** (1. Schwinge, 2. Tasteninstrument), die Flügel
flüg|ge (flugfähig)
flun|kern, du flunkerst, sie flunkert
der **Flur** (Gang), die Flure
die **Flur** (nutzbare Landfläche),

die Fluren

der **Fluss**, die Flüsse, flussabwärts, flussaufwärts, das Flussbett, die Flussschifffahrt

flüs|sig, flüssiger, am flüssigsten, die Flüssigkeit

das **Fluss|pferd**, die Flusspferde

flüs|tern, du flüsterst, er flüstert, das Geflüster

die **Flut** (Ebbe und Flut), die Fluten, fluten, du flutest, sie flutet, das Flutlicht

das **Foh|len**, die Fohlen

der **Föhn** (Haartrockner) die Föhne, föhnen, du föhnst, er föhnt

der **Föhn** (warmer Wind), es föhnt

fol|gen, du folgst, sie folgt, die Folge, folgend, folglich, folgsam, folgsamer, am folgsamsten, im Folgenden, folgerichtig

die **Fo|lie**, die Folien

fol|tern, du folterst, er foltert, die Folter

die **Fon|tä|ne** (Springbrunnen), die Fontänen

for|dern, du forderst, sie fordert, die Forderung

för|dern, du förderst, er fördert, die Förderung, das Förderband, die Förderschule

die **Fo|rel|le**, die Forellen

die **Form**, die Formen, das Format, die Formate

die **For|mel**, die Formeln

for|men, du formst, sie formt

das **For|mu|lar**, die Formulare

for|mu|lie|ren, du formulierst, er formuliert, die Formulierung

for|schen, du forschst, sie forscht, die Forschung, der Forscher, die Forscherin

der **Förs|ter**, die Förster, die Försterin, der Forst, das Forstamt

fort

fort|fah|ren, du fährst fort, er fährt fort, er fuhr fort, er ist fortgefahren

sich **fort|pflan|zen**, du pflanzt dich fort, sie pflanzt sich fort, die Fortpflanzung

der **Fort|schritt**, die Fortschritte, fortschrittlich, fortschrittlicher, am fortschrittlichsten

fort|set|zen, du setzt fort, sie setzt fort, die Fortsetzung

das **Fo|to**, die Fotos, der Fotograf, die Fotografin, fotografieren, du fotografierst, er fotografiert, der Fotoapparat

das **Foul** (sprich: Faul; Regelverstoß), die Fouls, foulen, du foulst, sie foult

die **Fracht**, die Frachten, der Frachter, verfrachten, du verfrachtest, er verfrachtet, das Frachtschiff

die **Fra|ge**, der Fragebogen, der Fragesatz, das Fragewort

fra|gen, du fragst, sie fragt, fraglich, fraglicher, am fraglichsten, fragwürdig, fragwürdiger, am fragwürdigsten

das **Fra|ge|zei|chen**, die Fragezeichen

Frank|reich, der Franzose, die Französin, französisch

die **Fran|se**, die Fransen

die **Frat|ze**, die Fratzen

die **Frau**, die Frauen, die Frauenbewegung, das Frauenhaus, die Hausfrau

frech, frecher, am frechsten, die Frechheit

frei, die Freiheit, das Freibad, der Freistoß, die Freistunde, die Freizeit, freigiebig, freigiebiger, am freigiebigsten, freihändig, freiwillig

der **Freitag**, die Freitage, freitags

fremd, fremder, am fremdesten, der/die Fremde, fremdartig, fremdartiger, am fremdartigsten, die Fremdenfeindlichkeit, die Fremdsprache, das Fremdwort

fressen, du frisst, er frisst, er fraß, er hat gefressen, der Fraß

das **Frettchen** (Iltisart), die Frettchen

sich **freuen**, du freust dich, er freut sich, die Freude, freudig, freudiger, am freudigsten

der **Freund**, die Freunde, die Freundin, der Freundeskreis, die Freundschaft, freundschaftlich, freundschaftlicher, am freundschaftlichsten

freundlich, freundlicher, am freundlichsten, die Freundlichkeit

der **Frieden**, die Frieden, friedlich, friedlicher, am friedlichsten

der **Friedhof**, die Friedhöfe

frieren, du frierst, er friert, er fror, er hat gefroren

die **Frikadelle**, die Frikadellen

das **Frisbee** (sprich: Friss-bie; Wurfscheibe), die Frisbees

frisch, frischer, am frischesten, die Frische, erfrischen, du erfrischst, sie erfrischt

der **Friseur**, auch: Frisör, die Friseure, die Friseurin, auch: Frisörin, die Frisur, frisieren, du frisierst, er frisiert

die **Frist**, die Fristen, fristlos

froh, froher, am frohsten, der Frohsinn

fröhlich, fröhlicher, am fröhlichsten, die Fröhlichkeit

Fronleichnam (kath. Feiertag), die Fronleichnamsprozession

die **Front**, die Fronten, frontal

der **Frosch**, die Frösche, der Froschlaich

der **Frost**, die Fröste, frösteln, du fröstelst, sie fröstelt, frostig, frostiger, am frostigsten, das Frostschutzmittel

das/der **Frottee**, die Frottees, das Frotteehandtuch

die **Frucht**, die Früchte, fruchtig, fruchtiger, am fruchtigsten, das Fruchtfleisch, der Fruchtsaft

fruchtbar, fruchtbarer, am fruchtbarsten, die Fruchtbarkeit

früh, früher, am frühsten

früher (damals)

der **Frühling**, die Frühlinge

das **Frühstück**, frühstücken, du frühstückst, er frühstückt

der **Frust**, die Frustration, frustriert, frustrierter, am frustriertesten

der **Fuchs**, die Füchse, der Fuchsbau

die **Fuge**, die Fugen

fühlen, du fühlst, sie fühlt, das Gefühl, der Fühler

führen, du führst, er führt, die Führung, der Führer, die Führerin, der Führerschein

fül|len, du füllst, sie füllt, die Fülle, die Füllung
der **Fül|ler**, die Füller
der **Fund**, die Funde, das Fundbüro
das **Fun|da|ment** (Grundlage), die Fundamente
fünf, fünfzehn, fünfzig, fünfmal, das Fünftel
der **Funk**, funken, du funkst, er funkt, der Funker, die Funkerin, das Funkgerät
der **Fun|ke**, die Funken
fun|keln, du funkelst, sie funkelt, funkelnagelneu
funk|ti|o|nie|ren, du funktionierst, es funktioniert, die Funktion
für
die **Fur|che**, die Furchen
sich **fürch|ten**, du fürchtest dich, er fürchtet sich, die Furcht, furchtbar, furchtbarer, am furchtbarsten, fürchterlich, fürchterlicher, am fürchterlichsten, furchtlos
für|ei|nan|der
für|sorg|lich, fürsorglicher, am fürsorglichsten
der **Fürst**, die Fürsten, die Fürstin, fürstlich
das **Für|wort** (Pronomen), die Fürwörter
der **Fuß**, die Füße, der Fußball, der Fußboden, der Fußgänger (→ S. 305), die Fußgängerin, die Fußgängerzone
der/die **Fus|sel**, die Fusseln
das **Fut|ter**, füttern, du fütterst, er füttert, die Fütterung, das Futterhäuschen, die Futterkrippe

die **Ga|be**, die Gaben
die **Ga|bel**, die Gabeln, sich gabeln, er gabelt sich
ga|ckern, du gackerst, sie gackert
gaf|fen, du gaffst, er gafft, der Gaffer, die Gafferin
der **Gag** (witziger Einfall), die Gags
gäh|nen, du gähnst, sie gähnt
die **Ga|la|xie** (Sternsystem), die Galaxien
die **Ga|lee|re**, die Galeeren
die **Ga|le|rie**, die Galerien
der **Gal|gen**, die Galgen
die **Gal|le**, die Gallen, die Gallenblase, der Gallenstein
der **Ga|lopp**, die Galoppe/Galopps, galoppieren, du galoppierst, er galoppiert
gam|meln, es gammelt
die **Gäm|se**, die Gämsen
der **Gang**, die Gänge, die Gangart, die Gangschaltung
der **Gangs|ter** (sprich: Gängs-ter; Verbrecher), die Gangster
die **Gans**, die Gänse, der Gänserich, der Ganter, die Gänsehaut
ganz, ganzem, ganzen, gänzlich, ganztägig, die Ganztagsschule
gan|ze, ganzer, ganzes
gar (überhaupt)
gar (fertig gekocht), garen, du garst, er gart
die **Ga|ra|ge**, die Garagen
die **Ga|ran|tie**, die Garantien,

garantieren, du garantierst, sie garantiert
die **Gar|de|ro|be**, die Garderoben
die **Gar|di|ne**, die Gardinen
gä|ren, es gärt, es gor, es ist gegoren, die Gärung
das **Garn**, die Garne, die Garnrolle
gar|nie|ren, du garnierst, sie garniert
die **Gar|ni|tur**, die Garnituren
der **Gar|ten**, die Gärten, die Gärtnerei, der Gärtner, die Gärtnerin, die Gartenarbeit, die Gartenschere
das **Gas**, die Gase, die Gasheizung
die **Gas|se**, die Gassen
der **Gast**, die Gäste, gastlich, gastlicher, am gastlichsten, die Gastlichkeit, das Gasthaus, die Gaststätte, der Gastwirt, die Gastwirtin
das **Gat|ter**, die Gatter
der **Gauk|ler**, die Gaukler, die Gauklerin
der **Gaul**, die Gäule
der **Gau|men**, die Gaumen
der **Gau|ner**, die Gauner, die Gaunerin, die Gaunerei
das **Ge|bäck**, die Gebäcke
die **Ge|bär|de** (Handbewegung), die Gebärden, die Gebärdensprache
ge|bä|ren, du gebärst, sie gebärt, sie gebar, sie hat geboren
das **Ge|bäu|de**, die Gebäude, bauen
ge|ben (→ S. 291), du gibst, er gibt, er gab, er hat gegeben
das **Ge|bet**, die Gebete, das Gebetbuch
das **Ge|biet**, die Gebiete
ge|bie|ten, du gebietest, er gebietet, er gebot, er hat geboten, der Gebieter, die Gebieterin
das **Ge|bil|de**, die Gebilde
ge|bil|det, gebildeter, am gebildetsten
das **Ge|bir|ge**, die Gebirge, gebirgig, gebirgiger, am gebirgigsten, die Gebirgsstraße
das **Ge|biss**, die Gebisse
die **Ge|bor|gen|heit**
das **Ge|bot**, die Gebote
ge|brau|chen, du gebrauchst, sie gebraucht, der Gebrauch, gebräuchlich, gebräuchlicher, am gebräuchlichsten, die Gebrauchsanweisung
das **Ge|bre|chen**, die Gebrechen, gebrechlich, gebrechlicher, am gebrechlichsten
das **Ge|brüll**
die **Ge|bühr**, die Gebühren
die **Ge|burt**, die Geburten, der Geburtsort, der Geburtstag, die Geburtsurkunde
das **Ge|büsch**, die Gebüsche
das **Ge|dächt|nis**, die Gedächtnisse
der **Ge|dan|ke**, die Gedanken, gedankenlos
das **Ge|deck**, die Gedecke
ge|dei|hen, du gedeihst, er gedeiht, er gedieh, er ist gediehen, das Gedeihen
ge|den|ken, du gedenkst, sie gedenkt, sie gedachte, sie hat gedacht, die Gedenkminute, die Gedenkstätte
das **Ge|dicht**, die Gedichte
das **Ge|drän|ge**
die **Ge|duld**, geduldig, geduldiger, am geduldigsten

ge|ehrt
ge|eig|net, geeigneter, am geeignetsten
die **Ge|fahr**, die Gefahren, gefährden, du gefährdest, er gefährdet, die Gefährdung
ge|fähr|lich, gefährlicher, am gefährlichsten
das **Ge|fäl|le**, die Gefälle
der **Ge|fal|len**, die Gefallen, gefallen, du gefällst, es gefällt, es gefiel, es hat gefallen, gefällig, gefälliger, am gefälligsten, gefälligst, die Gefälligkeit
ge|fan|gen, der/die Gefangene, die Gefangenschaft, die Gefangennahme
das **Ge|fäng|nis**, die Gefängnisse
das **Ge|fäß**, die Gefäße
das **Ge|fecht**, die Gefechte
das **Ge|fie|der**, die Gefieder, gefiedert
ge|fleckt, gefleckter, am geflecktesten
das **Ge|flü|gel**, die Geflügelzucht
das **Ge|flüs|ter**, flüstern, du flüsterst, sie flüstert
ge|frä|ßig, gefräßiger, am gefräßigsten, die Gefräßigkeit
das **Ge|frier|fach**, die Gefrierfächer
die **Ge|frier|tru|he**, die Gefriertruhen
das **Ge|fühl**, die Gefühle, gefühllos, gefühlvoll, gefühlvoller, am gefühlvollsten
ge|gen
die **Ge|gend**, die Gegenden
ge|gen|ei|nan|der
der **Ge|gen|satz**, die Gegensätze, gegensätzlich
ge|gen|sei|tig
der **Ge|gen|stand**, die Gegenstände
das **Ge|gen|teil**, die Gegenteile, im Gegenteil
ge|gen|über
die **Ge|gen|wart**, gegenwärtig
der **Geg|ner**, die Gegner, die Gegnerin
das **Ge|halt**, die Gehälter
ge|häs|sig, die Gehässigkeit
das **Ge|häu|se**, die Gehäuse
das **Ge|he|ge**, die Gehege
ge|heim, das Geheimnis, geheimnisvoll, geheimnisvoller, am geheimnisvollsten, die Geheimschrift, die Geheimsprache, die Geheimzahl
ge|hen (→ S. 291), du gehst, er geht, er ging, er ist gegangen, der Gang, der Gehsteig
ge|heu|er
das **Ge|heul**
der **Ge|hil|fe**, die Gehilfen, die Gehilfin
das **Ge|hirn**, die Gehirne, die Gehirnerschütterung
das **Ge|höft**, die Gehöfte
das **Ge|hör**, gehörlos
ge|hor|chen, du gehorchst, er gehorcht
ge|hö|ren, du gehörst, es gehört
ge|hor|sam, gehorsamer, am gehorsamsten, der Gehorsam
der **Gei|er**, die Geier
die **Gei|ge**, die Geigen
geil, geiler, am geilsten
die **Gei|sel**, die Geiseln
der **Geist** (Verstand), geistig, geistesgegenwärtig,

geistesgegenwärtiger, am geistesgegenwärtigsten

der **Geist** (Gespenst), die Geister, die Geisterbahn

der **Geist|li|che**, die Geistlichen, geistlich

der **Geiz**, geizig, geiziger, am geizigsten, der Geizhals

das **Ge|jam|mer**

das **Gel**, die Gele/Gels

das **Ge|läch|ter**, die Gelächter

ge|lähmt, der/die Gelähmte

das **Ge|län|de** (Landschaft), die Gelände, das Geländespiel

das **Ge|län|der**, die Geländer

ge|las|sen, gelassener, am gelassensten, die Gelassenheit

gelb, gelber, am gelbsten, das Gelb, gelblich

das **Geld**, die Gelder, der Geldautomat, der Geldbeutel

das/der **Ge|lee**, die Gelees

die **Ge|le|gen|heit**, die Gelegenheiten, gelegentlich

ge|lehrt, gelehrig, gelehriger, am gelehrigsten, der/die Gelehrte

das **Ge|lenk**, die Gelenke, gelenkig, gelenkiger, am gelenkigsten

ge|lin|gen, es gelingt, es gelang, es ist gelungen

gel|ten, du giltst, es gilt, es galt, es hat gegolten

ge|mäch|lich, gemächlicher, am gemächlichsten, die Gemächlichkeit

das **Ge|mäl|de**, die Gemälde, die Gemäldegalerie

ge|mäß

ge|mein, gemeiner, am gemeinsten, die Gemeinheit

die **Ge|mein|de**, die Gemeinden, der Gemeinderat, die Gemeinderätin, die Gemeindeverwaltung

ge|mein|sam, die Gemeinsamkeit, die Gemeinschaft

das **Ge|mü|se**, die Gemüse, das Gemüsebeet, die Gemüsesorten

das **Ge|müt**, die Gemüter

ge|müt|lich, gemütlicher, am gemütlichsten, die Gemütlichkeit

ge|nau, genauer, am genausten/genauesten, die Genauigkeit

ge|nau|so

ge|neh|mi|gen, du genehmigst, er genehmigt, die Genehmigung

der **Ge|ne|ral**, die Generäle/Generale, die Generalin, der Generaldirektor, die Generalprobe

die **Ge|ne|ra|ti|on**, die Generationen

ge|ni|al, genialer, am genialsten, das Genie, die Genialität

das **Ge|nick**, die Genicke

ge|nie|ßen, du genießt, er genießt, er genoss, er hat genossen, der Genuss, genießbar, der Genießer, die Genießerin

der **Ge|ni|tiv** (Wessen-Fall), die Genitive

die **Gen|tech|nik**

ge|nug

ge|nü|gen, es genügt, genügend, genügsam, genügsamer, am genügsamsten

der **Ge|nuss**, die Genüsse, genüsslich, genüsslicher,

A B C D E F **G** H I J K L M N O P Q R S T U V W X Y Z

am genüsslichsten
die **Geo|gra|fie** (Erdkunde), auch: Geographie, geografisch, auch: geographisch
die **Geo|me|trie**, das Geodreieck, geometrisch
das **Ge|päck**, das Gepäckstück, der Gepäckträger
der **Ge|pard**, die Geparden
ge|ra|de, geradeaus, die Gerade
das **Ge|rät**, die Geräte
ge|ra|ten, du gerätst, er gerät, er geriet, er ist geraten
ge|räu|mig, geräumiger, am geräumigsten, die Geräumigkeit
das **Ge|räusch**, die Geräusche, geräuschempfindlich, geräuschempfindlicher, am geräuschempfindlichsten, geräuschlos, geräuschvoll, geräuschvoller, am geräuschvollsten
ge|recht, die Gerechtigkeit
das **Ge|re|de**
das **Ge|richt**, (1. Ort und Person der Rechtsprechung, 2. Speise), die Gerichte
ge|ring, geringer, am geringsten
ge|rin|nen, sie gerinnt, sie gerann, sie ist geronnen
das **Ge|rip|pe**, die Gerippe
ge|ris|sen, gerissener, am gerissensten, die Gerissenheit
der **Ger|ma|ne**, die Germanen
gern/gerne, lieber, am liebsten
das **Ge|röll**, die Gerölle, die Geröllhalde
die **Gers|te**
der **Ge|ruch**, die Gerüche, geruchlos
das **Ge|rücht**, die Gerüchte
das **Ge|rüm|pel**, entrümpeln, du entrümpelst, sie entrümpelt
das **Ge|rüst**, die Gerüste
ge|samt, die Gesamtheit, die Gesamtschule, insgesamt
der/die **Ge|sand|te**, die Gesandten
der **Ge|sang**, die Gesänge, das Gesangbuch
das **Ge|säß**, die Gesäße, die Gesäßtasche
das **Ge|schäft**, die Geschäfte, der Geschäftsmann, die Geschäftsfrau, geschäftstüchtig, geschäftstüchtiger, am geschäftstüchtigsten
ge|sche|hen, es geschieht, es geschah, es ist geschehen
das **Ge|schenk**, die Geschenke, das Geschenkpapier
die **Ge|schich|te**, die Geschichten
das **Ge|schick**, die Geschicke, die Geschicklichkeit, geschickt, geschickter, am geschicktesten
das **Ge|schirr**, die Geschirre, die Geschirrspülmaschine
das **Ge|schlecht**, die Geschlechter
der **Ge|schmack**, die Geschmäcke, geschmacklos, geschmackvoll, geschmackvoller, am geschmackvollsten
das **Ge|schöpf**, die Geschöpfe
das **Ge|schoss**, die Geschosse
das **Ge|schrei**
das **Ge|schütz**, die Geschütze
das **Ge|schwätz**, geschwätzig, geschwätziger, am geschwätzigsten
die **Ge|schwin|dig|keit**, die Geschwindigkeiten
die **Ge|schwis|ter**

das **Ge|schwür**, die Geschwüre
der **Ge|sel|le**, die Gesellen, die Gesellin, gesellig, geselliger, am geselligsten
die **Ge|sell|schaft**, die Gesellschaften
das **Ge|setz**, die Gesetze, gesetzlich, gesetzlos
das **Ge|sicht**, die Gesichter, der Gesichtsausdruck
das **Ge|spann**, die Gespanne
das **Ge|spenst**, die Gespenster, gespenstisch, gespenstischer, am gespenstischsten
das **Ge|spräch**, die Gespräche, gesprächig, gesprächiger, am gesprächigsten, die Gesprächsregeln, der Gesprächsstoff
die **Ge|stalt**, die Gestalten
ge|stal|ten, du gestaltest, sie gestaltet, die Gestaltung
das **Ge|ständ|nis**, die Geständnisse
der **Ge|stank**
ge|stat|ten, du gestattest, er gestattet
die **Ges|te**, die Gesten
ge|ste|hen, du gestehst, er gesteht, er gestand, er hat gestanden
das **Ge|stein**, die Gesteine, die Gesteinsart
das **Ge|stell**, die Gestelle
ges|tern
ge|streift
das **Ge|strüpp**, die Gestrüppe
ge|sund, gesünder, am gesündesten, die Gesundheit, gesundheitsschädlich, gesundheitsschädlicher, am gesundheitsschädlichsten
das **Ge|tränk**, die Getränke

das **Ge|trei|de**, die Getreide, das Getreidefeld
das **Ge|wächs**, die Gewächse
ge|wäh|ren, du gewährst, sie gewährt, die Gewähr
die **Ge|walt**, die Gewalten, gewaltig, gewaltiger, am gewaltigsten, gewaltlos, gewalttätig, gewalttätiger, am gewalttätigsten
das **Ge|wand**, die Gewänder
ge|wandt, gewandter, am gewandtesten, die Gewandtheit
das **Ge|wäs|ser**, die Gewässer
das **Ge|we|be**, die Gewebe
das **Ge|wehr**, die Gewehre
das **Ge|weih**, die Geweihe
das **Ge|wer|be**, die Gewerbe, gewerbsmäßig
die **Ge|werk|schaft**, die Gewerkschaften
das **Ge|wicht**, die Gewichte
das **Ge|win|de**, die Gewinde
ge|win|nen, du gewinnst, er gewinnt, er gewann, er hat gewonnen, der Gewinn, der Gewinner, die Gewinnerin
das **Ge|wirr**
ge|wiss, die Gewissheit
das **Ge|wis|sen**, die Gewissen, gewissenhaft, gewissenhafter, am gewissenhaftesten, gewissenlos
das **Ge|wit|ter**, die Gewitter
sich **ge|wöh|nen**, du gewöhnst dich, sie gewöhnt sich, die Gewöhnung, die Gewohnheit, gewöhnlich, gewöhnlicher, am gewöhnlichsten
das **Ge|wöl|be**, die Gewölbe
das **Ge|wühl**

das **Ge|würz**, die Gewürze
die **Ge|zei|ten** (Ebbe und Flut)
das **Ge|zwit|scher**
der **Gie|bel**, die Giebel
die **Gier**, gierig, gieriger, am gierigsten
gie|ßen, du gießt, er gießt, er goss, er hat gegossen, die Gießkanne, der Guss
das **Gift**, die Gifte, giftig, giftiger, am giftigsten, der Giftmüll
gi|gan|tisch, der Gigant (Riese)
der **Gip|fel**, die Gipfel, das Gipfelkreuz
der **Gips**, die Gipse
die **Gi|raf|fe**, die Giraffen
die **Gir|lan|de**, die Girlanden
das **Gi|ro|kon|to**, die Girokonten
die **Gischt**, die Gischten
die **Gi|tar|re**, die Gitarren
das **Git|ter**, die Gitter, vergittern, du vergitterst, er vergittert
der **Gla|di|a|tor**, die Gladiatoren
glän|zen, du glänzt, es glänzt, der Glanz, glänzend, glänzender, am glänzendsten
das **Glas**, die Gläser, gläsern, der Glasbläser, die Glasbläserin, die Glashütte
der **Gla|ser**, die Glaser, die Glaserin
glatt, glatter/glätter, am glattesten/glättesten, die Glätte, glätten, du glättest, sie glättet, das Glatteis
die **Glat|ze**, die Glatzen, glatzköpfig
glau|ben, du glaubst, er glaubt, der Glaube, der/die Gläubige, gläubig, gläubiger, am gläubigsten, glaubwürdig, glaubwürdiger, am glaubwürdigsten
gleich, das Gleiche, gleichen, gleichberechtigt, die Gleichberechtigung, gleichfalls, das Gleichgewicht, gleichgültig, gleichgültiger, am gleichgültigsten, das Gleichheitszeichen, gleichmäßig, gleichmäßiger, am gleichmäßigsten, das Gleichnis, gleichzeitig
das **Gleis**, die Gleise
glei|ten, du gleitest, er gleitet, er glitt, er ist geglitten
der **Glet|scher**, die Gletscher, die Gletscherspalte
das **Glied**, die Glieder, die Gliedmaßen
glie|dern, du gliederst, sie gliedert, die Gliederung
glim|men, es glimmt, es glomm/glimmte, es hat geglommen/geglimmt
glit|zern, es glitzert
der **Glo|bus**, die Globen/Globusse
die **Glo|cke**, die Glocken, das Glockenspiel
glot|zen, du glotzt, sie glotzt
das **Glück**, glücken, es glückt, glücklich, glücklicher, am glücklichsten, glücklicherweise, der Glücksbringer, der Glückwunsch
die **Glu|cke**, die Glucken
die **Glüh|bir|ne**, die Glühbirnen
glü|hen, du glühst, er glüht, die Glut, glühend
die **Gna|de**, die Gnaden, gnädig, gnädiger, am gnädigsten, gnadenlos
der **Go|ckel**, die Gockel, der Gockelhahn
das **Gold**, golden, die Goldmedaille, das Goldstück
der **Golf** (Meeresbucht), der Golfstrom

das **Golf** (Sport), der Golfball
die **Gon|del**, die Gondeln, die Gondelbahn
der **Gong**, die Gongs, gongen, du gongst, es gongt
sich **gön|nen**, du gönnst dir, sie gönnt sich, der Gönner, die Gönnerin
goo|geln, du googelst, er googelt
der **Go|ril|la**, die Gorillas
der **Gott**, die Götter, die Göttin, göttlich, göttlicher, am göttlichsten, der Gottesdienst
das **Grab**, die Gräber, das Grabmal
der **Gra|ben**, die Gräben, graben, du gräbst, er gräbt, er grub, er hat gegraben
der **Grad** (Temperatureinheit), die Grade
der **Graf**, die Grafen, die Gräfin
das/der **Graf|fi|to** (Wandkritzelei), die Graffiti
der **Gram** (Kummer), sich grämen, du grämst dich, sie grämt sich
das **Gramm** (g), die Gramme
die **Gram|ma|tik**, die Grammatiken, grammatisch
die **Gra|na|te** (Geschoss), die Granaten
der **Gra|nit** (Gestein), die Granite
die **Grape|fruit**, die Grapefruits
das **Gras**, die Gräser, grasen, es grast, der Grashalm
gräss|lich, grässlicher, am grässlichsten, die Grässlichkeit
der **Grat** (Bergkamm), die Grate
die **Grä|te**, die Gräten
gra|tis (kostenlos), die Gratisprobe
die **Grät|sche**, die Grätschen, grätschen, du grätschst, sie grätscht
gra|tu|lie|ren, du gratulierst, er gratuliert, der Gratulant, die Gratulantin, die Gratulation
grau, grauer, am grausten, das Grau, grauhaarig, gräulich
der **Gräu|el**, die Gräuel, die Gräueltat
grau|en (dämmern), es graut
grau|en (sich fürchten), es graut mir, das Grauen, grauenhaft, grauenhafter, am grauenhaftesten, grauenvoll, grauenvoller, am grauenvollsten
die **Grau|pel** (Hagelkorn), die Graupeln, graupeln, es graupelt
grau|sam, grausamer, am grausamsten, die Grausamkeit
grei|fen, du greifst, er greift, er griff, er hat gegriffen
der **Greis**, die Greise, die Greisin, greisenhaft
grell, greller, am grellsten
die **Gren|ze**, die Grenzen, grenzenlos, der Grenzstein
Grie|chen|land, der Grieche, die Griechen, die Griechin, griechisch
der **Grieß**, die Grieße, der Grießbrei
der **Griff**, die Griffe, griffig, griffiger, am griffigsten
der **Grill**, die Grills, grillen, du grillst, sie grillt
die **Gril|le**, die Grillen
die **Gri|mas|se**, die Grimassen
grim|mig, grimmiger, am grimmigsten, der Grimm
grin|sen, du grinst, er grinst, das Grinsen
die **Grip|pe**, die Grippen,

das/der Grippevirus
grob, gröber, am gröbsten, die Grobheit
grö|len, du grölst, sie grölt, das Grölen
grol|len, du grollst, er grollt, der Groll
groß (→ S. 295), größer, am größten, die Größe, die Großeltern, großschreiben, du schreibst groß, sie schreibt groß, sie schrieb groß, sie hat großgeschrieben, die Großschreibung, die Großstadt, größtenteils, großzügig, großzügiger, am großzügigsten
groß|ar|tig, großartiger, am großartigsten, die Großartigkeit
Groß|bri|tan|ni|en, der Brite, die Britin, britisch
die **Grot|te**, die Grotten
die **Gru|be**, die Gruben, das Grübchen
grü|beln, du grübelst, er grübelt
die **Gruft** (Grab), die Grüfte
grün, grüner, am grünsten
der **Grund**, die Gründe, gründlich, gründlicher, am gründlichsten, grundlos, das Grundstück
grün|den, du gründest, sie gründet, die Gründung
die **Grund|la|ge**, die Grundlagen
die **Grund|schu|le**, die Grundschulen
grun|zen, du grunzt, er grunzt
die **Grup|pe**, die Gruppen
sich **gru|seln**, du gruselst dich, sie gruselt sich, gruselig, gruseliger, am gruseligsten
grü|ßen, du grüßt, er grüßt, der Gruß, begrüßen, du begrüßt, sie begrüßt
gu|cken, du guckst, er guckt, das Guckloch
das/der **Gu|lasch**, die Gulasche/Gulaschs
der **Gul|ly**, die Gullys
gül|tig, die Gültigkeit
das/der **Gum|mi**, die Gummis, das Gummiband, das Gummibärchen, das Gummiboot, das/der Gummitwist
die **Gunst**, günstig, günstiger, am günstigsten
gur|geln, du gurgelst, er gurgelt, die Gurgel
die **Gur|ke**, die Gurken
der **Gurt**, die Gurte
der **Gür|tel**, die Gürtel, die Gürtelschnalle
der **Guss**, die Güsse
das **Gut**, die Güter, der Güterwagen, der Gutschein
gut, besser, am besten, gutmütig, gutmütiger, am gutmütigsten
Gu|ten Tag!, auch: Grüß Gott!
die **Gü|te**, gütig, gütiger, am gütigsten
das **Gym|na|si|um**, die Gymnasien, der Gymnasiast, die Gymnasiastin
die **Gym|nas|tik**
das **Gy|ros**, die Gyros

das **Haar**, die Haare, das Härchen, haaren, du haarst, er haart, haarig, haariger, am haarigsten, die Haarbürste, haargenau, haarscharf, haarsträubend, haarsträubender, am haarsträubendsten

ha|ben, du hast, er hat, er hatte, er hat gehabt

hab|gie|rig, habgieriger, am habgierigsten, die Habgier, habsüchtig, habsüchtiger, am habsüchtigsten, die Habsucht

der **Ha|bicht**, die Habichte

die **Hach|se**, die Hachsen

die **Ha|cke**/der Hacken (Ferse), die Hacken

die **Ha|cke** (Gartengerät), hacken, du hackst, sie hackt

das **Hack|fleisch**

der **Ha|fen**, die Häfen, die Hafeneinfahrt

der **Ha|fer**, die Haferflocken

die **Haft**, haften, du haftest, er haftet, der Häftling, der Haftbefehl, haftbar

die **Ha|ge|but|te**, die Hagebutten, der Hagebuttentee

der **Ha|gel**, hageln, es hagelt, das Hagelkorn

ha|ger, hagerer, am hagersten

der **Hahn**, die Hähne

der **Hai**, die Haie

der **Hain** (Wald), die Haine

hä|keln, du häkelst, sie häkelt, die Häkelnadel

der **Ha|ken**, die Haken

halb, halbieren, du halbierst, er halbiert, die Halbinsel, halbjährig, der Halbmond, halbtags, die Halbzeit

die **Hal|de**, die Halden

die **Hälf|te**, die Hälften

die **Hal|le**, die Hallen, das Hallenbad

hal|len, es hallt, der Hall

hal|lo!, auch: Servus!

Hal|lo|ween (sprich: Häl-lo-wien)

der **Halm**, die Halme

die **Ha|lo|gen|lam|pe**, die Halogenlampen

der **Hals**, die Hälse, das Halsband, halsbrecherisch

hal|ten, du hältst, er hält, er hielt, er hat gehalten, der Halt, die Haltung, die Haltestelle, haltbar

Ham|burg, der Hamburger, die Hamburgerin, hamburgisch

der **Ham|bur|ger** (Brötchen mit gebratenem Hackfleisch), die Hamburger

hä|misch, die Häme

der **Ham|mel**, die Hammel

der **Ham|mer**, die Hämmer, hämmern, du hämmerst, sie hämmert

ham|peln, du hampelst, er hampelt, der Hampelmann

der **Hams|ter**, die Hamster, hamstern, du hamsterst, sie hamstert

die **Hand**, die Hände, handlich, handlicher, am handlichsten, die Handarbeit, der Handball, die Handbremse, die Handschrift, der Handschuh, das Handtuch

han|deln, du handelst, er handelt, der Handel, der Händler, die Händlerin die **Hand|lung**, die Handlungen

das **Hand|werk**, der Handwerker, die Handwerkerin

das **Han|dy**, die Handys

der **Hanf**, das Hanfseil

der **Hang**, die Hänge

sich **han|geln**, du hangelst dich, sie hangelt sich

hän|gen, du hängst, er hängt, er hing, er hat gehangen, der Hang, die Hängematte

hän|seln, du hänselst, sie hänselt

han|tie|ren, du hantierst, er hantiert

der **Hap|pen**, die Happen

hap|py (glücklich), das Happy End, auch: Happyend

die **Hard|ware**, die Hardwares

die **Har|fe** (Zupfinstrument), die Harfen

die **Har|ke** (Gartengerät), die Harken, harken, du harkst, sie harkt

harm|los, harmloser, am harmlosesten, die Harmlosigkeit

die **Har|mo|nie**, die Harmonien, harmonisch, harmonischer, am harmonischsten

der **Harn** (Urin), die Harnblase

der **Har|nisch** (Rüstung), die Harnische

die **Har|pu|ne**, die Harpunen

hart, härter, am härtesten, die Härte, hartnäckig, hartnäckiger, am hartnäckigsten

das **Harz** (am Baum), die Harze, harzig, harziger, am harzigsten

der **Harz** (deutsches Gebirge)

der **Ha|se**, die Hasen, die Häsin

die **Ha|sel|nuss**, die Haselnüsse

der **Hass**, hassen, du hasst, sie hasst

häss|lich, hässlicher, am hässlichsten, die Hässlichkeit

die **Hast**, hasten, du hastest, sie hastet, hastig, hastiger, am hastigsten

die **Hau|be**, die Hauben

der **Hau|ben|tau|cher**, die Haubentaucher

hau|chen, du hauchst, er haucht, der Hauch, hauchdünn

hau|en, du haust, er haut

der **Hau|fen**, die Haufen, anhäufen, du häufst an, sie häuft an, haufenweise

häu|fig, häufiger, am häufigsten, der Haufen

das **Haupt**, die Häupter, der Hauptbahnhof, der Häuptling, die Hauptsache, die Hauptschule, die Hauptstadt, das Hauptwort, hauptsächlich

das **Haus**, die Häuser, nach Hause, zu Hause, auch: daheim, hausen, du haust, sie haust, häuslich, häuslicher, am häuslichsten, die Hausaufgabe, der Haushalt, der Hausmeister, der Hausschlüssel, das Haustier, haushoch

die **Haut**, die Häute, sich häuten, du häutest dich, sie häutet sich, hauteng

die **Heb|am|me**, die Hebammen

der **He|bel**, die Hebel

he|ben, du hebst, er hebt, er hob, er hat gehoben

der **Hecht**, die Hechte

das **Heck**, die Hecks/Hecke

die **He|cke**, die Hecken

das **Heer**, die Heere

das **Heft**, die Hefte
heften, du heftest, sie heftet, der Hefter
heftig, heftiger, am heftigsten, die Heftigkeit
die **Heide**, die Heiden, das Heidekraut
die **Heidelbeere**, die Heidelbeeren
heikel, heikler, am heikelsten
heil, das Heil, die Heilung, heilen, du heilst, er heilt, heilbar, heilsam, heilsamer, am heilsamsten, die Heilquelle
der **Heiland** (Jesus Christus)
heilig, der Heilige, die Heilige, der Heiligabend, die Heilige Schrift
das **Heim**, die Heime, die Heimkehr, heimwärts, das Heimweh
die **Heimat**, heimatlich, heimatlicher, am heimatlichsten, die Heimatkunde, heimatlos
heimgehen, du gehst heim, er geht heim, er ging heim, er ist heimgegangen
heimlich, heimlicher, am heimlichsten, die Heimlichkeit
die **Heirat**, die Heiraten, heiraten, du heiratest, er heiratet
heiser, heiserer, am heisersten, die Heiserkeit
heiß, heißer, am heißesten, die Hitze
heißen, du heißt, er heißt, er hieß, er hat geheißen
heiter, heiterer, am heitersten, die Heiterkeit
heizen, du heizt, sie heizt, die Heizung, heizbar, der Heizkörper, das Heizöl
die **Hektik**, hektisch, hektischer, am hektischsten
der **Hektoliter** (hl = 100 l), die Hektoliter
der **Held**, die Helden, die Heldin, heldenhaft, heldenhafter, am heldenhaftesten, die Heldentat
helfen, du hilfst, er hilft, er half, er hat geholfen, die Hilfe, der Helfer, die Helferin
hell, heller, am hellsten, die Helligkeit, hellblau
der **Helm**, die Helme
Helsinki (Hauptstadt Finnlands)
das **Hemd**, die Hemden, der Hemdkragen
hemmen, du hemmst, sie hemmt, die Hemmung, hemmungslos
der **Hengst**, die Hengste
der **Henkel**, die Henkel
die **Henne**, die Hennen
her
herab
herablassend, herablassender, am herablassendsten
heran
herauf
heraus
herausfordern, du forderst heraus, sie fordert heraus, herausfordernd, die Herausforderung
herb, herber, am herbsten
das **Herbarium** (Sammlung getrockneter Pflanzen), die Herbarien
herbei
die **Herberge**, die Herbergen, die Herbergsmutter, der Herbergsvater
der **Herbst**, die Herbste, herbstlich,

herbstlicher, am herbstlichsten, die Herbstzeitlose

der **Herd**, die Herde, die Herdplatte

die **Her|de**, die Herden, der Herdentrieb

he|rein

he|rein|kom|men, du kommst herein, er kommt herein, er kam herein, er ist hereingekommen

der **He|ring**, die Heringe

die **Her|kunft**, die Herkünfte, das Herkunftsland

der **Herr**, die Herren, herrenlos

herr|lich, herrlicher, am herrlichsten, die Herrlichkeit

herr|schen, du herrschst, er herrscht, die Herrschaft, herrschaftlich, herrschaftlicher, am herrschaftlichsten

der **Herr|scher**, die Herrscher, die Herrscherin

her|stel|len, du stellst her, sie stellt her, die Herstellung

he|rü|ber

he|rum

he|run|ter

her|vor

her|vor|ra|gend, hervorragender, am hervorragendsten

das **Herz** (→ S. 285), die Herzen, herzhaft, herzhafter, am herzhaftesten, herzlich, herzlicher, am herzlichsten, herzzerreißend, herzzereißender, am herzzereißendsten

der **Her|zog**, die Herzöge, die Herzogin

Hes|sen, der Hesse, die Hessin, hessisch

het|zen, du hetzt, er hetzt, die Hetze, die Hetzerei

das **Heu**, der Heuballen, die Heuernte

heu|cheln, du heuchelst, sie heuchelt, der Heuchler, die Heuchlerin, heuchlerisch, heuchlerischer, am heuchlerischsten

heu|len, du heulst, er heult

die **Heu|schre|cke**, die Heuschrecken

heu|te, heutzutage

die **He|xe**, die Hexen, der Hexer, die Hexerei, hexen, du hext, sie hext

der **Hieb**, die Hiebe

hier

hie|rauf

hier|bei

hier|durch

hier|her

hier|mit

die **Hie|ro|gly|phe** (altägyptisches Schriftzeichen), die Hieroglyphen

hier|zu

hie|sig, der Hiesige (Einheimische), die Hiesige

die **Hil|fe**, die Hilfen, hilflos, hilfreich, hilfreicher, am hilfreichsten, hilfsbereit, hilfsbereiter, am hilfsbereitesten, die Hilfsbereitschaft, die Hilfsorganisation

die **Him|bee|re**, die Himbeeren

der **Him|mel**, die Himmel, himmlisch, himmlischer, am himmlischsten, die Himmelsrichtung, himmelblau

hin

hi|nab

hi|nauf

hi|naus

hindern, du hinderst, sie hindert, das Hindernis
hindurch
hinein
hineingehen, du gehst hinein, er geht hinein, er ging hinein, er ist hineingegangen
hinken, du hinkst, sie hinkt
hinnehmen, du nimmst hin, er nimmt hin, er nahm hin, er hat hingenommen
sich **hinsetzen**, du setzt dich hin, er setzt sich hin
hinten
hinter, der Hintergrund, das Hinterrad
hintereinander
der **Hinterhalt**, die Hinterhalte, hinterhältig, hinterhältiger, am hinterhältigsten
hinterher
der **Hintern**, die Hintern
hinüber
hinunter
hinweg
der **Hinweis**, die Hinweise
hinzu
das **Hirn**, die Hirne
der **Hirsch**, die Hirsche, das Hirschgeweih
die **Hirse** (Getreideart)
der **Hirte**/Hirt, die Hirten
der **Hit**, die Hits, die Hitliste, die Hitparade
die **Hitze**, Hitzefrei/hitzefrei haben, du hast hitzefrei, er hat hitzefrei, hitzig, hitziger, am hitzigsten, der Hitzschlag
das **Hobby**, die Hobbys
der **Hobel**, die Hobel, hobeln, du hobelst, sie hobelt
hoch, höher, am höchsten, das Hoch, das Hochdeutsch, das Hochhaus, der Hochsprung, das Hochwasser, hochbegabt, hochnäsig, hochnäsiger, am hochnäsigsten
der **Hochmut**, hochmütig, hochmütiger, am hochmütigsten
die **Hochzeit**, die Hochzeiten
hocken, du hockst, er hockt, die Hocke, der Hocker
der **Höcker** (Buckel), die Höcker
das **Hockey** (Sport)
der **Hoden**, die Hoden
der **Hof**, die Höfe, das Gehöft, der Hofladen
hoffen, du hoffst, sie hofft, die Hoffnung, hoffnungslos, hoffentlich
höflich, höflicher, am höflichsten, die Höflichkeit
die **Höhe**, die Höhen, der Höhepunkt
hohl, der Hohlweg
die **Höhle**, die Höhlen, hohl
der **Hohn**, höhnisch, höhnischer, am höhnischsten
holen, du holst, sie holt
die **Hölle**, die Höllen, höllisch
holpern, du holperst, holperig/holprig, holpriger, am holprigsten
der **Holunder** (Strauch), die Holunder, die Holunderblüte
das **Holz**, die Hölzer, hölzern, holzig, holziger, am holzigsten, der Holzfäller, die Holzkohle, der Holzwurm
die **Homepage** (erste Seite einer Internetseite), die Homepages
der **Honig**, das Honigglas, honigsüß
der **Hopfen**
hoppeln, du hoppelst, er hoppelt

hop|sen, du hopst, sie hopst
hor|chen, du horchst, er horcht
die **Hor|de**, die Horden
hö|ren, du hörst, sie hört, der Hörer, die Hörerin, das Hörgerät, das Hörspiel
der **Ho|ri|zont**, die Horizonte, horizontal
das **Horn**, die Hörner
die **Hor|nis|se**, die Hornissen
der **Hor|ror** (Grauen), der Horrorfilm
der **Horst** (großes Vogelnest), die Horste
der **Hort**, die Horte
hor|ten, du hortest, er hortet
die **Ho|se**, die Hosen, die Hosentasche
das **Hos|pi|tal**, die Hospitale/Hospitäler
die **Hos|tie**, die Hostien
das/der **Hot|dog**, auch: Hot Dog, die Hotdogs
das **Ho|tel**, die Hotels
die **Hot|pants** (ganz kurze Hose), auch: Hot Pants
hübsch, hübscher, am hübschesten
der **Hub|schrau|ber**, die Hubschrauber
hu|cke|pack
der **Huf**, die Hufe, das Hufeisen
die **Hüf|te**, die Hüften, das Hüftgelenk
der **Hü|gel**, die Hügel, hügelig/hüglig, hügeliger, am hügeligsten, das Hügelland
das **Huhn**, die Hühner, der Hühnerstall
die **Hül|le**, die Hüllen
die **Hül|se**, die Hülsen, die Hülsenfrucht
die **Hum|mel**, die Hummeln
der **Hum|mer**, die Hummer
der **Hu|mor**, humorvoll, humorvoller, am humorvollsten, humorlos
hum|peln, du humpelst, er humpelt
der **Hu|mus**, der Humusboden
der **Hund**, die Hunde, die Hündin, hundemüde, die Hunderasse
hun|dert, der Hunderter, hundertmal, ein Hundertstel
der **Hun|ger**, hungern, du hungerst, sie hungert, hungrig, hungriger, am hungrigsten, die Hungersnot
die **Hu|pe**, die Hupen, hupen, du hupst, er hupt
hüp|fen, du hüpfst, sie hüpft, die Hüpfburg
die **Hür|de**, die Hürden, der Hürdenlauf
hur|ra!
hu|schen, du huschst, er huscht
der **Hus|ten**, husten, du hustest, sie hustet, der Hustensaft
der **Hut**, die Hüte
hü|ten, du hütest, er hütet, behüten, du behütest, sie behütet
die **Hüt|te**, die Hütten
die **Hy|ä|ne**, die Hyänen
die **Hy|a|zin|the**, die Hyazinthen
der **Hy|drant**, die Hydranten
die **Hy|gi|e|ne**, hygienisch, hygienischer, am hygienischsten
die **Hym|ne**, die Hymnen, die Nationalhymne
die **Hyp|no|se**, hypnotisieren, du hypnotisierst, er hypnotisiert
die **Hys|te|rie**, hysterisch, hysterischer, am hysterischsten

I

der **IC**® (Intercity), die ICs
der **ICE**® (Intercity-Express), die ICEs
ich
ide|al, das Ideal
die **Idee**, die Ideen
der **Idi|ot**, die Idioten, die Idiotin, idiotisch, idiotischer, am idiotischsten
der **Igel**, die Igel
das/der **Ig|lu**, die Iglus
ihm
ihn
ih|nen
ihr, ihre, ihrer, ihrem, ihren
die **Il|lus|trier|te**, die Illustrierten
der **Il|tis**, die Iltisse
im
der **Im|biss**, die Imbisse, die Imbissbude
der **Im|ker**, die Imker, die Imkerin
im|mer
imp|fen, du impfst, er impft, die Impfung, der Impfpass
im|po|nie|ren, du imponierst, sie imponiert
im|stan|de, auch: im Stande
in
in|des|sen
die **In|dus|trie**, die Industrien
in|ei|nan|der
die **In|fek|ti|on** (Ansteckung durch Krankheitserreger), die Infektionen, infizieren, du infizierst, er infiziert
der **In|fi|ni|tiv** (Grundform eines Verbs), die Infinitive
der **In|for|ma|ti|ker**, die Informatiker, die Informatikerin
die **In|for|ma|ti|on**, die Informationen, informieren, du informierst, sie informiert
der **In|ge|ni|eur**, die Ingenieure, die Ingenieurin
der **Ing|wer**, die Ingwerwurzel
der **In|ha|ber**, die Inhaber, die Inhaberin
in|ha|lie|ren, du inhalierst, er inhaliert
der **In|halt**, die Inhalte, inhaltlich, das Inhaltsverzeichnis
die **In|klu|si|on** (Einschließung), die Inklusionen, inkludieren, du inkludierst, sie inkludiert
das **In|land**
in|mit|ten
in|nen, die Innenseite
in|ner|halb
in|nig, inniger, am innigsten, die Innigkeit
ins
der **In|sas|se**, die Insassen
ins|be|son|de|re
die **In|schrift**, die Inschriften
das **In|sekt**, die Insekten, der Insektenstich
die **In|sel**, die Inseln
das **In|se|rat** (Zeitungsanzeige), die Inserate, inserieren, du inserierst, sie inseriert
ins|ge|samt
in|so|fern
die **In|spek|ti|on** (Begutachtung), der Inspektor, die Inspektorin
die **In|stal|la|ti|on**, installieren, du installierst, er installiert
der **In|stinkt**, die Instinkte, instinktiv

das **In|sti|tut**, die Institute
das **In|stru|ment**, die Instrumente
die **In|te|gra|ti|on** (Eingliederung), die Integrationen, integrieren, du integrierst, sie integriert
in|tel|li|gent, intelligenter, am intelligentesten, die Intelligenz
in|ten|siv, intensiver, am intensivsten
das **In|te|res|se**, die Interessen, sich interessieren, du interessierst dich, er interessiert sich, interessant, interessanter, am interessantesten
das **In|ter|nat**, die Internate
in|ter|na|ti|o|nal
das **In|ter|net**, das Internetportal
das **In|ter|view** (sprich: In-ter-wju), die Interviews, interviewen, du interviewst, sie interviewt
der **Inuk**, die Inuit
in|zwi|schen
ir|gend, irgendein, irgendjemand, irgendwann, irgendwas, irgendwie, irgendwo
Ir|land, der Ire, die Irin, irisch
die **Iro|nie**, ironisch
ir|re/irr, irrer, am irrsten, irrsinnig, irrsinniger, am irrsinnigsten
sich **ir|ren**, du irrst dich, sie irrt sich, der Irre, die Irre, der Irrtum, irrtümlich, der Irrgarten
der **Is|lam** (Religion), islamisch
Is|land, der Isländer, die Isländerin, isländisch
die **Iso|la|ti|on**, die Isolationen, isolieren, du isolierst, er isoliert, das Isolierband
Ita|li|en, der Italiener, die Italienerin, italienisch

ja
die **Jacht**, auch: die Yacht, die Jachten
die **Ja|cke**, die Jacken
ja|gen, du jagst, er jagt, die Jagd, der Jäger, die Jägerin, das Jagdrevier
der **Ja|gu|ar**, die Jaguare
jäh, jäher, am jähsten/jähesten
das **Jahr**, die Jahre, jährlich, jahrelang, der Jahrgang, das Jahrhundert, die Jahreszeit
der **Jahr|markt**, die Jahrmärkte
der **Jäh|zorn**, jähzornig, jähzorniger, am jähzornigsten
die **Ja|lou|sie** (Rollladen), die Jalousien
der **Jam|mer**, jammern, du jammerst, sie jammert, jämmerlich, jämmerlicher, am jämmerlichsten, jammerschade
der **Ja|nu|ar**
Ja|pan, der Japaner, die Japanerin, japanisch
jä|ten, du jätest, er jätet
jauch|zen, du jauchzt, sie jauchzt
jau|len, du jaulst, er jault
ja|wohl
der **Jazz** (sprich: Dschähß; Musikrichtung), die Jazzmusik
je
die **Jeans**
je|den|falls

je|der, jede, jedes, jedem, jeden, jedermann, jederzeit
je|doch
der **Jeep** (Geländewagen), die Jeeps
je|mals
je|mand, jemandem, jemanden
je|ner, jene, jenes
jen|seits
Je|sus Chris|tus
der **Jet** (Düsenflugzeug), die Jets
jetzt
je|weils
der **Job**, die Jobs, jobben, du jobbst, sie jobbt, das Jobcenter
der **Jo|ckey** (sprich: Dscho-cki; Berufsrennreiter), die Jockeys
das **Jod**, das Jodsalz
jo|deln, du jodelst, er jodelt
jog|gen (laufen in mäßigem Tempo), du joggst, sie joggt, das Jogging, der Jogger, die Joggerin, der Jogginganzug
das/der **Jo|ghurt**, die Joghurts
die **Jo|han|nis|bee|re**, die Johannisbeeren
joh|len, du johlst, er johlt
der **Jo|ker** (Spielkarte), die Joker
jon|glie|ren (sprich: schon-glie-ren), du jonglierst, sie jongliert, der Jongleur, die Jongleurin
der **Jour|na|list**, die Journalisten, die Journalistin
ju|beln, du jubelst, er jubelt, der Jubel
das **Ju|bi|lä|um**, die Jubiläen, der Jubilar, die Jubilarin
ju|bi|lie|ren, du jubilierst, sie jubiliert
ju|cken, es juckt
der **Ju|de**, die Juden, die Jüdin, das Judentum, jüdisch
das **Ju|do** (Kampfsportart)
die **Ju|gend**, die Jugendlichen, jugendlich, jugendlicher, am jugendlichsten, die Jugendherberge
der **Ju|li**
jung, jünger, am jüngsten
der **Jun|ge**, die Jungen, auch: der Bub, die Buben
der **Jung|ge|sel|le**, die Junggesellen, die Junggesellin
der **Ju|ni**
der **Ju|pi|ter**
der **Ju|rist** (Rechtskundiger), die Juristen, die Juristin
die **Ju|ry** (sprich: Schü-ri; Preisgericht), die Jurys
das/der **Ju|wel**, die Juwelen, der Juwelier, die Juwelierin

das **Ka|bel**, die Kabel, der Kabelanschluss, das Kabelfernsehen

der **Ka|bel|jau**, die Kabeljaue/Kabeljaus

die **Ka|bi|ne**, die Kabinen

die **Ka|chel**, die Kacheln, kacheln, du kachelst, er kachelt, der Kachelofen

der **Kä|fer**, die Käfer

der **Kaf|fee**, die Kaffees, die Kaffeebohne, die Kaffeemaschine

der **Kä|fig**, die Käfige

kahl, kahler, am kahlsten, der Kahlschlag, kahlköpfig

der **Kahn**, die Kähne

das/der **Kai**/Quai (Ufermauer), die Kais

der **Kai|ser**, die Kaiser, die Kaiserin, kaiserlich

der **Ka|jak** (Paddelboot), die Kajaks

die **Ka|jü|te**, die Kajüten

der **Ka|ka|du**, die Kakadus

der **Ka|kao**, die Kakaobohne, das Kakaopulver

die **Ka|ker|la|ke**, die Kakerlaken

der **Kak|tus**, die Kakteen

das **Kalb**, die Kälber, das Kalbfleisch

das **Ka|lei|dos|kop** (optisches Spielzeug), die Kaleidoskope

der **Ka|len|der**, die Kalender

der **Kalk**, kalken, es kalkt, der Kalkstein

die **Ka|lo|rie**, die Kalorien

kalt, kälter, am kältesten, die Kälte, kaltblütig, kaltblütiger, am kaltblütigsten

das **Ka|mel**, die Kamele, der Kameltreiber

die **Ka|me|ra**, die Kameras

der **Ka|me|rad**, die Kameraden, die Kameradin, die Kameradschaft, kameradschaftlich

die **Ka|mil|le**, der Kamillentee

der **Ka|min**, die Kamine

der **Kamm**, die Kämme, kämmen, du kämmst, sie kämmt

die **Kam|mer**, die Kammern

der **Kampf**, die Kämpfe, kämpfen, du kämpfst, er kämpft, der Kämpfer, die Kämpferin, kämpferisch, kämpferischer, am kämpferischsten

Ka|na|da, der Kanadier, die Kanadierin, kanadisch

der **Ka|nal**, die Kanäle, die Kanalisation, kanalisieren, du kanalisierst, sie kanalisiert

der **Ka|na|ri|en|vo|gel**, die Kanarienvögel

der **Kan|di|dat**, die Kandidaten, die Kandidatin, die Kandidatur, kandidieren, du kandidierst, er kandidiert

das **Kän|gu|ru**, die Kängurus

das **Ka|nin|chen**, die Kaninchen, der Kaninchenstall

der **Ka|nis|ter**, die Kanister

die **Kan|ne**, die Kannen

der **Ka|non**, die Kanons

die **Ka|no|ne**, die Kanonen

die **Kan|te**, die Kanten, kantig

die **Kan|ti|ne**, die Kantinen

das **Ka|nu**, die Kanus

die **Kan|zel**, die Kanzeln

der **Kanz|ler**, die Kanzler, die Kanzlerin

das **Kap**, die Kaps
die **Ka|pel|le**, die Kapellen
ka|pern, du kaperst, er kapert
ka|pie|ren, du kapierst, sie kapiert
der **Ka|pi|tän**, die Kapitäne, die Kapitänin
das **Ka|pi|tel**, die Kapitel
der **Kap|lan** (kath. Geistlicher), die Kapläne
die **Kap|pe**, die Kappen, das Käppi
die **Kap|sel**, die Kapseln
ka|putt
die **Ka|pu|ze**, die Kapuzen
die **Ka|ram|bo|la|ge**, die Karambolagen
das **Ka|ra|te**, der Karatekämpfer
die **Ka|ra|wa|ne**, die Karawanen
der **Kar|di|nal** (hoher kath. Würdenträger), die Kardinäle
der **Kar|frei|tag**
karg, karger, auch: kärger, am kargsten, auch: am kärgsten, die Kargheit, kärglich, kärglicher, am kärglichsten
ka|riert, das Karo, die Karos
die **Ka|ri|es** (Zahnfäule), kariös, kariöser, am kariösesten
der **Kar|ne|val** (Fastnacht)
die **Ka|ros|se|rie**, die Karosserien
die **Ka|rot|te**, die Karotten
der **Karp|fen**, die Karpfen
die **Kar|re**, die Karren, karren, du karrst, er karrt
die **Kar|te**, die Karten
die **Kar|tei**, die Karteien
die **Kar|tof|fel**, die Kartoffeln, die Kartoffelchips, das Kartoffelpüree
der **Kar|ton**, die Kartons
das **Ka|rus|sell**, die Karussells
der **Kä|se**, die Käse, der Käsekuchen
die **Ka|ser|ne**, die Kasernen
der **Kas|per**, das Kasperletheater
die **Kas|se**, die Kassen, kassieren, du kassierst, sie kassiert, der Kassierer, die Kassiererin
die **Kas|ta|nie**, die Kastanien, der Kastanienbaum, kastanienbraun
der **Kas|ten**, die Kästen
der **Kat** (Katalysator), die Kats
der **Ka|ta|log**, die Kataloge
die **Ka|ta|stro|phe** (Unglück), die Katastrophen, katastrophal, katastrophaler, am katastrophalsten
der **Ka|ter**, die Kater
die **Ka|the|dra|le**, die Kathedralen
der **Ka|tho|lik**, die Katholiken, die Katholikin, katholisch (kath.)
die **Kat|ze**, die Katzen, das Katzenfutter
das **Kau|der|welsch**
kau|en, du kaust, sie kaut, der/das Kaugummi
kau|ern, du kauerst, er kauert
kau|fen (→ S. 286), du kaufst, sie kauft, der Kauf, der Käufer, die Käuferin, käuflich, die Kaufleute, der Kaufmann, die Kauffrau
die **Kaul|quap|pe**, die Kaulquappen
kaum
der **Kauz**, die Käuze
der **Ke|bab**, die Kebabs (am Spieß gebratene Fleischstückchen)
der **Ke|gel**, die Kegel, kegeln, du kegelst, er kegelt, die Kegelbahn
die **Keh|le**, die Kehlen, der Kehlkopf
keh|ren (fegen), du kehrst,

sie kehrt, der Kehrbesen
kehrt|ma|chen, du machst kehrt, er macht kehrt
kei|fen, du keifst, sie keift, die Keiferei
der **Keil**, die Keile, der Keilriemen
der **Keim**, die Keime, keimen, es keimt, der Keimling, keimfrei
kein, keine, keiner, keinem, keinen, keinerlei, keinmal
kei|nes|falls, keineswegs
der **Keks**, die Kekse, die Keksdose
der **Kelch**, die Kelche
die **Kel|le**, die Kellen
der **Kel|ler**, die Keller, die Kellerei
der **Kell|ner**, die Kellner, die Kellnerin
ken|nen, du kennst, er kennt, er kannte, er hat gekannt, die Kenntnis, der Kenner, die Kennerin
ken|nen|ler|nen, auch: kennen lernen, du lernst kennen, er lernt kennen
das **Kenn|zei|chen**, die Kennzeichnung, kennzeichnen, du kennzeichnest, sie kennzeichnet
ken|tern, du kenterst, sie kentert
die **Ke|ra|mik**, die Keramiken
die **Ker|be**, die Kerben, kerben, du kerbst, er kerbt
der **Ker|ker**, die Kerker
der **Kerl**, die Kerle
der **Kern**, die Kerne, kernig, kerniger, am kernigsten, die Kernseife, kerngesund
das **Kern|kraft|werk**, die Kernkraftwerke
die **Ker|ze**, die Kerzen, der Kerzenständer, kerzengerade
der **Kes|sel**, die Kessel
der/das **Ket|chup**
die **Ket|te**, die Ketten
keu|chen, du keuchst, er keucht, der Keuchhusten
die **Keu|le**, die Keulen
das **Key|board** (Tasteninstrument), die Keyboards
ki|chern, du kicherst, sie kichert
ki|cken, du kickst, er kickt
der **Kie|bitz**, die Kiebitze
der **Kie|fer** (Knochen), die Kiefer
die **Kie|fer** (Nadelbaum), die Kiefern, der Kiefernzapfen
der **Kiel** (Grundbalken eines Schiffes), die Kiele
die **Kie|me**, die Kiemen
der **Kies**, die Kiese, die Kiesgrube
der **Kie|sel**, die Kiesel, der Kieselstein
das **Ki|lo** (Kilogramm; kg), die Kilos
der **Ki|lo|me|ter** (km), die Kilometer, der Kilometerzähler
das **Kind**, die Kinder, die Kindheit, kindisch, kindischer, am kindischsten, kindlich, kindlicher, am kindlichsten, das Kinderbuch, der Kindergarten, der Kinderhort, die Kindertagesstätte, der Kinderwagen, das Kinderzimmer
das **Kinn**, die Kinne, der Kinnhaken
das **Ki|no**, die Kinos
der **Ki|osk**, die Kioske
kip|pen, du kippst, sie kippt, die Kippe, das Kippfenster
die **Kir|che**, die Kirchen, die Kirchenglocke, der Kirchturm
die **Kir|sche**, die Kirschen,

der Kirschbaum, kirschrot
das **Kis|sen**, die Kissen, die Kissenschlacht
die **Kis|te**, die Kisten
der **Kitsch**, kitschig, kitschiger, am kitschigsten
der **Kitt**, die Kitte, kitten, du kittest, er kittet
der **Kit|tel**, die Kittel
das **Kitz** (Junges von Reh, Ziege und Gämse), die Kitze
kit|zeln, du kitzelst, sie kitzelt, der Kitzel, kitzelig/kitzlig
der **Ki|wi** (Vogel), die Kiwis
die **Ki|wi** (Frucht), die Kiwis
kläf|fen, du kläffst, er kläfft
kla|gen, du klagst, sie klagt, die Klage, der Kläger, die Klägerin, kläglich, kläglicher, am kläglichsten
die **Klamm** (Felsenschlucht), die Klammen
klamm, klammer, am klammsten
die **Klam|mer**, die Klammern, klammern, du klammerst, er klammert
der **Klang**, die Klänge, klangvoll, klangvoller, am klangvollsten, der Klangkörper
die **Klap|pe**, die Klappen
klap|pen, es klappt
klap|pe|rig/klapprig, klapperiger, am klapperigsten
klap|pern, du klapperst, sie klappert, die Klapperschlange
der **Klaps**, die Klapse
klar, klarer, am klarsten, klären, du klärst, er klärt, die Klarheit, erklären, du erklärst, er erklärt
die **Klär|an|la|ge**, die Kläranlagen
die **Kla|ri|net|te** (Blasinstrument), die Klarinetten
die **Klas|se**, die Klassen, der Klassenlehrer, die Klassenlehrerin, die Klassenfahrt, der Klassensprecher, die Klassensprecherin
klas|se
der **Klatsch** (Geschwätz)
klat|schen, du klatschst, er klatscht
die **Klaue** (Kralle), die Klauen
klau|en, du klaust, sie klaut
das **Kla|vier**, die Klaviere
kle|ben, du klebst, er klebt, der Kleber, klebrig, klebriger, am klebrigsten, der Klebstoff
kle|ckern, du kleckerst, er kleckert
der **Klecks**, die Kleckse
der **Klee**, das Kleeblatt
das **Kleid**, die Kleider, die Kleidung (→ S. 301), sich kleiden, du kleidest dich, er kleidet sich, der Kleiderbügel, der Kleiderschrank
die **Kleie**, die Kleien
klein (→ S. 296), kleiner, am kleinsten, die Kleinigkeit, kleinlich, kleinschreiben, du schreibst klein, sie schreibt klein, sie schrieb klein, sie hat kleingeschrieben
der **Kleis|ter**, die Kleister
klem|men, du klemmst, er klemmt, die Klemme
der **Klemp|ner**, die Klempner, die Klempnerin, die Klempnerei
die **Klet|te**, die Kletten, der Klettverschluss
klet|tern, du kletterst, er klettert, der Kletterer,

A B C D E F G H I J K L M N O P Q R S T U V W X Y Z

die Kletterin
kli|cken, es klickt
das **Kli|ma**, die Klimata, klimatisch, klimatisiert, die Klimaanlage, der Klimawandel
der **Klimm|zug**, die Klimmzüge
klim|pern, du klimperst, er klimpert
die **Klin|ge**, die Klingen
die **Klin|gel**, die Klingeln, klingeln, du klingelst, sie klingelt
klin|gen, du klingst, er klingt, der Klang
die **Kli|nik**, die Kliniken, klinisch
die **Klin|ke**, die Klinken
die **Klip|pe**, die Klippen
klir|ren, es klirrt
klit|ze|klein
das **Klo**, die Klos
der **Klon**, die Klone, klonen, du klonst, er klont
klop|fen, du klopfst, sie klopft
der **Klops**, die Klopse
der **Kloß**, die Klöße
das **Klos|ter**, die Klöster
der **Klotz**, die Klötze, klotzig, klotziger, am klotzigsten
der **Klub**, auch: Club, die Klubs
die **Kluft** (Spalte), die Klüfte
klug, klüger, am klügsten, die Klugheit
der **Klum|pen**, die Klumpen, klumpig, klumpiger, am klumpigsten
km (Kilometer)
knab|bern, du knabberst, er knabbert, die Knabberei
das **Knä|cke|brot**, die Knäckebrote
kna|cken, du knackst, sie knackt, knackig, knackiger, am knackigsten, die Knackwurst
der **Knall**, die Knalle, knallen, du knallst, er knallt, der Knallfrosch, knallhart, knallrot
knapp, knapper, am knappsten, die Knappheit
der **Knap|pe** (Lehrling eines Ritters), die Knappen
knar|ren, du knarrst, es knarrt
der **Knatsch** (Streit)
knat|tern, es knattert
der/das **Knäu|el**, die Knäuel
der **Kne|bel**, die Knebel, knebeln, du knebelst, er knebelt
der **Knecht**, die Knechte
knei|fen, du kneifst, er kneift, er kniff, er hat gekniffen, die Kneifzange
die **Knei|pe**, die Kneipen
kne|ten, du knetest, sie knetet, die Knete, die Knetmasse
kni|cken, du knickst, er knickt, der Knick
der **Knicks**, die Knickse, knicksen, du knickst, sie knickst
das **Knie**, die Knie, knien, du kniest, er kniet, die Kniekehle, die Kniescheibe, knietief
der **Kniff**, die Kniffe, kniffelig/knifflig
knip|sen, du knipst, sie knipst
der **Knirps**, die Knirpse
knir|schen, du knirschst, es knirscht
knis|tern, du knisterst, es knistert
knit|tern, er knittert, knitterfrei
kno|beln, du knobelst, sie knobelt
der **Knob|lauch**, die Knoblauchzehe
der **Knö|chel**, die Knöchel
der **Kno|chen**, die Knochen, knochig, knochiger, am knochigsten, das Knochenmark
der **Knö|del**, die Knödel

die **Knol|le**, die Knollen, knollig, knolliger, am knolligsten
der **Knopf**, die Knöpfe, knöpfen, du knöpfst, er knöpft, das Knopfloch
der **Knor|pel**, die Knorpel, knorpelig/knorplig
knor|rig, knorriger, am knorrigsten
die **Knos|pe**, die Knospen
der **Kno|ten**, die Knoten, knoten, du knotest, sie knotet
knül|len, du knüllst, er knüllt, der Knüller
knüp|fen, du knüpfst, sie knüpft
der **Knüp|pel**, die Knüppel
knur|ren, du knurrst, er knurrt
knus|pern, du knusperst, sie knuspert, knusprig/ knusperig, knuspriger, am knusprigsten, das Knusperhäuschen
k.o. (knock-out), der K.-o.-Schlag
der **Ko|a|la**, die Koalas
der **Ko|bold**, die Kobolde
die **Ko|bra**, die Kobras
ko|chen, du kochst, er kocht, der Koch, die Köchin, das Kochbuch
der **Kö|der**, die Köder, ködern, du köderst, sie ködert
der **Kof|fer**, die Koffer
der **Kohl**, der Kohlrabi, der Kohlweißling
die **Koh|le**, die Kohlen, kohlrabenschwarz
die **Ko|je**, die Kojen
die **Ko|kos|nuss**, die Kokosnüsse, die Kokosmilch
der **Kol|ben**, die Kolben, die Kolbenstange
der **Kol|le|ge**, die Kollegen, die Kollegin, das Kollegium, kollegial, kollegialer, am kollegialsten
die **Ko|lo|nie**, die Kolonien
die **Ko|lon|ne**, die Kolonnen
der **Ko|loss**, die Kolosse, kolossal
kom|bi|nie|ren, du kombinierst, sie kombiniert, die Kombination
der **Ko|met**, die Kometen
der **Kom|fort**, komfortabel, komfortabler, am komfortabelsten
ko|misch, komischer, am komischsten, die Komik, der Komiker, die Komikerin
das **Kom|ma**, die Kommas, auch: die Kommata
kom|man|die|ren, du kommandierst, er kommandiert, das Kommando, der Kommandant, die Kommandantin
kom|men, du kommst, er kommt, er kam, er ist gekommen
der **Kom|men|tar**, die Kommentare
der **Kom|mis|sar**, die Kommissare, die Kommissarin, das Kommissariat
die **Kom|mis|si|on**, die Kommissionen
die **Kom|mo|de**, die Kommoden
die **Kom|mu|ni|on**, die Kommunionen, das Kommunionkind
kom|mu|ni|zie|ren, du kommunizierst, er kommuniziert
die **Ko|mö|die**, die Komödien
kom|pakt, kompakter, am kompaktesten
die **Kom|pa|nie**, die Kompanien
der **Kom|pa|ra|tiv** (1. Steigerungsstufe),

die Komparative
der **Kom|pass**, die Kompasse
kom|plett (vollständig)
das **Kom|pli|ment**, die Komplimente
der **Kom|pli|ze**, die Komplizen, die Komplizin
kom|pli|ziert (schwierig), komplizierter, am kompliziertesten
kom|po|nie|ren, du komponierst, er komponiert, die Komposition, der Komponist, die Komponistin
der **Kom|post**, die Komposte, kompostieren, du kompostierst, sie kompostiert, der Komposthaufen
das **Kom|pott**, die Kompotte
der **Kom|pro|miss**, die Kompromisse
der **Kon|di|tor**, die Konditoren, die Konditorin, die Konditorei
das **Kon|dom**, die Kondome
die **Kon|fe|renz**, die Konferenzen, das Konferenzzimmer
die **Kon|fes|si|on** (Glauben), die Konfessionen, konfessionslos
das **Kon|fet|ti**
die **Kon|fir|ma|ti|on**, die Konfirmationen, der Konfirmand, die Konfirmandin
die **Kon|fi|tü|re** (Marmelade mit Fruchtstücken), die Konfitüren
der **Kon|flikt** (Streit), die Konflikte
der **Kö|nig**, die Könige, die Königin, königlich, das Königreich
kon|ju|gie|ren (ein Verb beugen), du konjugierst, er konjugiert, die Konjugation
die **Kon|junk|ti|on** (Bindewort), die Konjunktionen
die **Kon|kur|renz** (1. Wettbewerb, 2. Rivalität), die Konkurrenzen, der Konkurrent, die Konkurrentin, konkurrieren, du konkurrierst, sie konkurriert
kön|nen, du kannst, er kann, er konnte, er hat gekonnt
die **Kon|ser|ve**, die Konserven, konservieren, du konservierst, sie konserviert, die Konservendose
der **Kon|so|nant** (Mitlaut), die Konsonanten
kons|tru|ie|ren, du konstruierst, er konstruiert, die Konstruktion
der **Kon|sum** (Verbrauch), der Konsument, die Konsumentin, konsumieren, du konsumierst, sie konsumiert
der **Kon|takt**, die Kontakte
der **Kon|ti|nent**, die Kontinente
das **Kon|to**, die Konten
der **Kon|tra|bass**, die Kontrabässe
der **Kon|trast**, die Kontraste
die **Kon|trol|le**, die Kontrollen, der Kontrolleur, die Kontrolleurin, kontrollieren, du kontrollierst, er kontrolliert
sich **kon|zen|trie|ren**, du konzentrierst dich, sie konzentriert sich, die Konzentration
das **Kon|zert**, die Konzerte
Ko|pen|ha|gen (Hauptstadt Dänemarks)
der **Kopf**, die Köpfe, köpfen, du köpfst, er köpft, kopfstehen, du stehst kopf, sie steht kopf, sie stand kopf, sie ist kopfgestanden, kopflos, der Kopfhörer, das Kopfrechnen, der Kopfsprung, kopfüber

die **Kopie**, die Kopien, kopieren, du kopierst, sie kopiert, der Kopierer
die **Koppel**, die Koppeln
die **Koralle**, die Korallen, das Korallenriff
der **Koran** (das heilige Buch des Islam)
der **Korb**, die Körbe
die **Kordel**, die Kordeln
der **Kork**, die Korkeiche
der **Korken**, die Korken, der Korkenzieher
das **Korn**, die Körner, körnig, die Kornblume, das Kornfeld
der **Körper** (→ S. 300), die Körper, körperlich
korrekt (richtig), die Korrektur
der **Korridor**, die Korridore
korrigieren, du korrigierst, er korrigiert
die **Kosmetik**, kosmetisch
der **Kosmos** (Weltall), der Kosmonaut, die Kosmonautin
die **Kost**, kosten (probieren), du kostest, sie kostet, köstlich, köstlicher, am köstlichsten, die Kostprobe
kosten (wert sein), du kostest, es kostet, die Kosten, kostbar, kostbarer, am kostbarsten, kostenlos, kostspielig, kostspieliger, am kostspieligsten
das **Kostüm**, die Kostüme, sich kostümieren, du kostümierst dich, er kostümiert sich
der **Kot**
das **Kotelett**, die Koteletts
die **Krabbe**, die Krabben, der Krabbensalat
krabbeln, du krabbelst, sie krabbelt
der **Krach** (Lärm), krachen, es kracht
der **Krach** (Streit), die Kräche
krächzen, du krächzt, er krächzt
die **Kraft**, die Kräfte, kräftig, kräftiger, am kräftigsten, kraftlos, das Kraftfahrzeug (Kfz), die Kraftprobe
der **Kragen**, die Kragen
die **Krähe**, die Krähen
krähen, du krähst, sie kräht
der **Krake**, die Kraken
die **Kralle**, die Krallen
der **Kram**, kramen, du kramst, er kramt
der **Krampf**, die Krämpfe, krampfen, sie krampft, krampfhaft, krampfhafter, am krampfhaftesten, verkrampft, verkrampfter, am verkrampftesten, die Krampfadern
der **Kran**, die Kräne, der Kranführer, die Kranführerin
der **Kranich**, die Kraniche
krank, kränker, am kränksten, die Krankheit, der/die Kranke, krankhaft, das Krankenhaus, der Krankenpfleger, die Krankenschwester
kränken, du kränkst, sie kränkt, die Kränkung
der **Kranz**, die Kränze
krass, krasser, am krassesten
der **Krater**, die Krater
kratzen, du kratzt, sie kratzt, der Kratzer
kraulen (1. leicht kratzen, 2. im Kraulstil schwimmen), du kraulst, sie krault
kraus, krauser, am krausesten,

die Krause, sich kräuseln, es kräuselt sich, der Krauskopf
das **Kraut**, die Kräuter
der **Krawall**, die Krawalle
die **Krawatte**, die Krawatten
kraxeln (klettern), du kraxelst, er kraxelt
kreativ, kreativer, am kreativsten
der **Krebs** (1. Tier, 2. Krankheit), die Krebse, krebsrot
der **Kredit**, die Kredite, die Kreditkarte
die **Kreide**, die Kreiden, kreidebleich
der **Kreis**, die Kreise, kreisen, du kreist, sie kreist, der Kreisel, kreisförmig, kreisrund
kreischen, du kreischst, er kreischt
das **Krepppapier**, auch: Krepp-Papier
das **Kreuz**, die Kreuze, kreuzen, du kreuzt, sie kreuzt, die Kreuzung, das Kreuzworträtsel
die **Kreuzigung**, die Kreuzigungen, kreuzigen, du kreuzigst, er kreuzigt
die **Kreuzotter**, die Kreuzottern
kribbeln, du kribbelst, es kribbelt, kribblig, kribbliger, am kribbligsten
kriechen, du kriechst, er kriecht, er kroch, er ist gekrochen, das Kriechtier
der **Krieg**, die Kriege, kriegerisch, kriegerischer, am kriegerischsten
kriegen (bekommen), du kriegst, er kriegt
der **Krimi**, die Krimis, kriminell, krimineller, am kriminellsten, die Kriminalpolizei
der **Kringel**, die Kringel
die **Krippe**, die Krippen
die **Krise**, die Krisen, kriseln, es kriselt
das/der **Kristall**, die Kristalle
die **Kritik**, die Kritiken, der Kritiker, die Kritikerin, kritisieren, du kritisierst, sie kritisiert, kritisch, kritischer, am kritischsten
kritzeln, du kritzelst, er kritzelt, die Kritzelei
die **Krokette**, die Kroketten
das **Krokodil**, die Krokodile
der **Krokus**, die Krokusse
die **Krone**, die Kronen, die Krönung
die **Kröte**, die Kröten, die Krötenwanderung
die **Krücke**, die Krücken
der **Krug**, die Krüge
die **Krume**, die Krumen, der Krümel, krümeln, du krümelst, sie krümelt, krümelig, krümeliger, am krümeligsten
krumm, krummer, am krummsten, sich krümmen, du krümmst dich, er krümmt sich, die Krümmung
die **Kruste**, die Krusten
das **Kruzifix**, die Kruzifixe
der **Kübel**, die Kübel
die **Küche**, die Küchen, der Küchenschrank
der **Kuchen**, die Kuchen
der **Kuckuck**, die Kuckucke
die **Kufe**, die Kufen
die **Kugel**, die Kugeln, sich kugeln, du kugelst dich, sie kugelt sich, das Kugellager, der Kugelschreiber, kugelrund

die **Kuh**, die Kühe, der Kuhfladen
kühl, kühler, am kühlsten, die Kühle, kühlen, du kühlst, er kühlt, die Kühlung, der Kühlschrank, die Kühltruhe
kühn, kühner, am kühnsten, die Kühnheit
das **Kü|ken**, die Küken
der **Ku|li** (Kugelschreiber), die Kulis
die **Ku|lis|se**, die Kulissen
die **Kul|tur**, die Kulturen, kulturell
der **Küm|mel** (Gewürzpflanze)
der **Kum|mer**, kümmerlich, kümmerlicher, am kümmerlichsten, kummervoll, bekümmert, bekümmerter, am bekümmertsten
sich **küm|mern**, du kümmerst dich, sie kümmert sich
der **Kum|pel**, die Kumpel
der **Kun|de** (Käufer), die Kunden, die Kundin, die Kundschaft
die **Kun|de** (Nachricht), die Kundgebung, die Erdkunde, die Sachkunde
kün|di|gen, du kündigst, er kündigt, die Kündigung
künf|tig (in Zukunft)
die **Kunst**, die Künste, der Künstler, die Künstlerin, künstlich, künstlicher, am künstlichsten, der Kunststoff, das Kunststück, das Kunstwerk, kunstvoll
kun|ter|bunt
das **Kup|fer**, die Kupferkanne, der Kupferstich
die **Kup|pe** (abgeflachte Berghöhe), die Kuppen
die **Kup|pel** (Dach in Form einer Halbkugel), die Kuppeln
die **Kupp|lung**, die Kupplungen, kuppeln, du kuppelst, er kuppelt
die **Kür**, die Küren, küren (wählen), du kürst, sie kürt
die **Kur**, die Kuren, kurieren, du kurierst, er kuriert, der Kurgast, der Kurort
die **Kur|bel**, die Kurbeln, kurbeln, du kurbelst, er kurbelt
der **Kür|bis**, die Kürbisse, der Kürbiskern, die Kürbissuppe
der **Ku|rier**, die Kuriere
ku|ri|os (seltsam), kurioser, am kuriosesten
der **Kurs**, die Kurse, das Kursbuch
die **Kur|ve**, die Kurven, kurven, du kurvst, er kurvt, kurvig, kurviger, am kurvigsten, kurvenreich, kurvenreicher, am kurvenreichsten
kurz, kürzer, am kürzesten, die Kürze, die Kürzung, kürzen, du kürzt, er kürzt, kürzlich, der Kurzschluss, kurzfristig, kurzfristiger, am kurzfristigsten, kurzsichtig, kurzsichtiger, am kurzsichtigsten, kurzweilig, kurzweiliger, am kurzweiligsten
ku|scheln, du kuschelst, sie kuschelt, kuschelig, kuscheliger, am kuscheligsten, das Kuscheltier
der **Kuss**, die Küsse, küssen, du küsst, er küsst
die **Küs|te**, die Küsten
der **Küs|ter** (Kirchendiener), die Küsterin
die **Kut|sche**, die Kutschen, der Kutscher, die Kutscherin, kutschieren, du kutschierst, sie kutschiert
die **Kut|te**, die Kutten
der **Kut|ter**, die Kutter
das **Ku|vert**, die Kuverts

l (Liter)
das **La|bor** (Laboratorium), die Labors, auch: Labore
das **La|by|rinth**, die Labyrinthe
lä|cheln, du lächelst, sie lächelt, das Lächeln
la|chen (→ S. 292), du lachst, er lacht, das Lachen, das Gelächter
lä|cher|lich, lächerlicher, am lächerlichsten
der **Lachs**, die Lachse
der **Lack**, die Lacke, lackieren, du lackierst, er lackiert, die Lackierung, der Lackierer, die Lackiererin
der **La|den**, die Läden, der Ladenhüter
la|den, du lädst, er lädt, er lud, er hat geladen, die Ladung
die **La|ge**, die Lagen
das **La|ger**, die Lager, lagern, du lagerst, sie lagert, die Lagerung
die **La|gu|ne**, die Lagunen
lahm, lahmer, am lahmsten, lahmen, du lahmst, er lahmt
läh|men, du lähmst, sie lähmt, die Lähmung, gelähmt
der **Laib**, die Laibe
der **Laich**, die Laiche, laichen, er laicht
der **Laie**, die Laien, laienhaft, das Laienspiel
das **La|ken**, die Laken
die **La|krit|ze**, die Lakritzstange
lal|len, du lallst, sie lallt
das **La|ma**, die Lamas
das **La|met|ta**
das **Lamm**, die Lämmer, das Lammfell, lammfromm
die **Lam|pe**, die Lampen
der **Lam|pi|on**, die Lampions
das **Land**, die Länder, ländlich, ländlicher, am ländlichsten, die Landschaft, das Länderspiel, die Landkarte, der Landtag
lan|den, du landest, er landet, die Landung, die Landebahn
die **Land|stra|ße**, die Landstraßen
der **Land|strei|cher**, die Landstreicher, die Landstreicherin
der **Land|wirt**, die Landwirte, die Landwirtin, die Landwirtschaft, landwirtschaftlich
lang, länger, am längsten, die Länge, länglich, länglicher, am länglichsten, der Längengrad, das Längenmaß
längs
lang|sam (→ S. 296), langsamer, am langsamsten, die Langsamkeit
längst (schon lange)
lang|wei|lig, langweiliger, am langweiligsten, die Langeweile, sich langweilen, du langweilst dich, er langweilt sich
der **Lap|pen**, die Lappen
das/der **Lap|top**, die Laptops
die **Lär|che** (Nadelbaum), die Lärchen
der **Lärm**, lärmen, du lärmst, er lärmt, der Lärmschutz
die **Lar|ve**, die Larven (1. Maske, 2. Jugendform bestimmter Tiere)
der **La|ser** (sprich: Ley-ser),

der Laserstrahl
las|sen, du lässt, er lässt, er ließ, er hat gelassen
läs|sig, lässiger, am lässigsten, die Lässigkeit
das **Las|so**, die Lassos
die **Last**, die Lasten, das Lastauto, der Lastkraftwagen (Lkw, auch: LKW)
das **Las|ter** (Sünde), die Laster, lasterhaft
läs|tern, du lästerst, sie lästert
läs|tig, lästiger, am lästigsten, belästigen, du belästigst, er belästigt
das **La|tein**, lateinisch
die **La|ter|ne**, die Laternen, der Laternenpfahl
die **Lat|te**, die Latten, der Lattenzaun
lau (mild), lauer, am lausten, lauwarm
das **Laub**, der Laubbaum, der Laubfrosch, der Laubwald
die **Lau|be**, die Lauben
der **Lauch**, die Lauchsuppe
lau|ern, du lauerst, er lauert
lau|fen, du läufst, er läuft, er lief, er ist gelaufen, der Lauf, der Läufer, die Läuferin, das Laufband, das Laufrad
das **Lauf|werk**, die Laufwerke
die **Lau|ge**, die Laugen
die **Lau|ne**, die Launen, launisch, launischer, am launischsten
die **Laus**, die Läuse
lau|schen, du lauschst, sie lauscht, der Lauscher, die Lauscherin
der **Laut**, die Laute, lautlos, der Lautsprecher, die Lautstärke
laut, lauter, am lautesten
die **Lau|te** (Zupfinstrument), die Lauten
läu|ten, du läutest, es läutet, das Geläute
die **La|va**, das Lavagestein
die **La|wi|ne**, die Lawinen, die Lawinengefahr, der Lawinenschutz
das **Le|ben**, die Leben, leben, du lebst, sie lebt, lebendig, lebendiger, am lebendigsten, lebhaft, lebhafter, am lebhaftesten, leblos, lebensfroh, lebensfroher, am lebensfrohsten, lebensgefährlich, das Lebensmittel, das Lebewesen
die **Le|ber**, der Leberfleck, die Leberwurst
der **Leb|ku|chen**, die Lebkuchen
lech|zen, du lechzt, er lechzt
das **Leck** (undichte Stelle), die Lecks
le|cken, du leckst, sie leckt
le|cker, leckerer, am leckersten, der Leckerbissen
das **Le|der**, die Lederhose, die Ledertasche
le|dig (unverheiratet)
le|dig|lich
leer, die Leere, leeren, du leerst, er leert, der Leerlauf
die **Le|gas|the|nie** (Lese-Rechtschreib-Schwäche), der Legastheniker, die Legasthenikerin, legasthen
le|gen, du legst, sie legt
die **Le|gen|de**, die Legenden
die **Leg|gings**/Leggins
der **Lehm**, lehmig, lehmiger, am lehmigsten, der Lehmboden
die **Leh|ne**, die Lehnen, der Lehnstuhl

leh|ren (→ S. 286), du lehrst, sie lehrt, die Lehre, der Lehrling, lehrreich, lehrreicher, am lehrreichsten, die Lehrstelle

der **Leh|rer**, die Lehrer, die Lehrerin

der **Leib** (Körper), die Leiber, der Leibwächter

die **Lei|che**, die Leichen, der Leichnam, leichenblass

leicht, leichter, am leichtesten, die Leichtigkeit, leichtfertig, leichtfertiger, am leichtfertigsten

der **Leicht|sinn**, leichtsinnig, leichtsinniger, am leichtsinnigsten

lei|den, du leidest, er leidet, er litt, er hat gelitten, das Leiden

die **Lei|den|schaft**, die Leidenschaften, leidenschaftlich, leidenschaftlicher, am leidenschaftlichsten

lei|der

leid|tun, es tut mir leid, es tat mir leid, es hat mir leidgetan

lei|hen, du leihst, er leiht, er lieh, er hat geliehen, die Leihbücherei

der **Leim**, die Leime, leimen, du leimst, sie leimt

die **Lei|ne**, die Leinen

das **Lei|nen**, die Leinen, das Leinentuch, die Leinwand

lei|se, leiser, am leisesten

die **Leis|te**, die Leisten

leis|ten, du leistest, er leistet, die Leistung, die Leistungsfähigkeit, leistungsfähig, leistungsfähiger, am leistungsfähigsten

lei|ten, du leitest, sie leitet, die Leitung, der Leiter, die Leiterin

die **Lei|ter**, die Leitern

die **Lek|ti|on**, die Lektionen

die **Lek|tü|re**, die Lektüren

len|ken, du lenkst, er lenkt, der Lenker, das Lenkrad, die Lenkung

der **Le|o|pard**, die Leoparden

die **Ler|che** (Vogel), die Lerchen

ler|nen, du lernst, sie lernt

le|sen (→ S. 286), du liest, sie liest, sie las, sie hat gelesen, die Lesung, der Leser, die Leserin, lesbar, leserlich, leserlicher, am leserlichsten, das Lesebuch, die Lese-Rechtschreib-Schwäche (LRS), das Lesezeichen

Lett|land (Land in Europa), der Lette, die Lettin, lettisch

letz|te, letzter, letztes

leuch|ten, du leuchtest, er leuchtet, der Leuchter, der Leuchtturm

leug|nen, du leugnest, sie leugnet

die **Leu|kä|mie** (Blutkrebs)

die **Leu|te**

das **Le|xi|kon**, die Lexika/Lexiken

die **Li|bel|le**, die Libellen

das **Licht**, die Lichter, lichterloh, die Lichtgeschwindigkeit

die **Lich|tung**, die Lichtungen

das **Lid** (Augendeckel), die Lider, der Lidschatten

lieb, lieber, am liebsten, lieblich, lieblicher, am lieblichsten, lieblos, liebloser, am lieblosesten

die **Lie|be**, der Liebling, der Liebesbrief

lie|ben, du liebst, er liebt, liebenswürdig, liebenswürdiger,

am liebenswürdigsten, liebevoll, liebevoller, am liebevollsten
Liech|ten|stein, der Liechtensteiner, die Liechtensteinerin, liechtensteinisch
das **Lied**, die Lieder, das Liederbuch
lie|fern, du lieferst, er liefert, die Lieferung, der Lieferwagen
lie|gen (→ S. 286), du liegst, er liegt, er lag, er hat gelegen, die Liege, der Liegestuhl, die Liegestütze, die Liegewiese
der **Lift**, die Lifte/Lifts
die **Li|ga**, die Ligen
li|la, das Lila
die **Li|lie**, die Lilien
die **Li|mo|na|de**, die Limonaden
die **Lin|de**, die Linden, die Lindenblüte
lin|dern, du linderst, sie lindert, die Linderung
das **Li|ne|al**, die Lineale
die **Li|nie**, die Linien, linieren, du linierst, er liniert
links, linke, der Linkshänder
das **Li|no|le|um**
die **Lin|se**, die Linsen, die Linsensuppe
die **Lip|pe**, die Lippen, der Lippenstift
lis|peln, du lispelst, sie lispelt
Lis|sa|bon (Hauptstadt Portugals)
die **List**, die Listen, listig, listiger, am listigsten
die **Lis|te**, die Listen
Li|tau|en (Land in Europa), der Litauer, die Litauerin, litauisch
der/das **Li|ter** (l), die Liter, literweise
die **Lit|faß|säu|le**, die Litfaßsäulen
live (unmittelbar), die Livesendung, auch: Live-Sendung
Ljubl|ja|na (Hauptstadt Sloweniens)
der **Lkw**, auch: LKW (Lastkraftwagen), die Lkws
lo|ben, du lobst, er lobt, das Lob
das **Loch**, die Löcher, lochen, du lochst, sie locht, löchrig/löcherig, löchriger, am löchrigsten
die **Lo|cke**, die Locken, lockig, lockiger, am lockigsten
lo|cken, du lockst, er lockt, der Lockvogel
lo|cker, lockern, du lockerst, sie lockert, die Lockerung
lo|dern, es lodert
der **Löf|fel**, die Löffel, löffeln, du löffelst, er löffelt, löffelweise
die **Lo|gik**, die Logiken, logisch, logischer, am logischsten
der **Lohn**, die Löhne, sich lohnen, es lohnt sich, belohnen, du belohnst, sie belohnt
die **Loi|pe** (Langlaufbahn), die Loipen
die **Lok** (Lokomotive), die Loks, der Lokführer, die Lokführerin
das **Lo|kal**, die Lokale, lokal
Lon|don (Hauptstadt Großbritanniens)
das/der **Loo|ping**, die Loopings
der **Lor|beer**, die Lorbeeren
das **Los**, die Lose
los
lö|schen, du löschst, er löscht, das Löschblatt, das Löschpapier
lo|se, loser, am losesten
lö|sen, du löst, sie löst, die Lösung, das Lösegeld
das **Lot**, die Lote
lö|ten, du lötest, er lötet, der Lötkolben
der **Lot|se**, die Lotsen, die Lotsin, lotsen, du lotst, sie lotst
die **Lot|te|rie**, die Lotterien

das **Lot|to**, der Lottogewinn, die Lottozahlen
der **Lö|we**, die Löwen, die Löwin, der Löwenkäfig
der **Lö|wen|zahn**
der **Luchs**, die Luchse
die **Lü|cke**, die Lücken, lückenhaft, lückenhafter, am lückenhaftesten, lückenlos
die **Luft**, die Lüfte, luftig, luftiger, am luftigsten, der Luftballon, der Luftdruck, die Luftmatratze, die Luftpumpe, luftdicht
lüf|ten, du lüftest, er lüftet, die Lüftung
lü|gen (→ S. 292), du lügst, er lügt, er log, er hat gelogen, die Lüge, der Lügner, die Lügnerin
die **Lu|ke**, die Luken
der **Lüm|mel**, die Lümmel, sich lümmeln, du lümmelst dich, er lümmelt sich
der **Lum|pen** (Lappen), die Lumpen, lumpig, lumpiger, am lumpigsten
die **Lun|ge**, die Lungen, die Lungenentzündung
die **Lu|pe**, die Lupen, lupenrein
der **Lurch**, die Lurche
die **Lust**, die Lüste
lüs|tern, lüsterner, am lüsternsten, die Lüsternheit
lus|tig, lustiger, am lustigsten, lustlos, die Lustigkeit
lut|schen, du lutschst, er lutscht, der Lutscher
Lu|xem|burg, der Luxemburger, die Luxemburgerin, luxemburgisch
der **Lu|xus**, luxuriös, luxuriöser, am luxuriösesten

m (Meter)
ma|chen, du machst, er macht
der **Ma|cho** (sprich: Mat-scho; übertrieben männlicher Mann), die Machos
die **Macht**, die Mächte, mächtig, mächtiger, am mächtigsten, machtlos, machtloser, am machtlosesten
das **Mäd|chen**, die Mädchen
die **Ma|de**, die Maden, madig
die **Ma|don|na**, die Madonnen
Ma|drid (Hauptstadt Spaniens)
das **Ma|ga|zin**, die Magazine
die **Magd**, die Mägde
der **Ma|gen**, die Mägen/Magen, die Magenschmerzen
ma|ger, magerer, am magersten, der Magerquark, magersüchtig
die **Ma|gie** (Zauberkunst), der Magier, die Magierin, magisch, magischer, am magischsten
der **Mag|net**, die Magnete, magnetisch, magnetischer, am magnetischsten
mä|hen, du mähst, sie mäht, der Mähdrescher
das **Mahl**, die Mähler/Mahle, die Mahlzeit
mah|len, du mahlst, sie mahlt
die **Mäh|ne**, die Mähnen
mah|nen, du mahnst, er mahnt, die Mahnung
der **Mai**
das **Mai|glöck|chen**, die Maiglöckchen
der **Mai|kä|fer**, die Maikäfer

die **Mailbox**, die Mailboxen
mailen, du mailst, sie mailt
der **Main** (Fluss)
der **Mais**, der Maiskolben
die **Majestät**, die Majestäten
der **Makel**, die Makel, makellos, makelloser, am makellosesten
das **Make-up** (Gesichtskosmetik), die Make-ups
die **Makkaroni**
der **Makler**, die Makler, die Maklerin
die **Makrele**, die Makrelen
das **Mal**, die Male, einmal, diesmal, keinmal, paarmal
mal
malen, du malst, sie malt, die Malerei, das Gemälde, der Maler, die Malerin, malerisch, malerischer, am malerischsten
Malta (Land in Europa, Insel im Mittelmeer), der Maltese, die Maltesin, maltesisch
das **Malz**, das Malzbier
die **Mama**, die Mamas, die Mami
das **Mammut**, die Mammute/Mammuts, der Mammutbaum
man
der **Manager**, die Manager, die Managerin
manch, manche, mancher, manches
manchmal
die **Mandarine**, die Mandarinen
die **Mandel**, die Mandeln
die **Manege** (sprich: Ma-neh-sche), die Manegen
der **Mangel** (Fehler), die Mängel, mangelhaft, mangelhafter, am mangelhaftesten
die **Mangel** (Wäscheglättmaschine), die Mangeln, mangeln, du mangelst, er mangelt
die **Manieren**, manierlich, manierlicher, am manierlichsten
der **Mann**, die Männer, männlich, männlicher, am männlichsten, mannshoch
mannigfach, mannigfaltig
die **Mannschaft**, die Mannschaften
der **Mantel**, die Mäntel, der Mantelknopf
die **Mappe**, die Mappen, das Mäppchen
der **Marathon**, die Marathons
das **Märchen**, die Märchen, märchenhaft, märchenhafter, am märchenhaftesten, das Märchenbuch
der **Marder**, die Marder
die **Margarine**
die **Margerite**, die Margeriten
der **Marienkäfer**, die Marienkäfer
die **Marine**, die Marinen, marineblau, die Marineuniform
die **Marionette**, die Marionetten, das Marionettentheater
das **Mark** (in Knochen und Pflanzenstielen)
die **Mark** (Deutsche Mark)
die **Mark** (Grenzland), die Marken, der Markgraf, die Markgräfin
die **Marke**, die Marken, die Briefmarke
markieren, du markierst, sie markiert, die Markierung
die **Markise**, die Markisen
der **Markt**, die Märkte, der Marktplatz
die **Marmelade**, die Marmeladen, die Erdbeermarmelade
der **Marmor**, die Marmorplatte
der **Marmorkuchen**, die Marmorkuchen
die **Marone**, die Maronen
der **Mars**
der **Marsch**, die Märsche,

A B C D E F G H I J K L **M** N O P Q R S T U V W X Y Z

marschieren, du marschierst, er marschiert, die Marschmusik

der **Marterpfahl**, die Marterpfähle, martern, du marterst, sie martert

das **Martinshorn**

der **März**, der Märzbecher/Märzenbecher (Frühlingsblume)

das **Marzipan**, die Marzipankugel

die **Masche**, die Maschen, der Maschendraht

die **Maschine**, die Maschinen, der Maschinist, die Maschinistin, maschinell

die **Masern**

die **Maske**, die Masken, sich maskieren, du maskierst dich, er maskiert sich, der Maskenball, die Maskerade

das **Maskottchen**

das **Maß**, die Maße, maßlos, maßloser, am maßlosesten, maßvoll, maßvoller, am maßvollsten

das **Maßband**, die Maßbänder

die **Masse**, die Massen, massenhaft, massig, massiger, am massigsten

massieren, du massierst, sie massiert, die Massage

mäßig, mäßiger, am mäßigsten, die Mäßigkeit, die Mäßigung

massiv (fest), massiver, am massivsten

die **Maßnahme**, die Maßnahmen

maßregeln, du maßregelst, er maßregelt

der **Maßstab**, die Maßstäbe

der **Mast** (Holzstamm oder Stahlrohr), die Masten

die **Mast** (Mästung der Tiere), mästen, du mästest, er mästet, das Mastvieh

das **Match** (Wettkampf), die Matchs/Matches/Matche, der Matchball (spielentscheidender Ball)

das **Material**, die Materialien

die **Mathematik**, mathematisch

die **Matratze**, die Matratzen

der **Matrose**, die Matrosen

der **Matsch**, matschig, matschiger, am matschigsten

matt, matter, am mattesten, die Mattigkeit

die **Matte**, die Matten

die **Mauer**, die Mauern, der Maurer, die Maurerin, mauern, du mauerst, sie mauert

das **Maul**, die Mäuler, maulen, du maulst, er mault, der Maulkorb

das **Maultier**, die Maultiere

der **Maulwurf**, die Maulwürfe, der Maulwurfshügel

die **Maus**, die Mäuse, die Mausefalle, mausetot, mucksmäuschenstill

maximal

die **Mayonnaise**, die Mayonnaisen

der **Mechaniker**, die Mechaniker, die Mechanikerin, mechanisch

meckern, du meckerst, sie meckert

Mecklenburg-Vorpommern, der Mecklenburg-Vorpommer, die Mecklenburg-Vorpommerin, mecklenburg-vorpommerisch

die **Medaille** (sprich: Me-dal-je), die Medaillen

das **Medikament**, die Medikamente

das **Medium**, die Medien (→ S. 309)

die **Medizin**, der Mediziner, die Medizinerin, medizinisch

das **Meer**, die Meere, die Meerenge,

der Meeresspiegel
der **Meer|ret|tich**
das **Meer|schwein|chen**, die Meerschweinchen
me|ga (groß)
das **Mehl**, mehlig, mehliger, am mehligsten, die Mehlspeise
mehr, mehrere, mehrmals, die Mehrheit, die Mehrzahl
mei|den, du meidest, er meidet, er mied, er hat gemieden
die **Mei|le**, die Meilen, meilenweit
mein, meine, meiner, meinem, meinen, meinetwegen
der **Mein|eid** (bewusste Falschaussage vor Gericht), die Meineide
mei|nen, du meinst, sie meint, die Meinung
die **Mei|se**, die Meisen
der **Mei|ßel**, die Meißel, meißeln, du meißelst, er meißelt
meist, meistens, am meisten
der **Meis|ter**, die Meister, die Meisterin, meisterlich, meisterlicher, am meisterlichsten, die Meisterschaft
sich **mel|den**, du meldest dich, sie meldet sich, die Meldung
mel|ken, du melkst, er melkt, er molk, er hat gemolken
die **Me|lo|die**, die Melodien
die **Me|lo|ne**, die Melonen
das **Me|mo|ry**®, die Memorys
die **Men|ge**, die Mengen
der **Mensch**, die Menschen, menschlich, menschlicher, am menschlichsten, die Menschenrechte, menschenleer
die **Mens|tru|a|ti|on**, die Menstruationen
das **Me|nu|ett** (Tanz), die Menuette/Menuetts

mer|ken, du merkst, sie merkt, das Merkmal, merkwürdig, merkwürdiger, am merkwürdigsten, der Merksatz
der **Mer|kur**
die **Mes|se** (1. kath. Gottesdienst, 2. Chorwerk, 3. Speise- und Aufenthaltsraum für die Schiffsbesatzung), die Messen
die **Mes|se** (Ausstellung), die Messen, das Messegelände
mes|sen, du misst, er misst, er maß, er hat gemessen, das Messgerät
das **Mes|ser**, die Messer
das **Mes|sing**, der Messingring
das **Me|tall**, die Metalle, metallic, metallisch
der **Me|te|or**, die Meteore
der **Me|te|o|rit**, die Meteoriten/Meteorite
die **Me|te|o|ro|lo|gie**, der Meteorologe, die Meteorologin
der/das **Me|ter** (m), die Meter, meterlang, das Metermaß
die **Me|tho|de**, die Methoden, methodisch, methodischer, am methodischsten
die **Mett|wurst**, die Mettwürste
der **Metz|ger**, die Metzger, die Metzgerin, die Metzgerei
die **Meu|te**, die Meuten, meutern, du meuterst, er meutert
Me|xi|ko, der Mexikaner, die Mexikanerin, mexikanisch
Me|xi|ko-Stadt (Hauptstadt Mexikos)
mi|au|en, sie miaut
mich
die **Mi|cky|maus**

der **Mief**
die **Miene** (Gesichtsausdruck), die Mienen, das Mienenspiel
mies, mieser, am miesesten
die **Miete**, die Mieten, der Mieter, die Mieterin, mieten, du mietest, er mietet
der **Migrant**, die Migranten, die Migrantin, die Migration (dauerhafter Wohnsitzwechsel), migrieren, du migrierst, er migriert
das **Mikado** (Geschicklichkeitsspiel), der Mikado (Hauptstäbchen)
das **Mikrofon**, auch: Mikrophon, die Mikrofone
das **Mikroskop**, die Mikroskope, mikroskopieren, du mikroskopierst, sie mikroskopiert, mikroskopisch
die **Mikrowelle**, die Mikrowellen
die **Milbe**, die Milben
die **Milch**, milchig, milchiger, am milchigsten, der Milchshake, die Milchstraße, der Milchzahn
mild, milder, am mildesten, die Milde, mildern, du milderst, er mildert, mildtätig, mildtätiger, am mildtätigsten
das **Militär**, militärisch
die **Milliarde** (Md., Mrd., Mia.), die Milliarden
das **Milligramm** (mg)
der/das **Millimeter** (mm), die Millimeter
die **Million** (Mill., Mio.), die Millionen, der Millionär, die Millionärin
die **Milz**, die Milzen
die **Mimik**
min (Minute)
minder, die Minderheit, minderjährig, minderwertig, minderwertiger, am minderwertigsten
mindestens
das/die **Mindmap**, auch: Mind-Map, die Mindmaps
die **Mine**, die Minen (1. Bleistiftmine, 2. Bergwerk, 3. Sprengkörper)
das **Mineral**, die Minerale/Mineralien, das Mineralwasser
das **Minigolf**
minimal
der **Minister**, die Minister, die Ministerin
der **Ministrant**, die Ministranten, die Ministrantin
minus, das Minuszeichen
die **Minute** (min), die Minuten, minutenlang
mir
die **Mirabelle**, die Mirabellen
mischen, du mischst, er mischt, die Mischung, das Gemisch
miserabel, miserabler, am miserabelsten
die **Missachtung**, die Missachtungen, missachten, du missachtest, sie missachtet
der **Missbrauch**, missbrauchen, du missbrauchst, er missbraucht
der **Misserfolg**, die Misserfolge
das **Missgeschick**, die Missgeschicke
die **Missgunst**, missgünstig, missgünstiger, am missgünstigsten
misshandeln, du misshandelst, sie misshandelt, die Misshandlung
der **Missionar**, die Missionare,

die Missionarin
miss|lin|gen, es misslingt, es misslang, es ist misslungen
miss|mu|tig, missmutiger, am missmutigsten, der Missmut
miss|trau|en, du misstraust, er misstraut, das Misstrauen
das **Miss|ver|ständ|nis**, die Missverständnisse, missverstehen, du missverstehst, sie missversteht, sie missverstand, sie hat missverstanden
der **Mist**, die Mistgabel
mit
die **Mit|ar|beit**, der Mitarbeiter, die Mitarbeiterin, mitarbeiten, du arbeitest mit, er arbeitet mit
mit|brin|gen, du bringst mit, sie bringt mit, sie brachte mit, sie hat mitgebracht
der **Mit|bür|ger**, die Mitbürger, die Mitbürgerin
mit|ei|nan|der
mit|fah|ren, du fährst mit, er fährt mit, er fuhr mit, er ist mitgefahren, der Mitfahrer, die Mitfahrerin, die Mitfahrgelegenheit
das **Mit|ge|fühl**, mitfühlen, du fühlst mit, sie fühlt mit
das **Mit|glied**, die Mitglieder
mit|hel|fen, du hilfst mit, er hilft mit, er half mit, er hat mitgeholfen, die Mithilfe, mithilfe
der **Mit|laut** (Konsonant), die Mitlaute
das **Mit|leid**, mitleidig, mitleidiger, am mitleidigsten
der **Mit|mensch**, die Mitmenschen, die Mitmenschlichkeit, mitmenschlich
mit|neh|men, du nimmst mit, sie nimmt mit, sie nahm mit, sie hat mitgenommen
der **Mit|schü|ler**, die Mitschüler, die Mitschülerin
mit|spie|len, du spielst mit, er spielt mit
der **Mit|tag**, die Mittage, mittags, das Mittagessen
die **Mit|te**, die Mitten
mit|tei|len, du teilst mit, sie teilt mit, die Mitteilung, mitteilsam, mitteilsamer, am mitteilsamsten
das **Mit|tel**, die Mittel, mittellos
das **Mit|tel|al|ter**, mittelalterlich
das **Mit|tel|maß**, mittelmäßig, mittelmäßiger, am mittelmäßigsten
das **Mit|tel|meer**
der **Mit|tel|punkt**
die **Mit|tel|schu|le**, die Mittelschulen, der Mittelschüler, die Mittelschülerin
mit|ten, mittendrin
die **Mit|ter|nacht**
mitt|ler|wei|le
der **Mitt|woch**, die Mittwoche, mittwochs
der **Mit|wis|ser**, die Mitwisser, die Mitwisserin
mi|xen, du mixt, er mixt, der Mixer
das **Mob|bing**, mobben, du mobbst, sie mobbt
das **Mö|bel**, die Möbel, das Möbelgeschäft
die **Mo|de**, die Moden, modisch, modischer, am modischsten, die Modenschau
das **Mo|dell**, die Modelle, modellieren, du modellierst, sie modelliert

der **Mo|der** (Faulendes), modern, es modert
der **Mo|de|ra|tor**, die Moderatoren, die Moderatorin, moderieren, du moderierst, er moderiert
mo|dern, moderner, am modernsten,
mo|der|ni|sie|ren, du modernisierst, er modernisiert, die Modernisierung
das **Mo|fa**, die Mofas
mo|geln, du mogelst, sie mogelt, die Mogelei
mö|gen, du magst, er mag, er mochte, er hat gemocht
mög|lich, die Möglichkeit, möglicherweise, möglichst
Mo|ham|med (Stifter des Islams)
der **Mohn**, die Mohnblume
die **Möh|re**, die Möhren, die Mohrrübe
der **Molch**, die Molche
die **Mo|le** (Hafendamm), die Molen
die **Mol|ke|rei**, die Molkereien
mol|lig, molliger, am molligsten
der **Mo|ment**, die Momente, momentan
die **Mo|nar|chie** (Herrschaft eines Königs/einer Königin), die Monarchien, der Monarch, die Monarchin
die **Mo|nat**, die Monate, monatlich, die Monatskarte, monatelang
der **Mönch**, die Mönche
der **Mond**, die Monde, die Mondfinsternis, mondhell
der **Mo|ni|tor** (Bildschirm), die Monitore
das **Mons|ter**, die Monster
der **Mon|tag**, die Montage, montags
der **Mon|teur** (sprich: Mon-tör), die Monteure, die Monteurin, die Montage, montieren, du montierst, er montiert
das **Moor**, die Moore, moorig, mooriger, am moorigsten, das Moorbad, die Moorpackung
das **Moos**, die Moose, moosig, moosiger, am moosigsten
das **Mo|ped**, die Mopeds, der Mopedfahrer, die Mopedfahrerin
der **Mopp** (Staubbesen), die Mopps
der **Mops**, die Möpse
die **Mo|ral**, moralisch
der **Mo|rast**, morastig, morastiger, am morastigsten
der **Mord**, die Morde, der Mörder, die Mörderin, morden, du mordest, er mordet, mörderisch
der **Mor|gen**, die Morgen, morgen, morgens, das Morgengrauen
morsch (brüchig), morscher, am morschesten, die Morschheit
der **Mör|tel**
das **Mo|sa|ik**, die Mosaiken/Mosaike
die **Mo|schee**, die Moscheen
der **Most**, die Moste
das **Mo|tel**, die Motels
das **Mo|tiv** (Beweggrund, Antrieb), die Motive
der **Mo|tor**, die Motoren, das Motorboot, das Motorrad
die **Mot|te**, die Motten, die Mottenkugeln
das **Moun|tain|bike** (sprich: Maun-ten-beik), die Mountainbikes
die **Mö|we**, die Möwen
die **Mü|cke**, die Mücken, der Mückenstich
mü|de, müder, am müdesten, die Müdigkeit

muf|fig, muffiger, am muffigsten
die **Mü|he**, die Mühen, sich mühen, du mühst dich, sie müht sich, mühelos, müheloser, am mühelosesten, mühevoll, mühevoller, am mühevollsten, mühsam, mühsamer, am mühsamsten
die **Müh|le**, die Mühlen
die **Mul|de** (flache Vertiefung), die Mulden
der **Müll**, die Müllabfuhr, der Müllcontainer, die Mülldeponie, der Mülleimer, der Müllsack, die Mülltonne, die Mülltrennung
die **Mull|bin|de**, die Mullbinden
der **Mül|ler**, die Müller, die Müllerin
mul|mig, mulmiger, am mulmigsten
mul|ti|kul|tu|rell
mul|ti|pli|zie|ren (vervielfachen), du multiplizierst, er multipliziert, die Multiplikation
die **Mu|mie**, die Mumien
der **Mumps** (Krankheit)
der **Mund**, die Münder, mündlich, die Mundharmonika
die **Mün|dung**, die Mündungen, münden, es mündet
mun|keln, du munkelst, sie munkelt
mun|ter, munterer, am muntersten, die Munterkeit
die **Mün|ze**, die Münzen
mür|be, mürber, am mürbsten, der Mürbeteig
die **Mur|mel**, die Murmeln
mur|meln, du murmelst, sie murmelt
das **Mur|mel|tier**, die Murmeltiere
mur|ren, du murrst, er murrt, mürrisch, mürrischer, am mürrischsten
das **Mus**, die Muse
die **Mu|schel**, die Muscheln
das **Mu|se|um**, die Museen
das **Mu|si|cal**, die Musicals
die **Mu|sik**, der Musiker, die Musikerin, musizieren, du musizierst, sie musiziert, musikalisch, musikalischer, am musikalischsten, das Musikinstrument, die Musikschule
die **Mus|kat|nuss**, die Muskatnüsse
der **Mus|kel**, die Muskeln, muskulös, muskulöser, am muskulösesten
das **Müs|li**, die Müsli
der **Mus|lim**, die Muslime/Muslims, die Muslimin, muslimisch
die **Mu|ße**, müßig, müßiger, am müßigsten, der Müßiggang
müs|sen, du musst, er muss, er musste, er hat gemusst
das **Mus|ter**, die Muster, mustergültig, musterhaft
mus|tern, du musterst, sie mustert, die Musterung
der **Mut**, mutig, mutiger, am mutigsten, mutlos, mutloser, am mutlosesten, die Mutprobe
die **Mut|ter** (Elternteil), die Mütter, mütterlich, mütterlicher, am mütterlichsten, die Muttersprache, der Muttertag, mutterseelenallein
die **Mut|ter** (Schraubenteil), die Muttern
mut|wil|lig, mutwilliger, am mutwilligsten
die **Müt|ze**, die Mützen, die Pudelmütze
die **Myr|rhe** (aromatisches Harz), die Myrrhen

na!

die **Na|be** (Mittelteil des Rades), die Naben

der **Na|bel**, die Nabel, die Nabelschnur

nach

nach|ah|men, du ahmst nach, sie ahmt nach

der **Nach|bar**, die Nachbarn, die Nachbarin, die Nachbarschaft, nachbarschaftlich

nach|dem

nach|den|ken, du denkst nach, er denkt nach, er dachte nach, er hat nachgedacht, nachdenklich

nach|ei|nan|der

die **Nach|er|zäh|lung**, die Nacherzählungen, nacherzählen, du erzählst nach, er erzählt nach

der **Nach|fol|ger**, die Nachfolger, die Nachfolgerin, nachfolgen, du folgst nach, sie folgt nach

nach|ge|ben, du gibst nach, er gibt nach, er gab nach, er hat nachgegeben, die Nachgiebigkeit, nachgiebig, nachgiebiger, am nachgiebigsten

der **Nach|hau|se|weg**

nach|her

die **Nach|hil|fe**

der **Nach|kom|me**, die Nachkommen, die Nachkommin

der **Nach|lass** (Erbschaft), die Nachlässe/Nachlasse

nach|läs|sig, nachlässiger, am nachlässigsten, die Nachlässigkeit

der **Nach|mit|tag**, die Nachmittage, nachmittags

der **Nach|na|me**, die Nachnamen

die **Nach|richt**, die Nachrichten, benachrichtigen, du benachrichtigst, sie benachrichtigt

nach|schla|gen, du schlägst nach, er schlägt nach, er schlug nach, er hat nachgeschlagen, das Nachschlagewerk

die **Nach|sicht**, die Nachsichtigkeit, nachsichtig, nachsichtiger, am nachsichtigsten

die **Nach|sil|be**, die Nachsilben

die **Nach|spei|se**, die Nachspeisen

der **Nächs|te** (Mitmensch), die Nächsten, die Nächstenliebe

nächs|te, nächstens, als Nächstes

die **Nacht**, die Nächte, nächtigen, du nächtigst, sie nächtigt, nachts, nächtlich, nächtelang

der **Nach|teil**, die Nachteile, nachteilig, nachteiliger, am nachteiligsten

die **Nach|ti|gall**, die Nachtigallen

der **Nach|tisch**, die Nachtische

der **Nach|trag**, die Nachträge, nachträglich

der **Nacht|tisch**, die Nachttische, die Nachttischlampe

der **Nach|wuchs**, nachwachsen, es wächst nach, es wuchs nach, es ist nachgewachsen

die **Nach|zah|lung**, die Nachzahlungen,

nachzahlen, du zahlst nach, er zahlt nach

der **Nachzügler**, die Nachzügler, die Nachzüglerin

der **Nacken**, die Nacken

nackt, die Nacktheit

die **Nadel**, die Nadeln, das Nadelöhr

der **Nadelbaum**, nadeln, er nadelt

der **Nagel**, die Nägel, die Nagelfeile, der Nagellack

nageln, du nagelst, sie nagelt

nagen, du nagst, er nagt, der Nager, das Nagetier

nah, näher, am nächsten, die Nähe, sich nähern, du näherst dich, sie nähert sich, nahezu, näherkommen, du kommst näher, er kommt näher, er kam näher, er ist nähergekommen

nähen, du nähst, sie näht, die Naht, die Näherin, die Nähmaschine

die **Nahrung** (→ S. 302), nähren, du nährst, sie nährt, ernähren, du ernährst, er ernährt, nahrhaft, nahrhafter, am nahrhaftesten, das Nahrungsmittel, der Nährwert

die **Naht**, die Nähte, nahtlos

naiv (leichtgläubig), naiver, am naivsten, die Naivität

der **Name**, die Namen, namentlich, der Namenstag, das Namenwort

nämlich

der **Napf**, die Näpfe

die **Narbe**, die Narben

die **Narkose**, die Narkosen

der **Narr**, die Narren, die Närrin, närrisch, närrischer, am närrischsten

die **Narzisse**, die Narzissen

naschen, du naschst, sie nascht, die Nascherei, die Naschkatze

die **Nase**, die Nasen, das Nasenbluten

das **Nashorn**, die Nashörner

nass, nasser/nässer, am nassesten/nässesten, die Nässe, nässen, du nässt, er nässt, nasskalt

die **Nation** (das Volk eines Staates), die Nationen, die Nationalität, national, die Nationalhymne

die **Natter**, die Nattern

die **Natur**

natürlich

die **Naturwissenschaft**, die Naturwissenschaften

das **Navi** (Navigationssystem), die Navis

der **Nebel**, die Nebel, neblig/nebelig, nebliger, am nebligsten, der Nebelscheinwerfer

neben, nebenan, nebeneinanderlegen, du legst nebeneinander, er legt nebeneinander, die Nebensache, nebensächlich, nebensächlicher, am nebensächlichsten

necken, du neckst, sie neckt, die Neckerei, neckisch, neckischer, am neckischsten

der **Neffe**, die Neffen

negativ, negativer, am negativsten

nehmen (→ S. 286), du nimmst, er nimmt, er nahm, er hat genommen

der **Neid**, neiden, du neidest,

sie neidet, neidisch, neidischer, am neidischsten, neidlos

sich **nei|gen**, du neigst dich, er neigt sich, die Neigung

nein

der **Nek|tar**, die Nektare

die **Nek|ta|ri|ne**, die Nektarinen

die **Nel|ke**, die Nelken

nen|nen, du nennst, er nennt, er nannte, er hat genannt, der Nenner, nennenswert

das **Ne|on**, das Neonlicht, die Neonröhre

Nep|tun (Meeresgott)

der **Nerv**, die Nerven, nervig, nerviger, am nervigsten, nervenstark

ner|vös, nervöser, am nervösesten, die Nervosität

die **Nes|sel**, die Nesseln

das **Nest**, die Nester

nett, netter, am nettesten, die Nettigkeit

net|to, das Nettogewicht

das **Netz**, die Netze, die Netzkarte

neu, neuer, am neusten/neuesten, etwas Neues, die Neuheit, die Neuigkeit, neuerdings

die **Neu|gier**/Neugierde, neugierig, neugieriger, am neugierigsten

Neu|jahr

neu|lich

neun, neunzehn, neunzig, die Neun, neunmal, der Neunte

die **Neu|ro|der|mi|tis** (Hauterkrankung)

neu|tral, neutraler, am neutralsten, die Neutralität

nicht

die **Nich|te**, die Nichten

nichts

der **Nicht|schwim|mer**, die Nichtschwimmer, die Nichtschwimmerin

ni|cken, du nickst, er nickt

nie

nie|der, die Niederung, die Niederlage

die **Nie|der|lan|de**, der Niederländer, die Niederländerin, niederländisch

Nie|der|sach|sen, der Niedersachse, die Niedersächsin, niedersächsisch

der **Nie|der|schlag**, die Niederschläge

die **Nie|der|tracht** (Gemeinheit), niederträchtig, niederträchtiger, am niederträchtigsten

nied|lich, niedlicher, am niedlichsten, die Niedlichkeit

nied|rig, niedriger, am niedrigsten

nie|mals

nie|mand, niemanden

die **Nie|re**, die Nieren

nie|seln, es nieselt, der Nieselregen

nie|sen, du niest, er niest

die **Nie|te**, die Nieten (1. Los ohne Gewinn, 2. Metallstift), **nieten**, du nietest, sie nietet

der **Ni|ko|laus**, die Nikoläuse, der Nikolaustag

Ni|ko|sia (Hauptstadt Zyperns), auch: Nicosia

das **Ni|ko|tin** (Gift im Tabak), nikotinhaltig

das **Nil|pferd**, die Nilpferde

nip|pen, du nippst, er nippt

nir|gends, nirgendwo

die **Ni|sche**, die Nischen

die **Nis|se** (Ei der Laus), die Nissen

nis|ten, er nistet, der Nistkasten
die **Ni|xe**, die Nixen
noch
noch|mals
das **No|men**, die Nomen
der **No|mi|na|tiv** (Werfall)
die **Non|ne**, die Nonnen, das Nonnenkloster
der **Non|sens** (Unsinn)
non|stop
der **Nor|den**, nördlich, das Nordlicht, der Nordwind
der **Nord|pol**
Nord|rhein-West|fa|len, der Nordrhein-Westfale, die Nordrhein-Westfälin, nordrhein-westfälisch
die **Nord|see**, die Nordseeküste
nör|geln, du nörgelst, er nörgelt, die Nörgelei
nor|mal, normaler, am normalsten, die Normalität
Nor|we|gen, der Norweger, die Norwegerin, norwegisch
die **Not**, die Nöte, der Notarzt, die Notärztin, der Notausgang, die Notbremse, der Notfall, die Notlandung, die Notlüge, nottun, es tut not, es tat not, es hat notgetan, notdürftig, notdürftiger, am notdürftigsten
der **No|tar**, die Notare
die **No|te**, die Noten (1. Tonzeichen in der Musik, 2. Zensur in der Schule, 3. Geldschein)
das **Note|book**, die Notebooks
no|tie|ren, du notierst, er notiert
nö|tig, nötiger, am nötigsten, die Nötigung
die **No|tiz**, die Notizen, der Notizblock, das Notizbuch
not|wen|dig, notwendiger, am notwendigsten, die Notwendigkeit
das/der **Nou|gat**, auch: Nugat
der **No|vem|ber**, das Novemberwetter
im **Nu**
nüch|tern, nüchterner, am nüchternsten, die Nüchternheit
die **Nu|del**, die Nudeln, das Nudelbrett, der Nudelteig
null, die Null
die **Num|mer**, die Nummern, die Nummerierung, nummerieren, du nummerierst, sie nummeriert, das Nummernschild
nun
nun|mehr
nur
nu|scheln, du nuschelst, er nuschelt
die **Nuss**, die Nüsse, der Nussknacker, nussbraun
die **Nüs|ter**, die Nüstern
nut|zen, du nutzt, sie nutzt, der Nutzen, nutzlos
nüt|zen, es nützt, nützlich, nützlicher, am nützlichsten
das **Ny|lon** (Kunstfaser), der Nylonstrumpf, die Nylonstrumpfhose

A B C D E F G H I J K L M **N** O P Q R S T U V W X Y Z

die **Oa|se**, die Oasen
ob
die **Ob|acht**
das **Ob|dach**, der Obdachlose, die Obdachlose, obdachlos, die Obdachlosigkeit, das Obdachlosenheim
oben
der **Ober** (Kellner), die Ober
der **Ober|be|griff**, die Oberbegriffe
die **Ober|flä|che**, die Oberflächen, oberflächlich, oberflächlicher, am oberflächlichsten
ober|halb
das **Ober|haupt**, die Oberhäupter
das **Ober|teil**, die Oberteile
ob|gleich
das **Ob|jekt** (Gegenstand), die Objekte
ob|jek|tiv (sachlich), objektiver, am objektivsten, die Objektivität
die **Ob|la|te**, die Oblaten
die **Oboe** (Blasinstrument), die Oboen
ob|schon
das **Obst**, der Obstbaum, der Obstgarten, der Obstsalat
ob|wohl
der **Och|se**, die Ochsen
ocker, ockergelb
öde/öd, öder, am ödesten, die Einöde
die **Oder** (Fluss)
oder
der **Ofen**, die Öfen, das Ofenrohr
of|fen, offener, am offensten, die Offenheit, offenbar, offensichtlich, offensichtlicher, am offensichtlichsten
öf|fent|lich, öffentlicher, am öffentlichsten, die Öffentlichkeit
of|fi|zi|ell, offizieller, am offiziellsten
der **Of|fi|zier**, die Offiziere, die Offizierin
off|line (ohne Verbindung zum Internet)
öff|nen, du öffnest, er öffnet, die Öffnung, die Öffnungszeit
oft, öfter, am öftesten, des Öfteren, oftmalig, oftmals
oh!
oh|ne
die **Ohn|macht**, die Ohnmachten, ohnmächtig
das **Ohr**, die Ohren, die Ohrenschmerzen, die Ohrfeige, ohrenbetäubend
oje!
okay (o.k./O.K.)
die **Öko|lo|gie**, ökologisch
der **Ok|to|ber**, der Oktobertag
das **Öl**, die Öle, ölen, du ölst, er ölt, ölig, öliger, am öligsten, die Ölfarbe, die Ölheizung, die Ölpest
der **Old|ti|mer**, die Oldtimer
die **Oli|ve**, die Oliven, der Olivenbaum, das Olivenöl, olivgrün
die **Olym|pi|a|de**, die Olympiaden, der Olymp, die Olympischen Spiele
die **Oma**, die Omas, die Omi
das **Ome|lett**, die Omelette/Omeletts
der **Om|ni|bus**, die Omnibusse
der **On|kel**, die Onkel
on|line (Verbindung zum Internet)
der **Opa**, die Opas, der Opi
das **Open Air** (Konzert unter freiem Himmel), die Open Airs

die **Oper**, die Opern
die **Ope|ra|ti|on**, die Operationen, operieren, du operierst, sie operiert, der Operationssaal
die **Ope|ret|te**, die Operetten
das **Op|fer**, die Opfer, opfern, du opferst, er opfert, die Opferung
die **Op|tik**, der Optiker, die Optikerin
op|ti|mal (sehr gut)
der **Op|ti|mis|mus**, der Optimist, die Optimistin, optimistisch, optimistischer, am optimistischsten
die **Oran|ge**, die Orangen
oran|ge
der **Orang-Utan**, die Orang-Utans
das **Or|ches|ter**, die Orchester, das Orchesterkonzert
die **Or|chi|dee**, die Orchideen
der **Or|den** (1. Auszeichnung, 2. klösterliche Gemeinschaft), die Orden
or|dent|lich, ordentlicher, am ordentlichsten
ord|nen, du ordnest, er ordnet, die Ordnung, ordnungsgemäß
der **Ore|ga|no** (Gewürzpflanze)
das **Or|gan**, die Organe, organisch, der Organspender, die Organspenderin
die **Or|ga|ni|sa|ti|on**, die Organisationen, organisieren, du organisierst, er organisiert
die **Or|gel**, die Orgeln, der Organist, die Organistin, das Orgelkonzert
der **Ori|ent**, orientalisch
sich **ori|en|tie|ren**, du orientierst dich, sie orientiert sich, die Orientierung, orientierungslos, orientierungsloser, am orientierungslosesten
das **Ori|gi|nal**, die Originale, original (ursprünglich, echt)
originell (ungewöhnlich), origineller, am originellsten
der **Or|kan**, die Orkane, orkanartig
das **Or|na|ment**, die Ornamente
der **Ort**, die Orte, örtlich, die Ortschaft
die **Or|tho|gra|fie** (Rechtschreibung), auch: Orthographie
die **Öse** (kleiner Metallring), die Ösen
Os|lo (Hauptstadt Norwegens)
der **Os|ten**, östlich, der Ostwind
das **Os|tern**, österlich, das Osterei, das Osterfest, die Osterglocke, der Osterhase
Ös|ter|reich, der Österreicher, die Österreicherin, österreichisch
die **Ost|see**
Ot|ta|wa (Hauptstadt Kanadas)
der **Ot|ter** (Marderart), die Otter
die **Ot|ter** (Schlangenart), die Ottern
out (sprich: aut; draußen, unmodern)
oval, das Oval
der **Oze|an**, die Ozeane
das/der **Ozon**, das Ozonloch, die Ozonschicht, der Ozonwert

das **Paar**, die Paare, das Pärchen, paarweise
paar
die **Pacht**, die Pachten, pachten, du pachtest, er pachtet, der Pächter, die Pächterin
pa|cken, du packst, sie packt, die Packung, das Päckchen, das Packpapier
das **Pad|del**, die Paddel, paddeln, du paddelst, er paddelt, der Paddler, die Paddlerin, das Paddelboot
das **Pa|ket**, die Pakete
der **Pa|last**, die Paläste
die **Pal|me**, die Palmen, der Palmsonntag
die **Pam|pel|mu|se**, die Pampelmusen
der **Pan|da**, die Pandas
pa|nie|ren, du panierst, sie paniert, das Paniermehl
die **Pa|nik**, die Paniken, panisch, panischer, am panischsten
die **Pan|ne**, die Pannen, das Pannendreieck, die Pannenhilfe
das **Pa|no|ra|ma**, die Panoramen
der **Pan|ther**, die Panther
der **Pan|tof|fel**, die Pantoffeln
die **Pan|to|mi|mik** (Gebärdenspiel), der Pantomime, die Pantomimin, pantomimisch
der **Pan|zer** (1. feste Hülle, 2. Kriegsfahrzeug), die Panzer
der **Pa|pa**, die Papas, der Papi
der **Pa|pa|gei**, die Papageien
das **Pa|pier**, die Papiere, das Papiergeld, der Papierkorb
die **Pap|pe**, die Pappen, der Pappbecher, der Pappdeckel, der Pappkarton
die **Pap|pel**, die Pappeln, die Pappelallee
pap|pig, pappiger, am pappigsten
der/die **Pap|ri|ka**, die Paprikas, die Paprikaschote
der **Papst**, die Päpste, päpstlich
die **Pa|ra|de**, die Paraden
das **Pa|ra|dies**, die Paradiese, paradiesisch, paradiesischer, am paradiesischsten
der **Pa|ra|graf** (Gesetzesabschnitt), auch: Paragraph, die Paragrafen
pa|ral|lel, die Parallele
der **Pa|ra|sit**, die Parasiten
der **Par|cours** (sprich: Par-kuhr; Hindernisbahn), die Parcours
das **Par|füm**/Parfum, die Parfüme/Parfüms, die Parfümerie, sich parfümieren, du parfümierst dich, sie parfümiert sich
pa|rie|ren (gehorchen), du parierst, er pariert
Pa|ris (Hauptstadt Frankreichs)
der **Park**, die Parks, die Parkanlage, die Parkbank
der **Par|ka**, die Parkas
par|ken, du parkst, sie parkt, der Parkplatz, die Parkuhr, das Parkverbot
das **Par|kett**, die Parkette, der Parkettboden
das **Par|la|ment**, die Parlamente
die **Pa|ro|le**, die Parolen

die **Par|tei**, die Parteien, parteiisch, das Parteibuch

das **Par|ter|re** (Erdgeschoss)

der **Part|ner**, die Partner, die Partnerin, die Partnerarbeit

die **Par|ty**, die Partys

der **Pass** (1. Ausweis, 2. Bergübergang), die Pässe

die **Pas|sa|ge** (Durchgang), die Passagen

der **Pas|sa|gier**, die Passagiere, die Passagierin

der **Pas|sant**, die Passanten, die Passantin

pas|sen, du passt, es passt

pas|sie|ren, es passiert

pas|siv (untätig), passiver, am passivsten, die Passivität

die **Pas|te**, die Pasten

die **Pas|te|te**, die Pasteten

der **Pas|tor**, die Pastoren, die Pastorin

der **Pa|te**, die Paten, die Patin, das Patenkind

das **Pa|tent**, die Patente

der **Pa|ter** (kath. Ordensgeistlicher), die Pater/Patres

der **Pa|ti|ent**, die Patienten, die Patientin

die **Pa|tro|ne**, die Patronen

der **Pat|zer**, die Patzer

die **Pau|ke** (Schlaginstrument), die Pauken, pauken, du paukst, er paukt, der Paukenschlag

die **Pau|se**, die Pausen, pausieren, du pausierst, sie pausiert, pausenlos

pau|sen, du paust, er paust, das Pauspapier

der **Pa|vi|an**, die Paviane

der **Pa|vil|lon** (sprich: Pa-will-jong), die Pavillons

der **Pa|zi|fik** (Weltmeer)

der **PC** (Personal Computer), die PCs

das **Pech** (schwarze, teerige Masse), pechschwarz

das **Pech** (Unglück), der Pechvogel

das **Pe|dal** (Fußhebel), die Pedale

der **Pe|gel**, die Pegel, der Pegelstand

die **Pein**, der Peiniger, die Peinigerin, peinigen, du peinigst, sie peinigt

pein|lich, peinlicher, am peinlichsten

die **Peit|sche**, die Peitschen, peitschen, du peitschst, er peitscht

Pe|king (Hauptstadt Chinas)

der **Pe|li|kan**, die Pelikane

die **Pel|le**, die Pellen, pellen, du pellst, sie pellt, die Pellkartoffel

der **Pelz**, die Pelze, pelzig, pelziger, am pelzigsten, der Pelzkragen, die Pelzmütze

das **Pen|del**, die Pendel, pendeln, du pendelst, er pendelt, die Pendeluhr

die **Pen|si|on** (1. Ruhestand, 2. kleines Hotel), die Pensionen

das **Per|fekt** (Vergangenheitsform)

per|fekt, die Perfektion

das **Per|ga|ment**, die Pergamente, das Pergamentpapier

die **Pe|ri|o|de**, die Perioden

die **Per|le**, die Perlen, perlen, es perlt, die Perlenkette

die **Per|son**, die Personen, die Persönlichkeit, persönlich, persönlicher, am persönlichsten, das Personal, der Personalausweis, das Personalpronomen (persönliches Fürwort),

der Personenkraftwagen (Pkw, auch: PKW)
die **Pe|rü|cke**, die Perücken
der **Pes|si|mist**, die Pessimisten, die Pessimistin, pessimistisch, pessimistischer, am pessimistischsten
die **Pest**
die **Pe|ter|si|lie**
das **Pe|tro|le|um**, die Petroleumlampe
pet|zen, du petzt, sie petzt
der **Pfad**, die Pfade, der Pfadfinder, die Pfadfinderin
der **Pfahl**, die Pfähle, der Pfahlbau
die **Pfalz**, die Pfalzen, pfälzisch, der Pfalzgraf, die Pfalzgräfin
das **Pfand**, die Pfänder, pfänden, du pfändest, er pfändet, die Pfandflasche
die **Pfan|ne**, die Pfannen, der Pfannkuchen
der **Pfar|rer**, die Pfarrer, die Pfarrerin, das Pfarramt, das Pfarrhaus, die Pfarrkirche
der **Pfau**, die Pfauen/Pfaue
der **Pfef|fer**, pfeffern, du pfefferst, sie pfeffert, das Pfefferkorn
die **Pfef|fer|min|ze**, der Pfefferminztee
die **Pfei|fe**, die Pfeifen
pfei|fen, du pfeifst, er pfeift, er pfiff, er hat gepfiffen
der **Pfeil**, die Pfeile
der **Pfei|ler**, die Pfeiler
das **Pferd**, die Pferde
der **Pfiff**, die Pfiffe
der **Pfif|fer|ling**, die Pfifferlinge
pfif|fig, pfiffiger, am pfiffigsten
Pfingс|ten, der Pfingstsonntag, der Pfingstmontag
der **Pfir|sich**, die Pfirsiche, der Pfirsichbaum
die **Pflan|ze**, die Pflanzen, pflanzen, du pflanzt, sie pflanzt
das **Pflas|ter** (1. Schutzverband, 2. Straßenbelag), die Pflaster, pflastern, du pflasterst, er pflastert
die **Pflau|me**, die Pflaumen, das Pflaumenmus
pfle|gen, du pflegst, sie pflegt, die Pflege, der Pfleger, die Pflegerin, die Pflegeeltern, das Pflegeheim, pflegebedürftig, pflegebedürftiger, am pflegebedürftigsten, pflegeleicht
die **Pflicht**, die Pflichten, das Pflichtgefühl, pflichtbewusst, pflichtbewusster, am pflichtbewusstesten, pflichteifrig, pflichteifriger, am pflichteifrigsten, pflichtvergessen
pflü|cken, du pflückst, sie pflückt
der **Pflug**, die Pflüge, pflügen, du pflügst, er pflügt
die **Pfor|te**, die Pforten, der Pförtner, die Pförtnerin
der **Pfos|ten**, die Pfosten
die **Pfo|te**, die Pfoten
der **Pfrop|fen**, die Pfropfen, pfropfen, du pfropfst, er pfropft
pfui!
das **Pfund**, die Pfunde
pfu|schen, du pfuschst, sie pfuscht, die Pfuscherei, der Pfuscher, die Pfuscherin
die **Pfüt|ze**, die Pfützen
der **Pha|rao**, die Pharaonen
der **Phi|lo|soph**, die Philosophen, die Philosophie,

philosophieren,
du philosophierst,
er philosophiert

die **Phy|sik**, der Physiker,
die Physikerin, physikalisch

der **Pi|a|nist**, die Pianisten,
die Pianistin

das **Pi|a|no** (Tasteninstrument),
die Pianos

pi|a|no (leise)

der **Pi|ckel** (1. Mitesser, 2. Spitzhacke),
die Pickel

pi|cken, du pickst, er pickt

das **Pick|nick**, die Picknicke/
Picknicks, picknicken,
du picknickst, sie picknickt,
der Picknickkorb

piep|sen, du piepst, er piepst,
der Piepser, piepsig

pier|cen, du bist gepierct,
das Piercing

pi|kant, pikanter,
am pikantesten

der **Pil|ger**, die Pilger, die Pilgerin,
pilgern, du pilgerst, sie pilgert,
die Pilgerfahrt

die **Pil|le**, die Pillen

der **Pi|lot**, die Piloten, die Pilotin

der **Pilz**, die Pilze, das Pilzgericht

der **Pin|gu|in**, die Pinguine

pink

die **Pinn|wand**, die Pinnwände

der **Pin|sel**, die Pinsel, pinseln,
du pinselst, er pinselt

die **Pin|zet|te**, die Pinzetten

der **Pi|rat**, die Piraten, die Piratin,
die Piraterie, das Piratenschiff

pir|schen, du pirschst,
sie pirscht, die Pirsch

die **Pis|te**, die Pisten

die **Pis|to|le**, die Pistolen,
der Pistolenschuss

pit|sche|nass/pitschnass

die **Piz|za**, die Pizzas/Pizzen,
die Pizzeria

die **Pla|ge**, die Plagen

sich **pla|gen**, du plagst dich,
sie plagt sich

das **Pla|kat**, die Plakate,
plakatieren, du plakatierst,
er plakatiert, die Plakatwand

die **Pla|ket|te**, die Plaketten

der **Plan**, die Pläne, planen,
du planst, sie plant, planlos,
planloser, am planlosesten

die **Pla|ne** (Wagendecke), die Planen,
der Planwagen

der **Pla|net**, die Planeten

pla|nie|ren, du planierst,
er planiert, die Planierraupe

die **Plan|ke**, die Planken

plan|schen, auch: plantschen,
du planschst, sie planscht,
das Planschbecken

die **Plan|ta|ge**, die Plantagen

die **Pla|nung**, die Planungen

plap|pern, du plapperst,
er plappert

plär|ren, du plärrst, sie plärrt

das **Plas|tik** (Kunststoff),
die Plastiktüte

die **Plas|tik** (Werk eines Bildhauers),
die Plastiken, plastisch
(hervortretend)

plät|schern, es plätschert

platt, platter, am plattesten,
die Platte, plätten (bügeln),
du plättest, sie plättet,
die Plattform, der Plattenspieler

der **Platz**, die Plätze

das **Plätz|chen**, die Plätzchen

plat|zen, du platzt, es platzt,
der Platzregen, die Platzwunde

sich **plat|zie|ren**, du platzierst dich,
er platziert sich

plau|dern, du plauderst,

sie plaudert, die Plauderei
plau|schen, du plauschst, er plauscht
plau|si|bel, plausibler, am plausibelsten
das **Play|back**, die Playbacks
die **Plei|te**, die Pleiten, pleite sein, du bist pleite, er ist pleite
die **Plom|be**, (1. Versiegelung, 2. Zahnfüllung), die Plomben, plombieren, du plombierst, sie plombiert
plötz|lich
plump, plumper, am plumpsten
plump|sen, du plumpst, er plumpst
der **Plun|der** (Kram)
plün|dern, du plünderst, sie plündert, die Plünderung, der Plünderer, die Plünderin
der **Plu|ral** (Mehrzahl), die Plurale
plus, der Pluspunkt
der **Plu|to**
po|chen, du pochst, es pocht
die **Po|cke**, die Pocken, die Pockenschutzimpfung
das **Po|dest**, die Podeste
das **Po|di|um**, die Podien
die **Po|e|sie**, die Poesien, der Poet, die Poetin, poetisch, das Poesiealbum
der **Po|kal**, die Pokale, das Pokalspiel
der **Pol**, die Pole, das Polarlicht, der Polarstern
Po|len, der Pole, die Polin, polnisch
po|lie|ren, du polierst, er poliert, die Politur
die **Po|li|tik**, der Politiker, die Politikerin, politisch
die **Po|li|zei**, der Polizist, die Polizistin, polizeilich, das Polizeiauto
der **Pol|len**, die Pollen
das **Pols|ter**, die Polster, polstern, du polsterst, sie polstert
pol|tern, du polterst, er poltert, der Polterabend
die **Pom|mes fri|tes**
das **Po|ny**, die Ponys, der Ponyhof
der **Pool**, die Pools
der **Pop**, die Popmusik
das **Pop|corn**
der **Po|po**, die Popos
po|pu|lär (beliebt), populärer, am populärsten
die **Po|re**, die Poren, porentief
der **Por|ree**, die Porrees
das **Por|tal**, die Portale
das **Porte|mon|naie** (sprich: Port-mo-neh; Geldtäschchen), auch: Portmonee, die Portemonnaies
die **Por|ti|on**, die Portionen, portionsweise
das **Por|to**, die Porti/Portos
das **Por|trät**, die Porträts
Por|tu|gal, der Portugiese, die Portugiesin, portugiesisch
das **Por|zel|lan**, die Porzellane, das Porzellangeschirr
die **Po|sau|ne**, die Posaunen
po|si|tiv, positiver, am positivsten
die **Post**, das Postamt, der Postbote, die Postbotin, die Postkarte, die Postleitzahl
der **Pos|ten**, die Posten
das **Pos|ter**, die Poster
die **Po|wer** (sprich: Pau-a; Kraft), powern, du powerst, er powert
die **Pracht**, prächtig, prächtiger, am prächtigsten, prachtvoll,

prachtvoller, am prachtvollsten
das **Prä|di|kat** (1. Satzaussage, 2. Auszeichnung), die Prädikate
Prag (Hauptstadt Tschechiens)
prä|gen, du prägst, er prägt, die Prägung
prah|len, du prahlst, sie prahlt
prak|tisch, praktischer, am praktischsten, das Praktikum, der Praktikant, die Praktikantin
die **Pra|li|ne**, die Pralinen
prall, praller, am prallsten
die **Prä|mie** (Belohnung), die Prämien
die **Pran|ke**, die Pranken
die **Prä|po|si|ti|on** (Verhältniswort), die Präpositionen
die **Prä|rie** (Grassteppe), die Prärien
das **Prä|sens** (Gegenwart)
die **Prä|sen|ta|ti|on**, die Präsentationen, präsentieren, du präsentierst, er präsentiert
der **Prä|si|dent**, die Präsidenten, die Präsidentin
pras|seln, es prasselt
pras|sen, du prasst, sie prasst
die **Pra|xis**, die Praxen
prä|zi|se (genau), präziser, am präzisesten
pre|di|gen, du predigst, er predigt, die Predigt, der Prediger, die Predigerin
der **Preis**, die Preise, das Preisschild, preiswert, preiswerter, am preiswertesten
die **Prei|sel|bee|re**, die Preiselbeeren
prei|sen, du preist, er preist, er pries, er hat gepriesen
prel|len (1. stoßen, 2. betrügen), du prellst, sie prellt, die Prellung, der Prellball
die **Pre|mi|e|re**, die Premieren
die **Pres|se** (Zeitungswesen)
pres|sen (zusammendrücken), du presst, er presst, die Presse
pri|ckeln, es prickelt
der **Pries|ter**, die Priester, die Priesterin, die Priesterweihe
pri|ma
pri|mi|tiv, primitiver, am primitivsten
der **Prinz**, die Prinzen, die Prinzessin
das **Prin|zip**, die Prinzipien
die **Pri|se**, die Prisen
pri|vat, privater, am privatesten, die Privatschule
die **Pro|be**, die Proben, proben, du probst, er probt, die Probefahrt
pro|bie|ren, du probierst, sie probiert
das **Pro|blem**, die Probleme, problemlos, problemloser, am problemlosesten
das **Pro|dukt**, die Produkte, die Produktion, der Produzent, die Produzentin, produzieren, du produzierst, er produziert
der **Pro|fes|sor**, die Professoren, die Professorin
der **Pro|fi**, die Profis
das **Pro|gramm**, die Programme, die Programmierung, programmieren, du programmierst, sie programmiert, programmierbar, das Programmheft
das **Pro|jekt**, die Projekte, der Projektor, projizieren, du projizierst, er projiziert
die **Pro|me|na|de**, die Promenaden
pro|mi|nent, prominenter,

am prominentesten
prompt
das **Pro|no|men** (Fürwort), die Pronomen
der **Pro|pel|ler**, die Propeller
der **Pro|phet**, die Propheten, die Prophezeiung, prophezeien, du prophezeist, sie prophezeit
das/der **Pro|spekt**, die Prospekte
prost!
der **Pro|test**, die Proteste, protestieren, du protestierst, er protestiert
der **Pro|tes|tant**, die Protestanten, die Protestantin, protestantisch
die **Pro|the|se**, die Prothesen
das **Pro|to|koll**, die Protokolle, protokollieren, du protokollierst, sie protokolliert
prot|zen, du protzt, er protzt
der **Pro|vi|ant**
das **Pro|zent** (%), die Prozente
der **Pro|zess**, die Prozesse, prozessieren, du prozessierst, sie prozessiert
die **Pro|zes|si|on** (feierlicher, kirchlicher Umzug), die Prozessionen
prü|fen, du prüfst, er prüft, die Prüfung, der Prüfling
prü|geln, du prügelst, sie prügelt, die Prügel, die Prügelei
der **Prunk**, prunken, du prunkst, sie prunkt, prunkvoll, prunkvoller, am prunkvollsten
prus|ten, du prustest, er prustet
der **Psalm**, die Psalmen
die **Pu|ber|tät** (Übergang vom Kindes- zum Erwachsenenalter)
das **Pub|li|kum**
der **Pud|ding**, die Puddinge/Puddings, das Puddingpulver
der **Pu|del**, die Pudel
der **Pu|der**, pudern, du puderst, sie pudert, die Puderdose, der Puderzucker
der **Puf|fer**, die Puffer
der **Pul|li** (Pullover), die Pullis
der **Pul|lo|ver**, die Pullover
der **Pul|lun|der**, die Pullunder
der **Puls**, pulsieren, es pulsiert, die Pulsader, der Pulsschlag
das **Pult**, die Pulte
das **Pul|ver**, pulverisieren, du pulverisierst, er pulverisiert, pulverig/pulvrig, das Pulverfass, der Pulverschnee
der **Pu|ma**, die Pumas
die **Pum|pe**, die Pumpen, pumpen, du pumpst, er pumpt
der **Punkt**, die Punkte, die Pünktlichkeit, pünktlich, pünktlicher, am pünktlichsten
die **Pu|pil|le**, die Pupillen
die **Pup|pe**, die Puppen, das Puppenhaus
das **Pü|ree**, die Pürees, pürieren, du pürierst, sie püriert, der Pürierstab
das/der **Pur|pur**, purpurrot
pur|zeln, du purzelst, er purzelt, der Purzelbaum
pus|ten, du pustest, sie pustet, die Puste, die Pusteblume
die **Pu|te** (Truthenne), die Puten, der Puter (Truthahn), die Putenwurst, puterrot
put|zen, du putzt, er putzt, die Putzfrau, das Putzmittel
put|zig (drollig), putziger, am putzigsten
das **Puz|zle**, die Puzzles, puzzeln, du puzzelst, sie puzzelt
der **Py|ja|ma**, die Pyjamas
die **Py|ra|mi|de**, die Pyramiden

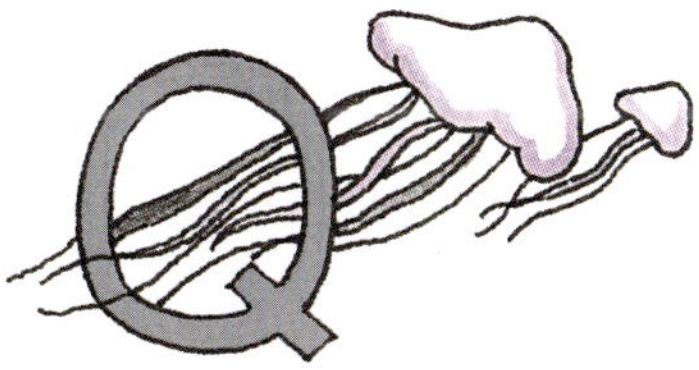

der **Qua|der**, die Quader
das **Qua|drat**, die Quadrate, quadratisch, der Quadratmeter
qua|ken, du quakst, er quakt
die **Qual**, die Qualen, die Quälerei, quälen, du quälst, sie quält, qualvoll, qualvoller, am qualvollsten
die **Qua|li|fi|ka|ti|on**, die Qualifikationen, sich qualifizieren, du qualifizierst dich, er qualifiziert sich
die **Qua|li|tät**, die Qualitäten
die **Qual|le**, die Quallen
der **Qualm**, qualmen, es qualmt
die **Qua|ran|tä|ne** (vorübergehende Isolierung von Menschen mit ansteckender Krankheit)
der **Quark**, der Quarkkuchen, die Quarkspeise
das **Quar|tett**, die Quartette
das **Quar|tier**, die Quartiere
der **Quarz**, die Quarze, die Quarzuhr
quas|seln, du quasselst, er quasselt
die **Quas|te**, die Quasten
der **Quatsch**
quat|schen, du quatschst, sie quatscht
das **Queck|sil|ber**
die **Quel|le**, die Quellen, das Quellwasser
quel|len, es quillt, es quoll, es ist gequollen
quen|geln, du quengelst, sie quengelt, quengelig/quenglig, quengeliger, am quengeligsten
quer, der Querschnitt, querbeet, querfeldein
die **Quer|flö|te**, die Querflöten
quet|schen, du quetschst, er quetscht, die Quetschung
quick|le|ben|dig
quie|ken, du quiekst, es quiekt
quiet|schen, du quietschst, er quietscht, quietschvergnügt
der **Quirl**, die Quirle, quirlen, du quirlst, sie quirlt, quirlig, quirliger, am quirligsten
quitt (ausgeglichen, fertig)
die **Quit|te**, die Quitten, quittegelb/quittengelb
die **Quit|tung**, quittieren, du quittierst, er quittiert
das **Quiz**, die Quizfrage
die **Quo|te**, die Quoten
der **Quo|ti|ent** (Ergebnis einer Division), die Quotienten

der **Ra|batt** (Preisnachlass), die Rabatte

der **Rab|bi** (jüdischer Gesetzeslehrer), die Rabbis/Rabbiner

der **Ra|be**, die Raben

ra|bi|at (grob), rabiater, am rabiatesten

die **Ra|che**, der Rächer, die Rächerin, sich rächen, du rächst dich, sie rächt sich, rachsüchtig, rachsüchtiger, am rachsüchtigsten

der **Ra|chen**, die Rachen

das **Rad**, die Räder, Rad fahren, du fährst Rad, er fährt Rad, er fuhr Rad, er ist Rad gefahren, Rad schlagen, du schlägst Rad, sie schlägt Rad, sie schlug Rad, sie hat Rad geschlagen, das Radfahren, der Radfahrer, die Radfahrerin, die Radkappe, die Radtour, der Radweg

das/der **Ra|dar**, die Radare, die Radarkontrolle

der **Ra|dau**

ra|die|ren, du radierst, sie radiert, der Radierer, der Radiergummi

das **Ra|dies|chen**, die Radieschen

ra|di|kal (rücksichtslos), radikaler, am radikalsten, der Radikalismus

das **Ra|dio**, die Radios

ra|dio|ak|tiv, radioaktiver, am radioaktivsten, die Radioaktivität

der **Ra|di|us**, die Radien

raf|fen, du raffst, er rafft, raffgierig, raffgieriger, am raffgierigsten

raf|fi|niert, raffinierter, am raffiniertesten, die Raffinesse

ra|gen, du ragst, er ragt

der **Rahm** (Sahne)

der **Rah|men**, die Rahmen, einrahmen, du rahmst ein, sie rahmt ein

der **Rain** (Ackergrenze), die Raine, der Feldrain

die **Ra|ke|te**, die Raketen

die **Ral|lye** (sprich: Rel-li), die Rallyes

der **Ra|ma|dan** (Fastenmonat der Muslime), die Ramadane

ram|men, du rammst, er rammt

die **Ram|pe**, die Rampen, das Rampenlicht

der **Rand**, die Ränder, der Randstein, randvoll

ran|da|lie|ren, du randalierst, er randaliert, die Randale

der **Rang**, die Ränge

die **Ran|ge|lei**, die Rangeleien

ran|gie|ren (sprich: ran-schie-ren), du rangierst, sie rangiert, der Rangierbahnhof

die **Ran|ke**, die Ranken, ranken, es rankt

der **Ran|zen**, die Ranzen

ran|zig, ranziger, am ranzigsten

der **Rap** (sprich: Räpp; Sprechgesang), die Raps, der Rapper, die Rapperin

ra|pi|de (sehr schnell)

der **Rap|pe**, die Rappen

der **Raps**, das Rapsöl

rar, rarer, am rarsten, die Rarität

ra|sant, rasanter, am rasantesten

rasch, rascher, am raschesten
ra|scheln, du raschelst, es raschelt
der **Ra|sen**, die Rasen, die Rasenfläche, der Rasenmäher
ra|sen, du rast, sie rast, die Raserei
sich **ra|sie|ren**, du rasierst dich, er rasiert sich, die Rasur, der Rasierapparat, die Rasierklinge
die **Ras|pel**, die Raspeln, raspeln, du raspelst, sie raspelt
die **Ras|se**, die Rassen, die Hunderasse
die **Ras|sel**, die Rasseln, rasseln, du rasselst, er rasselt
die **Rast**, die Rasten, rasten, du rastest, sie rastet, rastlos, rastloser, am rastlosesten, die Raststätte
der **Rat**, ratlos, ratloser, am ratlosesten, ratsam, ratsamer, am ratsamsten, der Ratgeber, der Ratschlag
die **Ra|te** (Teilzahlung), die Raten, ratenweise
ra|ten (1. rätseln, 2. beraten), du rätst, er rät, er riet, er hat geraten, das Rätsel
das **Rat|haus**, die Rathäuser
das **Rät|sel**, die Rätsel, rätseln, du rätselst, sie rätselt, rätselhaft, rätselhafter, am rätselhaftesten
die **Rat|te**, die Ratten
rat|tern, du ratterst, es rattert
rau, rauer, am rausten/rauesten
der **Raub**, die Raube, der Räuber, die Räuberin, rauben, du raubst, er raubt, das Raubtier
der **Rauch**, der Raucher, die Raucherin, rauchen, du rauchst, sie raucht, rauchig, der Rauchmelder, das Rauchverbot
räu|chern, du räucherst, er räuchert, der Räucherfisch
rau|fen, du raufst, sie rauft, die Rauferei, rauflustig, rauflustiger, am rauflustigsten
der **Rau|haar|da|ckel**, die Rauhaardackel
der **Raum**, die Räume, die Räumung, räumen, du räumst, er räumt, räumlich, die Raumfahrt, das Raumschiff
rau|nen, du raunst, sie raunt
die **Rau|pe**, die Raupen
der **Rau|reif**
raus
der **Rausch**, die Räusche, das Rauschgift
rau|schen, du rauschst, es rauscht
sich **räus|pern**, du räusperst dich, er räuspert sich
die **Ra|vi|o|li** (Nudelgericht)
die **Raz|zia** (überraschende Fahndung der Polizei), die Razzien
re|agie|ren, du reagierst, sie reagiert, die Reaktion
re|al (wirklich), die Realität
die **Re|al|schu|le**, die Realschulen, der Realschüler, die Realschülerin
die **Re|be**, die Reben, die Reblaus, der Rebstock
der **Re|bell**, die Rebellen, die Rebellin, die Rebellion, rebellieren, du rebellierst, sie rebelliert, rebellisch, rebellischer, am rebellischsten
das **Reb|huhn**, die Rebhühner
der **Re|chen** (Harke), die Rechen

rech|nen, du rechnest, er rechnet, die Rechnung, der Rechner, die Rechenaufgabe, der Rechenfehler

das **Recht**, die Rechte, recht haben, auch: Recht haben, du hast recht, er hat recht, er hatte recht, er hat recht gehabt, der Rechtsanwalt, die Rechtsanwältin, rechthaberisch

das **Recht|eck**, die Rechtecke, rechteckig, rechtwinklig

rech|ter, rechte, rechtes

rechts, der Rechtsabbieger

die **Recht|schrei|bung**, der Rechtschreibfehler

recht|zei|tig, rechtzeitiger, am rechtzeitigsten

das **Reck**, die Recks/Recke

sich **re|cken**, du reckst dich, sie reckt sich

das **Re|cyc|ling** (sprich: Rie-ßeik-ling; Wiederverwertung), recyceln, du recycelst, er recycelt, recycelbar

re|den, du redest, sie redet, die Rede, der Redner, die Rednerin, die Redensart, die Redewendung, redselig, redseliger, am redseligsten

red|lich, redlicher, am redlichsten, die Redlichkeit

re|flek|tie|ren (1. zurückstrahlen, spiegeln, 2. nachdenken), du reflektierst, er reflektiert, der Reflektor, die Reflexion

die **Re|form**, die Reformen, die Reformation, reformieren, du reformierst, sie reformiert

der **Re|frain** (sprich: Re-fräh), die Refrains

das **Re|gal**, die Regale

die **Re|gat|ta** (Bootswettfahrt), die Regatten

re|ge, reger, am regsten, die Regsamkeit

die **Re|gel**, die Regeln, die Regelung, regeln, du regelst, er regelt, die Regelmäßigkeit, regelmäßig, regelmäßiger, am regelmäßigsten, regelrecht

der **Re|gen**, regnen, es regnet, regnerisch, der Regenbogen, der Regenschirm, der Regentropfen, das Regenwetter

sich **re|gen**, du regst dich, sie regt sich, die Regung, regungslos

der **Re|gen|wurm**, die Regenwürmer

die **Re|gie** (sprich: Re-schie), der Regisseur, die Regisseurin

re|gie|ren, du regierst, sie regiert, die Regierung

die **Re|gi|on**, die Regionen, regional

das **Reh**, die Rehe, der Rehbock, das Rehkitz

rei|ben, du reibst, er reibt, er rieb, er hat gerieben, die Reibe, die Reibung, der Reibekuchen, reibungslos, reibungsloser, am reibungslosesten

das **Reich**, die Reiche

reich, reicher, am reichsten, der Reichtum, der Reiche, reichhaltig, reichhaltiger, am reichhaltigsten, reichlich, reichlicher, am reichlichsten

rei|chen, du reichst, es reicht

der **Reif** (Ring), die Reife

der **Reif** (Raureif)

reif, reifer, am reifsten, reifen, du reifst, er reift, die Reife

der **Rei|fen**, die Reifen, die Reifenpanne

der **Rei|gen**, die Reigen

die **Rei|he**, die Reihen, reihen, du reihst, sie reiht, die Reihenfolge, das Reihenhaus, reihenweise

der **Rei|her**, die Reiher

der **Reim**, die Reime, sich reimen, es reimt sich

rein, reiner, am reinsten, die Reinheit, die Reinigung, reinigen, du reinigst, er reinigt, die Reinlichkeit, reinlich, reinlicher, am reinlichsten

der **Reis**, der Reisbrei, das Reiskorn, die Reissuppe

die **Rei|se**, die Reisen, der Reisende, die Reisende, das Reisebüro, der Reiseführer, das Reisegepäck, der Reisepass

rei|sen, du reist, sie reist

rei|ßen, du reißt, es reißt, es riss, es ist gerissen, der Riss, das Reißbrett, der Reißverschluss, die Reißzwecke, reißfest

rei|ten, du reitest, er reitet, er ritt, er ist geritten, der Ritt, der Reiter, die Reiterin, der Reiterhof, die Reitstunde

der **Reiz**, die Reize, reizen, du reizt, es reizt, reizend, reizender, am reizendsten, reizarm

sich **re|keln**, auch: räkeln, du rekelst dich, er rekelt sich

die **Re|kla|me**, die Reklamen

re|kla|mie|ren, du reklamierst, sie reklamiert, die Reklamation

der **Re|kord**, die Rekorde

der **Re|kor|der**, auch: Recorder, die Rekorder

der **Rek|tor**, die Rektoren, die Rektorin, das Rektorat

re|la|tiv (verhältnismäßig), die Relativität

die **Re|li|gi|on**, die Religionen, religiös

die **Re|ling** (Geländer eines Schiffes), die Relings

die **Re|li|quie** (Knochen eines Heiligen), die Reliquien

rem|peln, du rempelst, er rempelt, die Rempelei

ren|nen, du rennst, er rennt, er rannte, er ist gerannt, das Rennen, der Rennfahrer, die Rennfahrerin, das Rennpferd, das Rennrad

re|no|vie|ren, du renovierst, sie renoviert, die Renovierung

die **Ren|te**, die Renten, der Rentner, die Rentnerin

das **Ren|tier**, die Rentiere

sich **ren|tie|ren**, es rentiert sich

die **Re|pa|ra|tur**, die Reparaturen, reparieren, du reparierst, er repariert

der **Re|por|ter**, die Reporter, die Reporterin, die Reportage

das **Rep|til**, die Reptilien

die **Re|pu|blik**, die Republiken

die **Re|qui|si|te**, die Requisiten

das **Re|ser|vat** (1. Schutzgebiet für gefährdete Tierarten, 2. den indigenen Völkern Nordamerikas zugewiesene Siedlungsgebiete), die Reservate

die **Re|ser|ve**, die Reserven, das Reserverad

re|ser|vie|ren, du reservierst, sie reserviert, die Reservierung

der **Re|spekt**, respektieren, du respektierst, er respektiert,

respektlos, respektloser, am respektlosesten
der **Rest**, die Reste, restlos
das **Restaurant**, die Restaurants
das **Resultat** (Ergebnis), die Resultate
retten, du rettest, sie rettet, die Rettung, der Retter, die Retterin, der Rettungswagen
der **Rettich**, die Rettiche
die **Reue**, reuig, reuiger, am reuigsten, reumütig, reumütiger, am reumütigsten
sich **revanchieren** (sprich: re-wan-schie-ren), du revanchierst dich, er revanchiert sich
das **Revier**, die Reviere
die **Revolution**, die Revolutionen, der Revolutionär, die Revolutionärin
der **Revolver**, die Revolver
Reykjavik (Hauptstadt Islands)
das **Rezept**, die Rezepte
der **Rhabarber**, der Rhabarberkuchen
der **Rhein** (Fluss), rheinisch
das **Rheinland**, der Rheinländer, die Rheinländerin, rheinländisch
Rheinland-Pfalz, der Rheinland-Pfälzer, die Rheinland-Pfälzerin, rheinland-pfälzisch
das **Rheuma**, rheumatisch
der **Rhythmus**, die Rhythmen, rhythmisch
richten, du richtest, sie richtet
der **Richter**, die Richter, die Richterin
richtig, die Richtigkeit
die **Richtung**, die Richtungen
riechen, du riechst, er riecht, er roch, er hat gerochen, der Geruch
die **Riege**, die Riegen
der **Riegel**, die Riegel
der **Riemen**, die Riemen
der **Riese**, die Riesen, die Riesin, riesig, riesengroß, das Riesenrad
rieseln, es rieselt
das **Riff** (Felsenklippe), die Riffe
Riga (Hauptstadt Lettlands)
die **Rille**, die Rillen
das **Rind**, die Rinder, der Rinderbraten, das Rindfleisch, das Rindvieh
die **Rinde**, die Rinden, der Rindenmulch
der **Ring**, die Ringe, der Ringordner
die **Ringelnatter**, die Ringelnattern
ringen, du ringst, er ringt, er rang, er hat gerungen, der Ringer, der Ringkampf
rings, ringsumher
die **Rinne**, die Rinnen, rinnen, es rinnt, es rann, es ist geronnen, das Rinnsal, der Rinnstein
die **Rippe**, die Rippen
das **Risiko**, die Risiken, riskieren, du riskierst, sie riskiert, riskant, riskanter, am riskantesten
der **Riss**, die Risse, rissig, rissiger, am rissigsten
der **Ritt**, die Ritte, rittlings
der **Ritter**, die Ritter, ritterlich, ritterlicher, am ritterlichsten, die Ritterburg
ritzen, du ritzt, er ritzt, der Ritz, die Ritze
der **Rivale**, die Rivalen, die Rivalin, die Rivalität
die **Robbe**, die Robben,

das Robbenfell

der **Ro|bo|ter**, die Roboter

ro|bust (kräftig), robuster, am robustesten, die Robustheit

rö|cheln, du röchelst, sie röchelt

der **Rock** (Kleidungsstück), die Röcke

der **Rock** (Musikrichtung), der Rocker, die Rockerin, die Rockmusik

ro|deln, du rodelst, er rodelt, der Rodelschlitten

ro|den, du rodest, sie rodet

der **Rog|gen**, das Roggenmehl

roh, roher, am rohsten, die Rohheit, die Rohkost, das Rohöl, der Rohstoff

das **Rohr**, die Rohre, die Röhre, der Rohrbruch, der Rohrzucker, das Wasserrohr

röh|ren, es röhrt

die **Rol|le**, die Rollen, rollen, du rollst, sie rollt, der Rollladen, der Rollschuh, der Rollstuhl, die Rolltreppe

der **Rol|ler**, die Roller

das **Rol|lo**, die Rollos

Rom (Hauptstadt Italiens)

der **Ro|man**, die Romane

ro|man|tisch, romantischer, am romantischsten, die Romantik

rönt|gen, du röntgst, er röntgt, das Röntgenbild, die Röntgenstrahlen

ro|sa, rosarot

die **Ro|se**, die Rosen, rosig, rosiger, am rosigsten, der Rosenstock

der **Ro|sen|kohl**

die **Ro|si|ne**, die Rosinen, das Rosinenbrötchen

der **Ros|ma|rin**

das **Ross**, die Rosse, das Rosshaar, die Rosskastanie

der **Rost** (rostiges Eisen), rosten, es rostet, rostig, rostiger, am rostigsten, rostbraun, rostfrei

der **Rost** (Gitter), die Roste, der Röster, rösten, du röstest, er röstet, der Rostbraten

rot, röter, am rötesten, das Rot, bei Rot, rötlich, das Rote Kreuz, das Rotkäppchen, das Rotkehlchen, rothaarig

die **Rö|teln** (Infektionskrankheit)

die **Rou|la|de**, die Rouladen

die **Rou|te** (sprich: Ru-te; Reiseweg), die Routen

der **Row|dy** (sprich: Rau-di; gewalttätiger Mensch), die Rowdys

rub|beln, du rubbelst, er rubbelt, das Rubbellos

die **Rü|be**, die Rüben

der **Ru|bin** (Edelstein), die Rubine, rubinrot

der **Ruck**, die Rucke, ruckartig

der **Rü|cken**, die Rücken, das Rückenmark, der Rückenwind

rü|cken, du rückst, sie rückt

die **Rück|fahrt**, die Rückfahrten, die Rückfahrkarte

die **Rück|kehr**

das **Rück|licht**, die Rücklichter

der **Ruck|sack**, die Rucksäcke

die **Rück|sicht**, rücksichtslos, rücksichtsloser, am rücksichtslosesten, rücksichtsvoll, rücksichtsvoller, am rücksichtsvollsten

der **Rück|sitz**, die Rücksitze

der **Rück|strah|ler**, die Rückstrahler

rück|wärts

der **Ru|co|la**

der **Rü|de** (männlicher Hund), die Rüden

das **Ru|del**, die Rudel, rudelweise
das **Ru|der**, die Ruder, der Ruderer, die Ruderin, rudern, du ruderst, er rudert, das Ruderboot
ru|fen, du rufst, er ruft, er rief, er hat gerufen, der Ruf
rü|gen, du rügst, sie rügt, die Rüge
die **Ru|he**, ruhen, du ruhst, er ruht, ruhig, ruhiger, am ruhigsten, ruhelos, ruheloser, am ruhelosesten
der **Ruhm**, rühmen, du rühmst, sie rühmt, ruhmreich, ruhmreicher, am ruhmreichsten
die **Ruhr** (Infektionskrankheit des Darms)
die **Ruhr** (Fluss), das Ruhrgebiet
rüh|ren, du rührst, er rührt, die Rührung, rührend, rührender, am rührendsten, das Rührei
die **Ru|i|ne**, die Ruinen, ruinieren, du ruinierst, sie ruiniert
rülp|sen, du rülpst, er rülpst, der Rülpser
der **Rum**, das Rum-Aroma
Ru|mä|ni|en, der Rumäne, die Rumänin, rumänisch
der **Rum|mel**, der Rummelplatz
ru|mo|ren, du rumorst, es rumort
rum|peln, es rumpelt, die Rumpelkammer, das Rumpelstilzchen
der **Rumpf**, die Rümpfe
rümp|fen, du rümpfst, sie rümpft
rund, runder, am rundesten, die Runde, die Rundung, rundlich, rundlicher, am rundlichsten, die Rundfahrt, der Rundfunk, der Rundgang, rundherum
run|ter
die **Run|zel**, die Runzeln, runzeln, du runzelst, er runzelt, runzelig/runzlig, runzeliger, am runzeligsten
der **Rü|pel**, die Rüpel, rüpelhaft, rüpelhafter, am rüpelhaftesten
rup|fen, du rupfst, sie rupft
rup|pig, ruppiger, am ruppigsten, die Ruppigkeit
der **Ruß**, rußen, es rußt, rußig, rußiger, am rußigsten, der Rußfilter, rußbedeckt
der **Rüs|sel**, die Rüssel
Russ|land, der Russe, die Russin, russisch
sich **rüs|ten**, du rüstest dich, sie rüstet sich, die Rüstung, rüstig, rüstiger, am rüstigsten, die Abrüstung, die Aufrüstung
rus|ti|kal, rustikaler, am rustikalsten
die **Ru|te**, die Ruten
die **Rut|sche**, die Rutschen, rutschen, du rutschst, er rutscht, rutschig, rutschiger, am rutschigsten, die Rutschbahn, rutschfest
rüt|teln, du rüttelst, er rüttelt

der **Saal**, die Säle
das **Saar|land**, der Saarländer, die Saarländerin, saarländisch
die **Saat**, die Saaten, das Saatgut
der **Sab|bat** (jüdischer Feiertag), die Sabbate
sab|bern, du sabberst, er sabbert
der **Sä|bel**, die Säbel
die **Sa|che**, die Sachen, sachlich, sachlicher, am sachlichsten, das Sachbuch, der Sachunterricht
Sach|sen, der Sachse, die Sächsin, sächsisch
Sach|sen-An|halt, der Sachsen-Anhalter, die Sachsen-Anhalterin, sachsen-anhaltisch
sacht, sachter, am sachtesten
der **Sack**, die Säcke, die Sackgasse, das Sackhüpfen
sä|en, du säst, sie sät
die **Sa|fa|ri**, die Safaris
der/das **Safe**, die Safes
der **Saft**, die Säfte, saftig, saftiger, am saftigsten
die **Sa|ge**, die Sagen, sagenhaft
die **Sä|ge**, die Sägen, sägen, du sägst, er sägt, das Sägemehl, das Sägewerk
sa|gen (→ S. 287; S. 293), du sagst, sie sagt
die **Sa|ha|ra**
die **Sah|ne**, sahnig, sahniger, am sahnigsten, die Sahnetorte
die **Sai|son** (sprich: Sä-song), die Saisons, saisonal
die **Sai|te**, die Saiten, das Saiteninstrument
das **Sa|kra|ment** (gottesdienstliche Handlung), die Sakramente
der **Sa|la|man|der**, die Salamander
die **Sa|la|mi**, die Salamis
der **Sa|lat**, die Salate, das Salatbesteck
die **Sal|be**, die Salben
der **Sal|bei**, der Salbeitee
der **Sal|to**, die Saltos/Salti
das **Salz**, die Salze, salzen, du salzt, er salzt, salzig, salziger, am salzigsten, die Salzkartoffel, die Salzstange, das Salzwasser
der **Sa|me** (Angehöriger eines Volks in Nordeuropa), die Samen
der **Sa|men**, die Samen, die Sämerei
sam|meln, du sammelst, sie sammelt, die Sammlung, der Sammler, die Sammlerin, die Sammelmappe
der **Sams|tag** (Sonnabend), die Samstage, samstags
der **Samt**, samtig, samtiger, am samtigsten, die Samthose, samtweich
sämt|lich, allesamt
das **Sa|na|to|ri|um** (Kurklinik), die Sanatorien
der **Sand**, sandig, sandiger, am sandigsten, der Sandhaufen, der Sandkasten
die **San|da|le**, die Sandalen
der/das **Sand|wich** (sprich: ßänt-witsch), die Sandwiche, auch: Sandwiches
sanft, sanfter, am sanftesten
die **Sänf|te** (Tragstuhl), die Sänften
sanft|mü|tig, sanftmütiger, am sanftmütigsten,

A B C D E F G H I J K L M N O P Q R S T U V W X Y Z

die Sanftmut
der **Sän|ger**, die Sänger, die Sängerin
der **Sa|ni|tä|ter**, die Sanitäter, die Sanitäterin
die **Sar|di|ne**, die Sardinen, die Sardinenbüchse
der **Sarg**, die Särge
der **Sa|tan**, satanisch, satanischer, am satanischsten
der **Sa|tel|lit**, die Satelliten
satt, die Sättigung, sättigen, du sättigst, es sättigt
der **Sat|tel**, die Sättel, satteln, du sattelst, er sattelt, der Sattelschlepper, sattelfest
der **Sa|turn**
der **Satz**, die Sätze, die Satzaussage, der Satzgegenstand, das Satzzeichen
die **Sau**, die Säue, die Sauerei
sau|ber, sauberer, am saubersten, die Sauberkeit, säubern, du säuberst, er säubert
sau|er, saurer, am sauersten, säuerlich, säuerlicher, am säuerlichsten, die Sauerkirsche, das Sauerkraut
der **Sau|er|stoff**
sau|fen, du säufst, er säuft, er soff, er hat gesoffen
sau|gen, du saugst, er saugt, er sog/saugte, er hat gesogen/gesaugt
säu|gen, du säugst, sie säugt, der Säugling, das Säugetier
die **Säu|le**, die Säulen
der **Saum**, die Säume, säumen, du säumst, er säumt
die **Sau|na**, die Saunas/Saunen
die **Säu|re**, die Säuren
der **Sau|ri|er**, die Saurier
säu|seln, du säuselst, sie säuselt
sau|sen, du saust, sie saust
die **Sa|van|ne**, die Savannen
das **Sa|xo|fon**, auch: Saxophon, die Saxofone
die **S-Bahn** (Schnellbahn), die S-Bahnen
scan|nen, du scannst, er scannt, der Scanner
die **Scha|be**, die Schaben
scha|ben, du schabst, sie schabt
schä|big, schäbiger, am schäbigsten
die **Scha|blo|ne**, die Schablonen
das **Schach**, das Schachbrett, das Schachspiel, schachmatt
der **Schacht**, die Schächte, ausschachten, du schachtest aus, er schachtet aus
die **Schach|tel**, die Schachteln
scha|de
der **Schä|del**, die Schädel
scha|den, du schadest, er schadet, der Schaden, schadhaft, schadhafter, am schadhaftesten
scha|den|froh, schadenfroher, am schadenfrohsten, die Schadenfreude
schäd|lich, schädlicher, am schädlichsten, der Schädling, schädigen, du schädigst, sie schädigt
das **Schaf**, die Schafe, der Schäfer, die Schäferin, der Schäferhund, der Schafskäse, die Schafwolle
schaf|fen, du schaffst, er schafft, er schuf,

er hat geschaffen
der **Schaff|ner**, die Schaffner, die Schaffnerin
der **Schal**, die Schals, auch: Schale
schal (fade)
die **Scha|le**, die Schalen
schä|len, du schälst, sie schält
der **Schall**, schallen, es schallt, die Schallmauer, schalldicht
schal|ten, du schaltest, er schaltet, der Schalter, das Schaltjahr
die **Scham**, sich schämen, du schämst dich, sie schämt sich, schamlos
die **Schan|de**, schändlich, schändlicher, am schändlichsten, der Schandfleck
die **Schan|ze**, die Schanzen
die **Schar**, die Scharen, scharenweise
scharf, schärfer, am schärfsten, die Schärfe, schärfen, du schärfst, sie schärft, scharfsinnig, scharfsinniger, am scharfsinnigsten
der **Schar|lach** (Infektionskrankheit), scharlachrot
das **Schar|nier**, die Scharniere
schar|ren, du scharrst, er scharrt
der/das **Schasch|lik**, die Schaschliks
der **Schat|ten**, die Schatten, schattieren, du schattierst, sie schattiert, schattig, schattiger, am schattigsten, die Schattenseite
die **Scha|tul|le**, die Schatullen
der **Schatz**, die Schätze, die Schatztruhe
schät|zen, du schätzt, er schätzt, die Schätzung, schätzungsweise
schau|der|haft
schau|en, du schaust, er schaut, das Schaufenster
der **Schau|er**, die Schauer, schauerlich, schauerlicher, am schauerlichsten
die **Schau|fel**, die Schaufeln, schaufeln, du schaufelst, sie schaufelt
die **Schau|kel**, die Schaukeln, schaukeln, du schaukelst, er schaukelt, das Schaukelpferd
der **Schaum**, die Schäume, schäumen, du schäumst, er schäumt, schaumig, schaumiger, am schaumigsten, das Schaumbad
schau|rig (gruselig), schauriger, am schaurigsten
das **Schau|spiel**, die Schauspiele, der Schauspieler, die Schauspielerin
der **Scheck**, die Schecks
sche|ckig, der Schecke (Pferd)
die **Schei|be**, die Scheiben, der Scheibenwischer, scheibchenweise
der **Scheich**, die Scheiche/Scheichs
die **Schei|de**, die Scheiden
schei|den, du scheidest, er scheidet, er schied, er hat geschieden, die Scheidung
der **Schein**, die Scheine
schei|nen, du scheinst, sie scheint, sie schien, sie hat geschienen, scheinbar, der Scheinwerfer, scheinheilig
das **Scheit**, die Scheite, der Scheiterhaufen
der **Schei|tel**, die Scheitel,

scheiteln, du scheitelst, er scheitelt, der Scheitelpunkt
schei|tern, du scheiterst, sie scheitert
die **Schel|le**, die Schellen, der Schellenstab
das **Sche|ma**, die Schemas/Schemata
der **Sche|mel**, die Schemel
der **Schen|kel**, die Schenkel
schen|ken, du schenkst, sie schenkt, die Schenkung, das Geschenk
schep|pern, es scheppert
die **Scher|be**, die Scherben, der Scherbenhaufen
die **Sche|re**, die Scheren, scheren, du scherst, er schert, er schor, er hat geschoren
der **Scherz**, die Scherze, scherzen, du scherzt, sie scherzt, scherzhaft, scherzhafter, am scherzhaftesten, die Scherzfrage
scheu, die Scheu, scheuen, du scheust, er scheut, die Scheuklappen
scheu|chen, du scheuchst, er scheucht
scheu|ern, du scheuerst, sie scheuert
die **Scheu|ne**, die Scheunen, das Scheunentor
das **Scheu|sal**, die Scheusale
scheuß|lich, scheußlicher, am scheußlichsten
die **Schicht**, die Schichten
schich|ten, du schichtest, er schichtet
schick/chic, schicker, am schicksten
schi|cken, du schickst, sie schickt
das **Schick|sal**, die Schicksale, schicksalhaft, schicksalhafter, am schicksalhaftesten
schie|ben, du schiebst, er schiebt, er schob, er hat geschoben, die Schiebung, das Schiebedach, die Schiebetür
der **Schieds|rich|ter**, die Schiedsrichter, die Schiedsrichterin
schief, schiefer, am schiefsten
der **Schie|fer** (Gesteinsart), das Schieferdach
schie|len, du schielst, sie schielt
das **Schien|bein**, die Schienbeine
die **Schie|ne**, die Schienen, der Schienenstrang
schie|ßen, du schießt, er schießt, er schoss, er hat geschossen, das Schießpulver, die Schießscheibe, der Schießstand
das **Schiff**, die Schiffe, der Schiffbrüchige, die Schifffahrt, auch: Schiff-Fahrt, die Schiffsschraube
die **Schi|ka|ne**, die Schikanen, schikanieren, du schikanierst, sie schikaniert
der **Schild** (des Ritters), die Schilde
das **Schild** (Hinweistafel), die Schilder
schil|dern, du schilderst, er schildert, die Schilderung
die **Schild|krö|te**, die Schildkröten
das **Schilf**, die Schilfe, das Schilfrohr
schil|lern, es schillert
der **Schim|mel** (1. weißes Pferd, 2. Pilz), die Schimmel
schim|meln, es schimmelt,

schimmlig/schimmelig, schimmliger, am schimmligsten
schim|mern, es schimmert, der Schimmer
der **Schim|pan|se**, die Schimpansen
schimp|fen, du schimpfst, sie schimpft, das Schimpfwort
die **Schin|del**, die Schindeln, das Schindeldach
sich **schin|den**, du schindest dich, er schindet sich, er schindete sich, er hat sich geschunden, die Schinderei
der **Schin|ken**, die Schinken
die **Schip|pe**, die Schippen, schippen, du schippst, sie schippt
der **Schirm**, die Schirme, der Schirmständer
die **Schlacht**, die Schlachten
schlach|ten, du schlachtest, er schlachtet
die **Schlä|fe**, die Schläfen
schla|fen (→ S. 287), du schläfst, er schläft, er schlief, er hat geschlafen, der Schlaf, schlaflos, schläfrig, schläfriger, am schläfrigsten, der Schlafanzug, das Schlafzimmer
schlaff, schlaffer, am schlaffsten, die Schlaffheit
schlaf|wan|deln, du schlafwandelst, er schlafwandelt, der Schlafwandler, die Schlafwandlerin
schla|gen, du schlägst, er schlägt, er schlug, er hat geschlagen, der Schlag, der Schläger, die Schlägerei, die Schlagsahne, das Schlagzeug, schlagartig
schlag|fer|tig, schlagfertiger, am schlagfertigsten
der **Schlamm**, schlammig, schlammiger, am schlammigsten, das Schlammbad
schlam|pig, schlampiger, am schlampigsten
die **Schlan|ge**, die Schlangen
sich **schlän|geln**, du schlängelst dich, sie schlängelt sich
schlank, schlanker, am schlanksten, die Schlankheit
schlapp, schlapper, am schlappsten, die Schlappheit
das **Schla|raf|fen|land**
schlau, schlauer, am schlausten, die Schläue, die Schlauheit
der **Schlauch**, die Schläuche, das Schlauchboot
die **Schlau|fe**, die Schlaufen
schlecht, schlechter, am schlechtesten
schle|cken, du schleckst, er schleckt, die Schleckerei, das Schleckermaul
schlei|chen, du schleichst, er schleicht, er schlich, er ist geschlichen, das Schleichdiktat
der **Schlei|er**, die Schleier, schleierhaft
die **Schlei|fe**, die Schleifen
schlei|fen (schärfen), du schleifst, er schleift, er schliff, er hat geschliffen, der Schliff, der Schleifstein
schlei|fen (hinter sich herziehen), du schleifst, sie schleift, sie schleifte, sie hat geschleift,

die Schleifspur

der **Schleim**, die Schleime, schleimig, schleimiger, am schleimigsten

schlem|men, du schlemmst, sie schlemmt, die Schlemmerei

schlen|dern, du schlenderst, er schlendert

schlen|kern, du schlenkerst, sie schlenkert

schlep|pen, du schleppst, sie schleppt, die Schleppe, der Schlepper, schleppend, schleppender, am schleppendsten, das Schlepptau

Schles|wig-Hol|stein, der Schleswig-Holsteiner, die Schleswig-Holsteinerin, schleswig-holsteinisch

die **Schleu|der**, die Schleudern, schleudern, du schleuderst, er schleudert

die **Schleu|se**, die Schleusen, schleusen, du schleust, sie schleust

schlicht, schlichter, am schlichtesten, die Schlichtheit

schlich|ten, du schlichtest, er schlichtet, die Schlichtung

der **Schlick**, die Schlickablagerung

schlie|ßen, du schließt, er schließt, er schloss, er hat geschlossen, das Schließfach

schließ|lich

schlimm, schlimmer, am schlimmsten, schlimmstenfalls

die **Schlin|ge**, die Schlingen

schlin|gen, du schlingst, er schlingt, er schlang, er hat geschlungen, die Schlinge, die Schlingpflanze

der **Schlips** (Krawatte), die Schlipse

der **Schlit|ten**, die Schlitten, die Schlittenfahrt

schlit|tern, du schlitterst, sie schlittert

der **Schlitt|schuh**, die Schlittschuhe

der **Schlitz**, die Schlitze

das **Schloss** (1. Türschloss, 2. Königsschloss), die Schlösser

der **Schlos|ser**, die Schlosser, die Schlosserin, die Schlosserei

der **Schlot**, die Schlote

schlot|tern, du schlotterst, er schlottert

die **Schlucht**, die Schluchten

schluch|zen, du schluchzt, sie schluchzt

schlu|cken, du schluckst, er schluckt, der Schluck, der Schluckauf, die Schluckimpfung

schlum|mern, du schlummerst, er schlummert, der Schlummer

schlüp|fen, du schlüpfst, er schlüpft, der Schlüpfer, der Schlupfwinkel

schlur|fen, du schlurfst, sie schlurft

schlür|fen, du schlürfst, er schlürft

der **Schluss**, die Schlüsse, das Schlusslicht, schlussfolgern, du schlussfolgerst, sie schlussfolgert

der **Schlüs|sel**, die Schlüssel, der/das Schlüsselbund, das Schlüsselloch

schmäch|tig, schmächtiger, am schmächtigsten, die Schmächtigkeit

schmack|haft, schmackhafter,

am schmackhaftesten

schmä|hen, du schmähst, er schmäht, die Schmähung

schmal, schmaler/schmäler, am schmalsten/schmälsten, die Schmalspur

das **Schmalz**, das Schmalzbrot

schmat|zen, du schmatzt, sie schmatzt

schmau|sen, du schmaust, er schmaust, der Schmaus

schme|cken, es schmeckt, der Geschmack

schmei|cheln, du schmeichelst, er schmeichelt, die Schmeichelei, der Schmeichler, die Schmeichlerin, schmeichelhaft, schmeichelhafter, am schmeichelhaftesten

schmei|ßen, du schmeißt, er schmeißt, er schmiss, er hat geschmissen

schmel|zen, es schmilzt, es schmolz, es ist geschmolzen, der Schmelz, der Schmelzpunkt, das Schmelzwasser

der **Schmerz**, die Schmerzen, schmerzen, es schmerzt, schmerzhaft, schmerzhafter, am schmerzhaftesten, schmerzlich, schmerzlicher, am schmerzlichsten, schmerzlos, die Schmerztablette, schmerzstillend

der **Schmet|ter|ling**, die Schmetterlinge

schmet|tern, du schmetterst, sie schmettert

der **Schmied**, die Schmiede, die Schmiedin, schmieden, du schmiedest, er schmiedet

sich **schmie|gen**, du schmiegst dich, er schmiegt sich, anschmiegsam, anschmiegsamer, am anschmiegsamsten

schmie|ren, du schmierst, er schmiert, die Schmiere, die Schmiererei, schmierig, schmieriger, am schmierigsten, die Schmierseife, der Schmierzettel

die **Schmin|ke**, die Schminken, sich schminken, du schminkst dich, sie schminkt sich

schmir|geln, du schmirgelst, er schmirgelt, das Schmirgelpapier

schmol|len, du schmollst, sie schmollt, der Schmollmund

schmo|ren, du schmorst, er schmort, der Schmorbraten

schmü|cken, du schmückst, sie schmückt, der Schmuck, das Schmuckstück

schmug|geln, du schmuggelst, er schmuggelt, der Schmuggel, der Schmuggler, die Schmugglerin

schmun|zeln, du schmunzelst, sie schmunzelt

schmu|sen, du schmust, sie schmust

der **Schmutz**, schmutzig, schmutziger, am schmutzigsten

der **Schna|bel**, die Schnäbel

die **Schna|ke** (langbeinige Stechmücke), die Schnaken

die **Schnal|le**, die Schnallen

schnal|zen, du schnalzt, sie schnalzt

schnap|pen, du schnappst, er schnappt

der **Schnaps**, die Schnäpse

schnar|chen, du schnarchst,

sie schnarcht

schnat|tern, du schnatterst, er schnattert

schnau|ben, du schnaubst, sie schnaubt

schnau|fen, du schnaufst, er schnauft

die **Schnau|ze**, die Schnauzen, der Schnauzbart

sich **schnäu|zen**, du schnäuzt dich, sie schnäuzt sich

die **Schne|cke**, die Schnecken, das Schneckenhaus, das Schneckentempo

der **Schnee**, der Schneeball, die Schneeflocke, das Schneeglöckchen, der Schneemann, der Schneeregen, schneebedeckt, schneeweiß

schnei|den, du schneidest, er schneidet, er schnitt, er hat geschnitten, der Schnitt

der **Schnei|der**, die Schneider, die Schneiderin, die Schneiderei, schneidern, du schneiderst, sie schneidert

schnei|en, es schneit

die **Schnei|se**, die Schneisen

schnell (→ S. 297), schneller, am schnellsten, die Schnelligkeit, die Schnellstraße, schnelllebig

schnip|peln, du schnippelst, er schnippelt

schnip|pisch, schnippischer, am schnippischsten

der **Schnip|sel**, die Schnipsel

der **Schnitt**, die Schnitte, das Schnittmuster

die **Schnit|te** (Brot), die Schnitten

der **Schnitt|lauch**

das **Schnit|zel**, die Schnitzel

schnit|zen, du schnitzt, sie schnitzt, die Schnitzerei

der **Schnor|chel**, die Schnorchel, schnorcheln, du schnorchelst, er schnorchelt

der **Schnör|kel**, die Schnörkel

schnüf|feln, du schnüffelst, sie schnüffelt, der Schnüffler, die Schnüfflerin

der **Schnul|ler**, die Schnuller

der **Schnup|fen**, die Schnupfen

schnup|pern, du schnupperst, er schnuppert

die **Schnur**, die Schnüre, schnüren, du schnürst, sie schnürt, der Schnürsenkel, schnurgerade

der **Schnurr|bart**, die Schnurrbärte

schnur|ren, du schnurrst, sie schnurrt

der **Schock**, die Schocks, schocken, du schockst, sie schockt, schockiert, schockierter, am schockiertesten

die **Scho|ko|la|de**, die Schokoladen, die Schokocreme, der Schokoladenpudding, der Schokoriegel

die **Schol|le** (1. Eisscholle, 2. Plattfisch), die Schollen

schön (→ S. 297), schöner, am schönsten, die Schönheit

schon

scho|nen, du schonst, er schont, die Schonung, schonungslos, die Schonzeit

schöp|fen, du schöpfst, sie schöpft, die Schöpfkelle

der **Schöp|fer**, die Schöpfer, die Schöpferin, die Schöpfung, das Geschöpf, schöpferisch, schöpferischer, am schöpferischsten

der **Schorf**, die Schorfe, schorfig, schorfiger, am schorfigsten, schorfbedeckt

der **Schorn|stein**, die Schornsteine, der Schornsteinfeger, die Schornsteinfegerin

der **Schoß**, die Schöße

der **Schöss|ling**, die Schösslinge

die **Scho|te**, die Schoten

der **Schot|ter**

schräg, schräger, am schrägsten, die Schräge, der Schrägstrich

die **Schram|me**, die Schrammen, schrammen, du schrammst, sie schrammt

der **Schrank**, die Schränke, die Schrankwand

die **Schran|ke**, die Schranken, schrankenlos

die **Schrau|be**, die Schrauben, schrauben, du schraubst, er schraubt, der Schraubenschlüssel, der Schraubenzieher, der Schraubverschluss

der **Schre|ber|gar|ten**, die Schrebergärten

der **Schreck**, die Schrecke, erschrecken, du erschrickst, sie erschrickt, sie erschrak, sie ist erschrocken, schreckhaft, schreckhafter, am schreckhaftesten, schrecklich, schrecklicher, am schrecklichsten, schreckensbleich

der **Schrei**, die Schreie, der Schreihals

schrei|ben (→ S. 287), du schreibst, er schreibt, er schrieb, er hat geschrieben, der Schreibtisch, schreibfaul

schrei|en, du schreist, er schreit, er schrie, er hat geschrien

schrei|ten, du schreitest, er schreitet, er schritt, er ist geschritten

die **Schrift**, die Schriften, schriftlich, der Schriftsteller, die Schriftstellerin

schrill, schriller, am schrillsten

der **Schritt**, die Schritte, schrittweise

schroff, schroffer, am schroffsten, die Schroffheit

der **Schrott**, verschrotten, du verschrottest, er verschrottet, der Schrotthändler, der Schrotthaufen, der Schrottplatz

schrub|ben, du schrubbst, sie schrubbt, der Schrubber

schrump|fen, du schrumpfst, er schrumpft

der **Schub**, die Schübe, die Schubkarre, auch: der Schubkarren

die **Schub|la|de**, die Schubladen

schüch|tern, schüchterner, am schüchternsten, die Schüchternheit

der **Schuft**, die Schufte

schuf|ten, du schuftest, sie schuftet

der **Schuh**, die Schuhe, der Schuhkarton, der Schuhmacher, die Schuhmacherin, die Schuhsohle

die **Schuld**, der Schuldige, die Schuldige, schuldig, schuldlos, schuldbewusst

A B C D E F G H I J K L M N O P Q R S T U V W X Y Z

die **Schul|den**, schulden, du schuldest, er schuldet, schuldenfrei
die **Schu|le** (→ S. 303), die Schulen, der Schüler, die Schülerin, der Schulbus, der Schulhof, das Schuljahr, das Schullandheim, der Schultag, die Schultasche, schulfrei
die **Schul|ter**, die Schultern, schultern, du schulterst, sie schultert, das Schulterblatt, schulterfrei
schum|meln, du schummelst, er schummelt
der **Schund**
schun|keln, du schunkelst, sie schunkelt
die **Schup|pe**, die Schuppen
der **Schup|pen**, die Schuppen
schü|ren, du schürst, sie schürt
schür|fen, du schürfst, er schürft, die Schürfwunde
der **Schur|ke**, die Schurken
die **Schür|ze**, die Schürzen, schürzen, du schürzt, sie schürzt
der **Schuss**, die Schüsse
die **Schüs|sel**, die Schüsseln
der **Schus|ter**, die Schuster, die Schusterin, die Schusterei
der **Schutt**, der Schutthaufen
schüt|teln, du schüttelst, er schüttelt, der Schüttelfrost
schüt|ten, du schüttest, sie schüttet
der **Schüt|ze**, die Schützen, die Schützin, das Schützenfest
schüt|zen, du schützt, sie schützt, der Schutz, der Schützling, schutzlos, das Schutzblech, der Schutzengel, die Schutzimpfung
schwach, schwächer, am schwächsten, die Schwäche, schwächen, du schwächst, er schwächt, schwächlich, schwächlicher, am schwächlichsten, der Schwachpunkt
der **Schwa|den**, die Schwaden
der **Schwa|ger**, die Schwäger, die Schwägerin
die **Schwal|be**, die Schwalben, das Schwalbennest
der **Schwamm**, die Schwämme, schwammig, schwammiger, am schwammigsten
der **Schwan**, die Schwäne
schwan|ger, die Schwangere, die Schwangerschaft
schwan|ken, du schwankst, er schwankt
der **Schwanz**, die Schwänze, die Schwanzflosse
schwän|zen, du schwänzt, sie schwänzt
der **Schwarm**, die Schwärme, die Schwärmerei, schwärmen, du schwärmst, er schwärmt
die **Schwar|te**, die Schwarten
schwarz, schwärzer, am schwärzesten, das Schwarz, schwärzen, der Schwarzwald, schwarzfahren, schwarz-weiß
schwat|zen, du schwatzt, sie schwatzt
schwe|ben, du schwebst, er schwebt, die Schwebe, die Schwebebahn, der Schwebebalken
Schwe|den, der Schwede,

die Schwedin, schwedisch
der **Schwe|fel**
der **Schweif**, die Schweife
schwei|gen, du schweigst, er schweigt, er schwieg, er hat geschwiegen, das Schweigen, schweigsam, schweigsamer, am schweigsamsten
das **Schwein**, die Schweine, das Schweinefleisch
der **Schweiß**, der Schweißtropfen, schweißgebadet, schweißtreibend, schweißtreibender, am schweißtreibendsten
schwei|ßen, du schweißt, sie schweißt, der Schweißer, die Schweißerin
die **Schweiz**, der Schweizer, die Schweizerin, schweizerisch
schwe|len, es schwelt
die **Schwel|le**, die Schwellen
schwel|len, du schwillst, er schwillt, er schwoll, er ist geschwollen, die Schwellung
schwem|men, du schwemmst, sie schwemmt
schwen|ken, du schwenkst, er schwenkt, die Schwenkung, schwenkbar
schwer, schwerer, am schwersten, die Schwere, schwerelos, die Schwerkraft, schwerfällig, schwerfälliger, am schwerfälligsten
schwer|hö|rig, schwerhöriger, am schwerhörigsten, die Schwerhörigkeit
das **Schwert**, die Schwerter
die **Schwes|ter**, die Schwestern, schwesterlich
die **Schwie|ger|el|tern**, die Schwiegermutter, der Schwiegersohn, die Schwiegertochter, der Schwiegervater
die **Schwie|le**, die Schwielen, schwielig
schwie|rig, schwieriger, am schwierigsten, die Schwierigkeit
schwim|men, du schwimmst, er schwimmt, er schwamm, er ist geschwommen, der Schwimmer, die Schwimmerin, das Schwimmbad, die Schwimmflosse
schwin|deln, du schwindelst, er schwindelt, der Schwindel, der Schwindler, die Schwindlerin
schwin|den, du schwindest, es schwindet, es schwand, es ist geschwunden
schwind|lig/schwindelig, schwindliger, am schwindligsten, schwindelfrei
schwin|gen, du schwingst, er schwingt, er schwang, er hat geschwungen, die Schwingung
schwir|ren, du schwirrst, es schwirrt
schwit|zen, du schwitzt, sie schwitzt, die Schwitzkur
schwö|ren, du schwörst, er schwört, er schwor, er hat geschworen
schwül, schwüler, am schwülsten, die Schwüle
der **Schwung**, die Schwünge, schwungvoll, schwungvoller, am schwungvollsten, das Schwungrad

der **Schwur**, die Schwüre
sechs, sechzehn, sechzig, sechsmal, ein Sechstel
der **See**, die Seen, die Seerose
die **See** (das Meer), der Seehund, der Seeigel, der Seemann, der Seestern, seekrank
die **See|le**, die Seelen, seelisch, der Seelsorger, seelenruhig
das **See|pferd|chen**, die Seepferdchen
das **Se|gel**, die Segel, segeln, du segelst, er segelt, das Segelboot, der Segelflieger
der **Se|gen**, die Segen, segnen, du segnest, sie segnet
se|hen (→ S. 293), du siehst, sie sieht, sie sah, sie hat gesehen, die Sehenswürdigkeit, der Sehtest, sehenswert
die **Seh|ne**, die Sehnen, sehnig, sehniger, am sehnigsten
sich **seh|nen**, du sehnst dich, er sehnt sich, die Sehnsucht, sehnlichst, sehnsüchtig, sehnsüchtiger, am sehnsüchtigsten
sehr
seicht (flach)
die **Sei|de**, die Seiden, seidig, seidiger, am seidigsten, das Seidenpapier, der Seidenschal
die **Sei|fe**, die Seifen, seifig, seifiger, am seifigsten, die Seifenblase
das **Seil**, die Seile, die Seilbahn, der Seiltänzer, die Seiltänzerin
sein, ich bin, du bist, er ist, wir sind, ihr seid, sie sind, sie war, sie ist gewesen
sein, seine, seiner, seinem, seinen
seit, seitdem, seither
die **Sei|te**, die Seiten, seitlich, seitwärts, seitenlang, seitenverkehrt
der **Se|kre|tär**, die Sekretäre, die Sekretärin, das Sekretariat
der **Sekt**, die Sektflasche
die **Sek|te**, die Sekten
die **Se|kun|de** (s), die Sekunden, der Sekundenzeiger
selbst, die Selbstbedienung, der Selbstlaut, das Selbstvertrauen, selbstsüchtig, selbstsüchtiger, am selbstsüchtigsten, selbstverständlich, selbstverständlicher, am selbstverständlichsten
das **Selbst|be|wusst|sein**, selbstbewusst, selbstbewusster, am selbstbewusstesten
selbst|stän|dig, auch: selbständig, selbstständiger, am selbstständigsten, die Selbstständigkeit
se|lig, die Seligkeit
der **Sel|le|rie**, die Sellerie/Selleries, der Selleriesalat
sel|ten, seltener, am seltensten, die Seltenheit
selt|sam, seltsamer, am seltsamsten, die Seltsamkeit
sen|den, du sendest, er sendet, er sandte/sendete, er hat gesandt/gesendet, der Sender, die Sendung
der **Senf**, die Senfgurke
der **Se|ni|or**, die Senioren, die Seniorin, das Seniorenheim
sen|ken, du senkst, er senkt
senk|recht, die Senkrechte
die **Sen|sa|ti|on**, die Sensationen, sensationell, sensationeller,

am sensationellsten, sensationslüstern
die **Sen|se**, die Sensen
sen|si|bel (feinfühlig), sensibler, am sensibelsten
se|pa|rat (getrennt)
der **Sep|tem|ber**
die **Se|rie**, die Serien, serienmäßig, serienweise
die **Ser|pen|ti|ne**, die Serpentinen
das **Ser|vice** (sprich: Ser-wieß; Geschirr), die Service
der/das **Ser|vice** (sprich: ßör-wiss; Kundendienst), die Services
ser|vie|ren, du servierst, sie serviert, die Serviette
der **Ses|sel**, die Sessel, der Sessellift, sesshaft
der/das **Set** (1. Drehort beim Film, 2. etwas Zusammengehöriges), die Sets
set|zen (→ S. 287), du setzt, er setzt, der Setzling (junge Pflanze), besetzt
die **Seu|che**, die Seuchen, verseucht, verseuchter, am verseuchtesten
seuf|zen, du seufzt, sie seufzt, der Seufzer
der **Sex**, die Sexualität, der Sexualkundeunterricht
das **Sham|poo**, die Shampoos
der **She|riff** (Polizeibeamter in den USA), die Sheriffs
das **Shirt**, die Shirts
der **Shop**, die Shops
shop|pen, du shoppst, er shoppt
die **Shorts** (kurze Hose)
die **Show**, die Shows
sich
die **Si|chel**, die Sicheln, sichelförmig
si|cher, sicherer, am sichersten, die Sicherheit, die Sicherung, sichern, du sicherst, er sichert, sicherlich, der Sicherheitsgurt, die Sicherheitsnadel
die **Sicht**, sichten, du sichtest, sie sichtet, die Sichtweise, sichtbar, kurzsichtig, kurzsichtiger, am kurzsichtigsten
si|ckern, es sickert, die Sickergrube
sie
das **Sieb**, die Siebe, sieben, du siebst, er siebt
sie|ben, siebzehn, siebzig, siebenmal, das Siebtel
sie|den, es siedet, der Siedepunkt, der Tauchsieder
die **Sied|lung**, die Siedlungen, siedeln, du siedelst, er siedelt, der Siedler, die Siedlerin
der **Sieg**, die Siege, siegen, du siegst, sie siegt, der Sieger, die Siegerin, die Siegerehrung, siegessicher, siegreich, siegreicher, am siegreichsten
das **Sie|gel**, die Siegel
das **Sig|nal**, die Signale, signalisieren, du signalisierst, er signalisiert
die **Sil|be**, die Silben, das Silbenrätsel, silbenweise
das **Sil|ber**, silbern, silbrig, silbriger, am silbrigsten, die Silberhochzeit, die Silbermedaille
der/das **Si|lo**, die Silos
der/das **Sil|ves|ter**, der Silvesterabend
sim|pel (einfach), simpler, am simpelsten
die **Sin|fo|nie**/Symphonie, die Sinfonien, das Sinfonieorchester

sin|gen, du singst, er singt, er sang, er hat gesungen, der Singvogel
der **Sin|gu|lar** (Einzahl)
sin|ken, du sinkst, es sinkt, es sank, es ist gesunken, der Sinkflug
der **Sinn**, die Sinne, sinnlos, sinnvoll, sinnvoller, am sinnvollsten, sinngemäß
das **Sin|nes|or|gan**, die Sinnesorgane, die Sinnestäuschung
die **Sint|flut**, die Sintfluten
die **Sip|pe**, die Sippen
die **Si|re|ne**, die Sirenen
der **Si|rup**, die Sirupe/Sirups
die **Sit|te**, die Sitten
die **Si|tu|a|ti|on**, die Situationen, situativ
sit|zen, du sitzt, er sitzt, er saß, er hat gesessen, der Sitz, die Sitzung, der Sitzplatz
die **Ska|la**, die Skalen
der **Skan|dal**, die Skandale
der **Skat**, der Skatspieler
das **Skate|board**, die Skateboards
das **Ske|lett**, die Skelette
der **Sketch**, die Sketche
der **Ski**, auch: Schi, die Skier, der Skilauf, die Skipiste, das Skispringen
die **Skiz|ze**, die Skizzen, skizzieren, du skizzierst, sie skizziert, skizzenhaft
der **Skla|ve**, die Sklaven, die Sklavin, die Sklaverei
der **Skor|pi|on**, die Skorpione
der **Skru|pel**, die Skrupel, skrupellos
die **Skulp|tur**, die Skulpturen
der **Sla|lom**, die Slaloms
der **Slip**, die Slips
die **Slo|wa|kei**, der Slowake, die Slowakin, slowakisch
Slo|we|ni|en, der Slowene, die Slowenin, slowenisch
der **Sma|ragd** (Edelstein), die Smaragde, smaragdgrün
der **Smog**, der Smogalarm
die **SMS** (engl.: Short Message Service), die SMS
der **Snack**, die Snacks
das **Snow|board**, die Snowboards
so
so|bald
die **So|cke**, die Socken
der **So|ckel**, die Sockel
so|dann
so|dass, auch: so dass
das **Sod|bren|nen**
so|eben
das **So|fa**, die Sofas
So|fia (Hauptstadt Bulgariens)
so|fort
der **Soft|drink** (Getränk ohne Alkohol), die Softdrinks
das **Soft|eis**
die **Soft|ware**
so|gar
so|gleich
die **Soh|le**, die Sohlen
der **Sohn**, die Söhne
die **So|ja|boh|ne**, die Sojabohnen, die Sojamilch
so|lan|ge (während)
die **So|lar|ener|gie** (Energie, die aus Sonnenlicht gewonnen wird) die Solaranlage, die Solarzelle
solch, solche, solcher, solches
der **Sol|dat**, die Soldaten, die Soldatin
die **So|le** (Salzwasser), die Solen
sol|len, du sollst, sie soll
das **So|lo**, die Solos/Soli, der Solist,

die Solistin, der Solotänzer, die Solotänzerin

der **Sommer**, die Sommer, sommerlich, die Sommerferien

das **Sonderangebot**, die Sonderangebote

sonderbar, sonderbarer, am sonderbarsten

sondern

der **Sonnabend** (Samstag), die Sonnabende, sonnabends

die **Sonne**, die Sonnen, sich sonnen, du sonnst dich, er sonnt sich, sonnig, sonniger, am sonnigsten, die Sonnenblume, der Sonnenbrand, der Sonnenschein, das Sonnensystem, die Sonnenuhr

der **Sonntag**, die Sonntage, sonntäglich, sonntags

sonst

sooft

der **Sopran** (höchste Frauen- oder Knabenstimme), die Soprane, die Sopranistin

die **Sorge**, die Sorgen, sorgen, du sorgst, sie sorgt, sorglos, sorgsam, sorgsamer, am sorgsamsten, das Sorgerecht

die **Sorgfalt**, sorgfältig, sorgfältiger, am sorgfältigsten

die **Sorte**, die Sorten, sortieren, du sortierst, er sortiert

SOS (engl.: Save our souls; Notruf), der SOS-Ruf

die **Soße**, auch: die Sauce, die Soßen

das **Souvenir** (sprich: Su-wö-nier; Andenken), die Souvenirs, der Souvenirladen

soviel

soweit

sowie

sowieso

sowohl ... als auch

sozial, sozialer, am sozialsten

der **Spachtel**, die Spachtel, spachteln, du spachtelst, sie spachtelt

das/der **Spagat**, die Spagate

die **Spaghetti**

spähen, du spähst, er späht, der Späher, die Späherin

der **Spalt**, die Spalte, spalten, du spaltest, sie spaltet, die Spaltung, der Spaltbreit

der **Span**, die Späne, die Spanplatte

das **Spanferkel**, die Spanferkel

die **Spange**, die Spangen

Spanien, der Spanier, die Spanierin, spanisch

spannen, du spannst, er spannt

spannend, spannender, am spannendsten, die Spannung

sparen, du sparst, sie spart, die Sparsamkeit, sparsam, sparsamer, am sparsamsten, das Sparbuch, die Spardose, die Sparkasse

der **Spargel**, die Spargel

spärlich (dürftig), spärlicher, am spärlichsten

der **Spaß**, die Späße, spaßen, du spaßt, sie spaßt, spaßig, spaßiger, am spaßigsten

spät, später, am spätesten, spätestens, sich verspäten, du verspätest dich, sie verspätet sich

der **Spaten**, die Spaten,

der Spatenstich
der **Spatz**, die Spatzen
spa|zie|ren, du spazierst, er spaziert, der Spaziergang, der Spaziergänger, die Spaziergängerin, der Spazierstock
der **Specht**, die Spechte
der **Speck**, speckig, speckiger, am speckigsten
der **Speer**, die Speere
die **Spei|che**, die Speichen, das Speichenrad
der **Spei|chel**, die Speicheldrüse
der **Spei|cher**, die Speicher, speichern, du speicherst, sie speichert
spei|en, du speist, er speit, er spie, sie hat gespien
die **Spei|se**, die Speisen, speisen, du speist, sie speist, die Speisekarte, die Speiseröhre, der Speisesaal
spen|den, du spendest, er spendet, die Spende, der Spender, die Spenderin
spen|die|ren, du spendierst, sie spendiert
der **Sper|ber** (Greifvogel), die Sperber
der **Sper|ling** (Spatz), die Sperlinge
das **Sper|ma**, die Spermien
sper|ren, du sperrst, sie sperrt, die Sperre, die Sperrung, sperrig, sperriger, am sperrigsten, das Sperrholz, der Sperrmüll, sperrangelweit
der **Spe|zi|a|list**, die Spezialisten, die Spezialistin, die Spezialität, sich spezialisieren, du spezialisierst dich, er spezialisiert sich, speziell, spezieller, am speziellsten

spi|cken (1. Fleisch zum Braten mit Speckstreifen versehen, 2. abschreiben), du spickst, sie spickt, der Spickzettel
der **Spie|gel**, die Spiegel, spiegeln, du spiegelst, sie spiegelt, das Spiegelbild, das Spiegelei, die Spiegelschrift, spiegelblank, spiegelglatt
spie|len (→ S. 288), du spielst, er spielt, das Spiel, der Spieler, die Spielerin, spielerisch, spielerischer, am spielerischsten, das Spielfeld, der Spielfilm, der Spielplatz, die Spielsachen, das Spielzeug
der **Spieß**, die Spieße, der Spießbraten
spie|ßig, spießiger, am spießigsten
der **Spi|nat**
die **Spin|del**, die Spindeln, spindeldürr
die **Spin|ne**, die Spinnen, das Spinnennetz, spinnefeind
spin|nen, du spinnst, sie spinnt, sie spann, sie hat gesponnen, das Spinnrad
der **Spi|on**, die Spione, die Spionin, die Spionage, spionieren, du spionierst, er spioniert
die **Spi|ra|le**, die Spiralen, die Spiralfeder
der **Spi|ri|tus**
der **Spitz** (Hunderasse), die Spitze
spitz, spitzer, am spitzesten, die Spitze, der Spitzname, spitzfindig, spitzfindiger, am spitzfindigsten
spit|zen, du spitzt, er spitzt, der Spitzer
der **Split|ter**, die Splitter, splittern,

es splittert
spon|sern, du sponserst, sie sponsert, der Sponsor, die Sponsorin
spon|tan, spontaner, am spontansten, die Spontaneität
der **Sporn** (Stachel/Spitze), die Sporen
der **Sport**, der Sportler, die Sportlerin, sportlich, sportlicher, am sportlichsten, die Sportart, die Sporthalle, der Sportplatz, die Sportstunde
der **Spot** (Werbefilm), die Spots
spot|ten, du spottest, er spottet, der Spott, der Spötter, die Spötterin, spöttisch, spöttischer, am spöttischsten, spottbillig
die **Spra|che**, die Sprachen, sprachlich, sprachlos, der Sprachfehler, die Sprachlehre, sprachgewandt
das/der **Spray** (Zerstäuber von Flüssigkeit), die Sprays, die Spraydose
spre|chen (→ S. 288), du sprichst, sie spricht, sie sprach, sie hat gesprochen, die Sprache, der Sprecher, die Sprecherin, die Sprechblase, die Sprechstunde
sprei|zen, du spreizt, er spreizt, der Spreizfuß
spren|gen, du sprengst, sie sprengt, die Sprengung, der Sprengkörper, der Sprengstoff
das **Sprich|wort**, die Sprichwörter, sprichwörtlich
sprie|ßen, es sprießt, es spross, es ist gesprossen, der Spross
sprin|gen, du springst, sie springt, sie sprang, sie ist gesprungen, der Sprung, der Springer, die Springerin, der Springbrunnen, die Springflut, springlebendig
der **Sprint**, die Sprints, sprinten, du sprintest, er sprintet
sprit|zen, du spritzt, sie spritzt, die Spritze
sprit|zig, spritziger, am spritzigsten
sprö|de, spröder, am sprödesten
der **Spross**, die Sprossen, sprossen, es sprosst, der Sprössling
die **Spros|se**, die Sprossen, die Sprossenwand
der **Spruch**, die Sprüche, spruchreif
spru|deln, du sprudelst, sie sprudelt, der Sprudel
sprü|hen, du sprühst, er sprüht, die Sprühdose, der Sprühregen
der **Sprung**, die Sprünge, das Sprungbrett, die Sprungschanze
spu|cken, du spuckst, sie spuckt, die Spucke
der **Spuk**, die Spuke, spuken, es spukt, spukhaft, spukhafter, am spukhaftesten, die Spukgeschichte, das Spukschloss
die **Spu|le**, die Spulen, spulen, du spulst, sie spult
spü|len, du spülst, er spült, die Spüle, die Spülung, die Spülmaschine
die **Spur**, die Spuren, spuren, du spurst, sie spurt, spurlos
spü|ren, du spürst, er spürt, spürbar, der Spürhund,

A B C D E F G H I J K L M N O P Q R **S** T U V W X Y Z

die Spürnase

der **Spurt**, die Spurts, spurten, du spurtest, sie spurtet

der **Staat**, die Staaten, staatlich, der Staatsbürger, die Staatsbürgerin

der **Stab**, die Stäbe, der Stabhochsprung

sta|bil, stabiler, am stabilsten, die Stabilität

der **Sta|chel**, die Stacheln, stacheln, du stachelst, er stachelt, stachelig/stachlig, stacheliger, am stacheligsten, die Stachelbeere, der Stacheldraht, das Stachelschwein

das **Sta|di|on**, die Stadien

die **Stadt**, die Städte, städtisch, die Stadtmauer, der Stadtplan, der Stadtrat, stadtbekannt

die **Staf|fel**, die Staffeln, der Staffellauf

die **Staf|fe|lei**, die Staffeleien

der **Stahl**, die Stähle, stählen, du stählst, er stählt, stählern, der Stahlbeton, die Stahlfeder, stahlhart

der **Stall**, die Ställe, die Stallung, der Stallmist

der **Stamm**, die Stämme, stammen, du stammst, er stammt, der Stammbaum, das Stammbuch

stam|meln, du stammelst, sie stammelt

stäm|mig, stämmiger, am stämmigsten

stamp|fen, du stampfst, er stampft

der **Stand**, die Stände, standhaft, standhafter, am standhaftesten, das Standlicht, der Standort, der Standpunkt, standhalten, du hältst stand, er hält stand, er hielt stand, er hat standgehalten

der **Stän|der**, die Ständer

das **Stan|des|amt**, die Standesämter

stän|dig

die **Stan|ge**, die Stangen

der **Stän|gel**, die Stängel

stan|zen, du stanzt, er stanzt

der **Sta|pel**, die Stapel, der Stapellauf, stapelweise

sta|peln, du stapelst, sie stapelt

stap|fen, du stapfst, er stapft

der **Star** (Vogel), die Stare

der **Star** (Künstler), die Stars

stark, stärker, am stärksten, die Stärke, die Stärkung, stärken, du stärkst, sie stärkt

starr, starrer, am starrsten, starren, du starrst, er starrt, der Starrkopf, der Starrsinn

der **Start**, die Starts, starten, du startest, sie startet, der Startschuss, startbereit

die **Sta|ti|on**, die Stationen

das **Sta|tiv**, die Stative

statt, anstatt, stattdessen

statt|fin|den, es findet statt, es fand statt, es hat stattgefunden

statt|lich, stattlicher, am stattlichsten

die **Sta|tue**, die Statuen

der **Stau**, die Staus, sich stauen, es staut sich, der Staudamm, der Stauraum, der Stausee

der **Staub**, stauben, es staubt, staubig, staubiger, am staubigsten

staub|sau|gen/Staub saugen, du staubsaugst/saugst Staub, er staubsaugt/saugt Staub, der Staubsauger

die **Stau|de**, die Stauden, der Staudensellerie

stau|en, du staust, sie staut

stau|nen, du staunst, er staunt, erstaunt, erstaunter, am erstauntesten

das **Steak**, die Steaks

ste|chen, du stichst, er sticht, er stach, er hat gestochen, die Stechmücke

ste|cken, du steckst, sie steckt, der Stecken, der Stecker, der Steckbrief, die Steckdose, die Stecknadel

der **Steg**, die Stege

ste|hen, du stehst, sie steht, sie stand, sie ist gestanden, die Stehlampe, der Stehplatz

steh|len, du stiehlst, er stiehlt, er stahl, er hat gestohlen

steif, steifer, am steifsten, die Steifheit

stei|gen, du steigst, sie steigt, sie stieg, sie ist gestiegen, die Steigung, der Steigbügel

stei|gern, du steigerst, er steigert, die Steigerung

steil, steiler, am steilsten, der Steilhang, die Steilküste

der **Stein**, die Steine, steinig, steiniger, am steinigsten, der Steinbruch, die Steinkohle, das Steinobst, die Steinzeit, steinalt, steinhart, steinreich

stel|len, du stellst, er stellt, die Stelle, die Stellung, der Stellvertreter, die Stellvertreterin, stellenweise

die **Stel|ze**, die Stelzen, stelzen, du stelzt, sie stelzt

stem|men, du stemmst, sie stemmt, das Stemmeisen

der **Stem|pel**, die Stempel, stempeln, du stempelst, er stempelt, das Stempelkissen

der **Stepp** (Tanz)

die **Step|pe**, die Steppen

step|pen, du steppst, er steppt, die Steppdecke

ster|ben, du stirbst, er stirbt, er starb, er ist gestorben, sterblich, sterbenskrank, sterbenslangweilig

die **Ste|reo|an|la|ge**, die Stereoanlagen

ste|ril (keimfrei, unfruchtbar), sterilisieren, du sterilisierst, er sterilisiert, die Sterilisation

der **Stern**, die Sterne, das Sternbild, die Sternschnuppe, die Sternwarte, das Sternzeichen, sternförmig, sternklar, auch: sternenklar

das **Ste|thos|kop**, die Stethoskope

stets, stetig

das **Steu|er** (Lenkvorrichtung), die Steuer, die Steuerung, steuern, du steuerst, sie steuert, steuerlos, der Steuermann, das Steuerrad

die **Steu|er** (Abgabe), die Steuern

der **Ste|ward** (sprich: Stju-ard), die Stewards, die Stewardess

der **Stich**, die Stiche, sticheln, du stichelst, er stichelt

das **Stich|wort**, die Stichwörter, stichwortartig

sti|cken, du stickst, sie stickt, die Stickerei

der **Sti|cker**, die Sticker

sti|ckig, stickiger, am stickigsten

der **Stie|fel**, die Stiefel, stiefeln, du stiefelst, er stiefelt

die **Stief|el|tern**, die Stiefmutter,

der Stiefvater
das **Stief|müt|ter|chen**, die Stiefmütterchen
der **Stiel**, die Stiele
der **Stier**, die Stiere
der **Stift** (Schreibgerät), die Stifte, der Stiftzahn
das **Stift** (Kloster), die Stifte
stif|ten, du stiftest, sie stiftet, die Stiftung
still, stiller, am stillsten, die Stille, der Stillstand, stillschweigend
stil|len, du stillst, sie stillt
die **Stim|me**, die Stimmen, die Stimmbänder, der Stimmbruch, die Stimmgabel
stim|men, du stimmst, er stimmt, die Stimmung, bestimmt, stimmungsvoll, stimmungsvoller, am stimmungsvollsten
stin|ken, du stinkst, es stinkt, es stank, es hat gestunken
das **Stink|tier**, die Stinktiere
die **Stirn**, die Stirnen, das Stirnband, das Stirnrunzeln
stö|bern, du stöberst, sie stöbert
sto|chern, du stocherst, er stochert
der **Stock** (Stab), die Stöcke
der **Stock** (Etage), das Stockwerk
stock|dun|kel
sto|cken, du stockst, er stockt
Stock|holm (Hauptstadt Schwedens)
der **Stoff**, die Stoffe, der Stoffballen, das Stofftier
stöh|nen, du stöhnst, sie stöhnt
der **Stol|len** (1. Gebäck, 2. unterirdischer Gang), die Stollen
stol|pern, du stolperst, er stolpert
stolz, stolzer, am stolzesten, der Stolz, stolzieren, du stolzierst, sie stolziert
stop|fen, du stopfst, er stopft, die Verstopfung
der **Stopp**, die Stopps, das Stopplicht, das Stoppschild
stop|pen, du stoppst, sie stoppt, die Stoppuhr
der **Stöp|sel**, die Stöpsel
der **Storch**, die Störche, das Storchennest
stö|ren, du störst, er stört, die Störung, störend, störender, am störendsten
stör|risch, störrischer, am störrischsten
die **Sto|ry**, die Storys
sto|ßen, du stößt, sie stößt, sie stieß, sie hat gestoßen, der Stoß, der Stoßdämpfer, die Stoßstange, stoßsicher
stot|tern, du stotterst, er stottert, der Stotterer, die Stotterin
die **Stra|fe**, die Strafen, der Sträfling, strafen, du strafst, sie straft, strafbar, sträflich, sträflicher, am sträflichsten, die Strafarbeit, der Strafraum, der Strafstoß, die Straftat, der Strafzettel, straffrei
straff, straffer, am straffsten, die Straffheit
der **Strahl**, die Strahlen, strahlen, du strahlst, sie strahlt, die Strahlung, strahlend, strahlender, am strahlendsten
die **Sträh|ne**, die Strähnen, strähnig, strähniger, am strähnigsten
stramm, strammer,

am strammsten

stram|peln, du strampelst, er strampelt, der Strampelanzug

der **Strand**, die Strände, der Strandkorb

stran|den, du strandest, sie strandet

die **Stra|pa|ze**, die Strapazen, strapazieren, du strapazierst, sie strapaziert, strapazierfähig, strapazierfähiger, am strapazierfähigsten

die **Stra|ße** (→ S. 304), die Straßen, die Straßenbahn, der Straßengraben, die Straßenkreuzung, der Straßenverkehr

die **Stra|te|gie**, die Strategien, das Strategiespiel

sich **sträu|ben**, du sträubst dich, er sträubt sich

der **Strauch**, die Sträucher

strau|cheln, du strauchelst, sie strauchelt

der **Strauß** (Blumenstrauß), die Sträuße

der **Strauß** (Vogel), die Strauße, das Straußenei

stre|ben, du strebst, er strebt, der Streber, die Streberin, strebsam, strebsamer, am strebsamsten

die **Stre|cke**, die Strecken, streckenweise

sich **stre|cken**, du streckst dich, sie streckt sich

der **Streich**, die Streiche

strei|cheln, du streichelst, er streichelt, die Streicheleinheit

strei|chen, du streichst, er streicht, er strich, er hat gestrichen, der Strich

das **Streich|holz**, die Streichhölzer

strei|fen, du streifst, er streift, der Streifen, der Streifzug

der **Streik**, die Streiks, streiken, du streikst, sie streikt

strei|ten (→ S. 294), du streitest, er streitet, er stritt, er hat gestritten, der Streit, der Streitschlichter, streitsüchtig, streitsüchtiger, am streitsüchtigsten

streng, strenger, am strengsten, die Strenge

der **Stress**, stressig, stressiger, am stressigsten, die Stresssituation, auch: Stress-Situation

streu|en, du streust, sie streut, die Streu, die Streuung, der Streusand

streu|nen, du streunst, er streunt, der Streuner

der **Streu|sel**, die Streusel, der Streuselkuchen

der **Strich**, die Striche, stricheln, du strichelst, er strichelt

der **Strich|code**

der **Strick**, die Stricke, die Strickleiter

stri|cken, du strickst, sie strickt, die Strickjacke

strie|geln, du striegelst, er striegelt

der **Strie|men**, die Striemen

das **Stroh**, der Strohhalm, der Strohhut

der **Strom** (großer Fluss), die Ströme, die Strömung, strömen, es strömt, stromabwärts, stromaufwärts

der **Strom** (Elektrizität), der Stromausfall, der Stromkreis, die Stromleitung

die **Stro|phe**, die Strophen

strot|zen, du strotzt, sie strotzt
strub|be|lig, strubbeliger, am strubbeligsten, der Strubbelkopf
der **Stru|del**, die Strudel
der **Strumpf**, die Strümpfe, die Strumpfhose
strup|pig, struppiger, am struppigsten
der **Struw|wel|pe|ter**
die **Stu|be**, die Stuben, der Stubenhocker, stubenrein
das **Stück**, die Stücke, stückeln, du stückelst, er stückelt, stückweise
stu|die|ren, du studierst, sie studiert, das Studium, der Student, die Studentin
das **Stu|dio**, die Studios
die **Stu|fe**, die Stufen, stufenweise
der **Stuhl**, die Stühle
stül|pen, du stülpst, er stülpt, die Stulpe
stumm, der Stummfilm
der **Stum|mel**, die Stummel
der **Stüm|per**, die Stümper, die Stümperin, stümperhaft
der **Stumpf**, die Stümpfe, der Baumstumpf
stumpf, stumpfer, am stumpfesten, der Stumpfsinn, stumpfsinnig, stumpfsinniger, am stumpfsinnigsten
die **Stun|de** (Std.), die Stunden, stündlich, der Stundenplan, stundenlang
stup|sen, du stupst, sie stupst, die Stupsnase
stur, sturer, am stursten, die Sturheit
der **Sturm**, die Stürme, stürmen, es stürmt, stürmisch, stürmischer, am stürmischsten, die Sturmflut
der **Stür|mer** (im Fußball), die Stürmer, die Stürmerin
stür|zen, du stürzt, er stürzt, der Sturz, der Sturzbach, der Sturzhelm
die **Stu|te**, die Stuten
stut|zen, du stutzt, sie stutzt, stutzig
stüt|zen, du stützt, sie stützt, die Stütze, der Stützpunkt
das **Sty|ro|por**® (ein Kunststoff)
das **Sub|jekt** (Satzgegenstand), die Subjekte
das **Sub|stan|tiv**, die Substantive
sub|tra|hie|ren (abziehen), du subtrahierst, er subtrahiert, der Subtrahend, die Subtraktion
su|chen, du suchst, er sucht, die Suche
die **Sucht**, die Süchte, süchtig, süchtiger, am süchtigsten
Süd|ame|ri|ka, der Südamerikaner, die Südamerikanerin, südamerikanisch
der **Sü|den**, südlich, südlicher, am südlichsten, der Südwind
der **Süd|pol**
die **Süh|ne**, sühnen, du sühnst, er sühnt
die **Sum|me**, die Summen, der Summand, summieren, du summierst, sie summiert
sum|men, du summst, er summt, der Summton
der **Sumpf**, die Sümpfe, sumpfig, sumpfiger, am sumpfigsten
die **Sün|de**, die Sünden, der Sünder, die Sünderin, sündigen, du sündigst, sie sündigt, sündhaft,

sündhafter, am sündhaftesten
su|per
der **Su|per|la|tiv** (2. Steigerungsstufe), die Superlative
der **Su|per|markt**, die Supermärkte
der **Su|per|star**, die Superstars
die **Sup|pe**, die Suppen, der Suppenlöffel
sur|fen (sprich: ßör-fen; 1. mit dem Surfbrett auf dem Wasser gleiten, 2. im Internet nach Informationen suchen), du surfst, er surft, der Surfer, die Surferin, das Surfbrett
sur|ren, es surrt
süß, süßer, am süßesten, die Süße, die Süßigkeit, süßen, du süßt, er süßt, süßlich, süßlicher, am süßlichsten, süßsauer
das/der **SUV** (engl.: sport utility vehicle; Geländewagen)
das **Sweat|shirt**, die Sweatshirts
der **Swim|ming|pool**, die Swimmingpools
das **Sym|bol**, die Symbole, symbolisch
die **Sym|me|trie** (spiegelbildliche Übereinstimmung), symmetrisch
die **Sym|pa|thie**, die Sympathien, sympathisch, sympathischer, am sympathischsten
die **Sym|pho|nie**/Sinfonie, die Symphonien
die **Sy|na|go|ge** (jüdisches Gotteshaus), die Synagogen
das **Sys|tem**, die Systeme, systematisch, systematischer, am systematischsten
die **Sze|ne**, die Szenen

der **Ta|bak**, die Tabaksdose
die **Ta|bel|le**, die Tabellen, tabellarisch, der Tabellenstand
das **Ta|blett**, die Tabletts/Tablette
die **Ta|blet|te**, die Tabletten
der **Ta|cho** (Tachometer), die Tachos
der **Ta|del**, die Tadel, tadeln, du tadelst, sie tadelt, tadellos
die **Ta|fel** (festlich geschmückter Tisch), die Tafeln, tafeln, du tafelst, er tafelt
die **Ta|fel** (Unterrichtshilfsmittel), die Tafeln
der **Tag**, die Tage, die Tagung, täglich, das Tagebuch, das Tageslicht, der Tageslichtprojektor, die Tageszeit, die Tageszeitung, tagelang, tagsüber, tagtäglich
der **Tai|fun**, die Taifune
die **Tail|le** (sprich: Tall-je), die Taillen
der **Takt**, die Takte, taktlos, taktvoll, das Taktgefühl, der Taktstock
die **Tak|tik**, die Taktiken
das **Tal**, die Täler, die Talfahrt, die Talsohle, die Talsperre
das **Ta|lent**, die Talente, talentiert
der **Talg**, die Talge, die Talgdrüse
der **Ta|lis|man**, die Talismane
die **Talk|show**, die Talkshows, der Talkmaster, die Talkmasterin
Tal|linn (Hauptstadt Estlands)
das **Tam|bu|rin** (Handtrommel), die Tamburine
der **Tam|pon** (Wattebausch), die Tampons
das **Tan|dem** (Fahrrad für 2 Personen),

die Tandems
der **Tang** (größere Algenarten)
tan|ken, du tankst, sie tankt, der Tank, der Tanker, die Tankstelle
die **Tan|ne**, die Tannen, der Tannenbaum, der Tannenzapfen
die **Tan|te**, die Tanten
tan|zen, du tanzt, sie tanzt, tänzeln, du tänzelst, sie tänzelt, der Tanz, der Tänzer, die Tänzerin, der Tanzsaal, die Tanzschule
die **Ta|pe|te**, die Tapeten, tapezieren, du tapezierst, sie tapeziert, der Tapetenkleister
tap|fer, tapferer, am tapfersten, die Tapferkeit
tap|pen, du tappst, sie tappt
sich **tar|nen**, du tarnst dich, er tarnt sich, die Tarnung, die Tarnkappe
die **Ta|sche**, die Taschen, das Taschenbuch, das Taschengeld, die Taschenlampe, das Taschenmesser, der Taschenrechner, das Taschentuch
die **Tas|se**, die Tassen
die **Tas|te**, die Tasten, die Tastatur, der Tastsinn
tas|ten, du tastest, er tastet
die **Tat**, die Taten, der Täter, die Täterin, tatenlos, der Tatort, tatkräftig
tä|tig, die Tätigkeit, das Tätigkeitswort
tä|to|wie|ren, du tätowierst, er tätowiert, die Tätowierung
die **Tat|sa|che**, die Tatsachen
tat|säch|lich
tät|scheln, du tätschelst, sie tätschelt
die **Tat|ze**, die Tatzen
das **Tau** (langes Seil), die Taue, das Tauziehen
der **Tau** (Niederschlag), der Tautropfen
taub, der Taube, die Taube, die Taubheit
die **Tau|be**, die Tauben, der Taubenschlag, taubengrau
tau|chen, du tauchst, sie taucht, der Taucher, die Taucherin, der Taucheranzug, die Taucherbrille
tau|en, es taut, das Tauwetter
die **Tau|fe**, die Taufen, taufen, du taufst, er tauft, der Täufling, der Taufname, der Taufpate, die Taufpatin
tau|gen, du taugst, es taugt, tauglich, der Taugenichts
tau|meln, du taumelst, er taumelt, der Taumel, taumelig/taumlig
tau|schen, du tauschst, sie tauscht, der Tausch
täu|schen, du täuschst, er täuscht, die Täuschung
tau|send, Tausende, auch: tausende, tausendfach, tausendmal
die **Tau|send|füß|ler**/Tausendfüßer, die Tausendfüßler/Tausendfüßer
das **Ta|xi**/die Taxe, die Taxis/Taxen, der Taxifahrer, die Taxifahrerin
das **Team** (Mannschaft), die Teams, die Teamarbeit
die **Tech|nik**, die Techniken, der Techniker, die Technikerin,

die Technologie, technisch

der **Ted|dy**, die Teddys, der Teddybär

der **Tee**, die Tees, der Teebeutel, die Teekanne, der Teelöffel

der **Teen|ager**, die Teenager

der **Teer**, teeren, du teerst, er teert, die Teerpappe

der **Teich**, die Teiche

der **Teig**, die Teige, teigig, die Teigwaren

das **Teil** (Stück), die Teile

der **Teil** (vom Ganzen), die Teile

tei|len, du teilst, er teilt, der Teiler, die Teilung, teilbar, teilhaben, du hast teil, er hat teil, teilweise

teil|neh|men, du nimmst teil, er nimmt teil, er nahm teil, er hat teilgenommen, die Teilnahme, der Teilnehmer, die Teilnehmerin, teilnahmslos

der **Teint** (sprich: Täh; Gesichtsfarbe), die Teints

das **Te|le|fon**, die Telefone, telefonieren, du telefonierst, sie telefoniert, telefonisch, das Mobiltelefon, das Telefonbuch

das **Te|le|gramm**, die Telegramme, telegrafieren, auch: telegraphieren, du telegrafierst, er telegrafiert, telegrafisch

der **Tel|ler**, die Teller

der **Tem|pel**, die Tempel

das **Tem|pe|ra|ment**, die Temperamente, temperamentvoll, temperamentvoller, am temperamentvollsten

die **Tem|pe|ra|tur**, die Temperaturen

das **Tem|po**, die Tempos/Tempi

das **Ten|nis**, der Tennisball, der Tennisschläger, das Tennisspiel, Tennis spielen, du spielst Tennis, sie spielt Tennis

der **Te|nor** (hohe Männerstimme), die Tenöre

der **Tep|pich**, die Teppiche, der Teppichboden

der **Ter|min**, die Termine, der Terminkalender

das **Ter|ra|ri|um**, die Terrarien

die **Ter|ras|se**, die Terrassen

der **Ter|ri|er**, die Terrier

die **Ter|ri|ne** (Suppenschüssel), die Terrinen

der **Ter|ror**, der Terrorist, die Terroristin, der Terrorismus, terrorisieren, du terrorisierst, er terrorisiert

der **Test**, die Tests/Teste, testen, du testest, er testet, das Testbild

das **Tes|ta|ment**, die Testamente

teu|er, teurer, am teuersten

der **Teu|fel**, die Teufel, die Teufelin, teuflisch

der **Text**, die Texte

die **Tex|ti|li|en**

das **The|a|ter**, die Theater, die Theaterkarte, das Theaterstück

die **The|ke**, die Theken

das **The|ma**, die Themen, auch: Themata

die **The|o|rie**, die Theorien, theoretisch

die **The|ra|pie** (Heilbehandlung), die Therapien

das **Ther|mal|bad**, die Thermalbäder

das **Ther|mo|me|ter**, die Thermometer

die **Ther|mos|fla|sche**, die Thermosflaschen
der **Thron**, die Throne
der **Thun|fisch**, die Thunfische
Thü|rin|gen, der Thüringer, die Thüringerin, thüringisch
der **Thy|mi|an** (Gewürzpflanze)
der **Tick**, die Ticks
ti|cken, du tickst, sie tickt
das **Ti|cket**, die Tickets
tief, tiefer, am tiefsten, das Tief, die Tiefe, der Tiefgang, die Tiefgarage, die Tiefkühltruhe, tiefgefroren, tiefgekühlt
das **Tier**, die Tiere, tierisch, der Tierarzt, die Tierärztin, der Tierpfleger, die Tierpflegerin, die Tierquälerei, der Tierschutz, tierlieb
der **Ti|ger**, die Tiger
til|gen, du tilgst, er tilgt, die Tilgung
die **Tin|te**, der Tintenfisch, der Tintenklecks
das **Ti|pi** (kegelförmiges Zelt), die Tipis
der **Tipp**, die Tipps, der Tippzettel
tip|pen (auf einer Tastatur schreiben), du tippst, sie tippt, der Tippfehler
tip|pen (wetten), du tippst, er tippt, der Tippschein
der **Tisch**, die Tische, die Tischdecke, das Tischtennis
der **Tisch|ler**, die Tischler, die Tischlerin, die Tischlerei, tischlern, du tischlerst, er tischlert
der **Ti|tel**, die Titel, das Titelbild, das Titelblatt
der **Toast**, die Toaste/Toasts, der Toaster, toasten, du toastest, sie toastet
to|ben, du tobst, er tobt, die Tobsucht, tobsüchtig
die **Toch|ter**, die Töchter
der **Tod**, die Tode, tödlich, der Todesfall, todernst, todkrank, todsicher
der **To|fu** (Produkt aus Sojapflanzen)
die **To|i|let|te**, die Toiletten, das Toilettenpapier
To|kio (Hauptstadt Japans)
to|le|rant, toleranter, am tolerantesten, die Toleranz
toll, toller, am tollsten, die Tollkirsche, tollkühn
tol|len (herumspringen), du tollst, sie tollt
der **Toll|patsch**, die Tollpatsche, tollpatschig, tollpatschiger, am tollpatschigsten
die **Toll|wut**, tollwütig
der **Töl|pel**, die Tölpel, tölpelhaft
die **To|ma|te**, die Tomaten, das Tomatenmark, der Tomatensaft
die **Tom|bo|la**, die Tombolas
der **Ton** (Laut), die Töne, tönen, es tönt, die Tonart, das Tonband, die Tonleiter
der **Ton** (Lehm), die Tone, das Tongefäß
die **Ton|ne** (t), die Tonnen, tonnenweise
der **Topf**, die Töpfe, der Topflappen, die Topfpflanze
töp|fern, du töpferst, sie töpfert, der Töpfer, die Töpferin, die Töpferei
das **Tor** (großer Durchgang), die Tore, der Torlauf, der Torwart, die Torfrau
der **Tor** (Narr), die Toren, die Törin, die Torheit, töricht, törichterweise

der **Torf**, das Torfmoor, der Torfmull
tor|keln, du torkelst, er torkelt
der **Tor|na|do** (Wirbelsturm), die Tornados
der **Tor|nis|ter** (Ranzen eines Soldaten), die Tornister
die **Tor|te**, die Torten, der Tortenheber
die **Tor|tel|li|ni**
to|sen, er tost
tot, der Tote, die Tote, die Tötung, töten, du tötest, er tötet, der Totengräber, sich totlachen, du lachst dich tot, er lacht sich tot, totenblass, totenstill
to|tal, der Totalschaden
die **Tour** (Fahrt), die Touren, die Tournee (Gastspielreise)
der **Tou|rist** (Urlaubsreisender), die Touristen, die Touristin, der Tourismus, touristisch
tra|ben, du trabst, es trabt, der Trab
die **Tracht**, die Trachten, der Trachtenanzug, das Trachtenkleid
trach|ten, du trachtest, er trachtet
träch|tig (tragend)
die **Tra|di|ti|on**, die Traditionen, traditionell, trditioneller, am traditionellsten
der **Tra|fo** (Transformator), die Trafos
trä|ge, träger, am trägsten, die Trägheit
tra|gen, du trägst, er trägt, er trug, er hat getragen, der Träger, die Trägerin, tragbar, die Tragfläche, tragfähig
tra|gisch, tragischer, am tragischsten, die Tragik
trai|nie|ren (üben), du trainierst, er trainiert, das Training, der Trainer, die Trainerin, der Trainingsanzug
der **Trak|tor**, die Traktoren
tram|peln, du trampelst, er trampelt, der Trampelpfad
tram|pen, du trampst, er trampt, der Tramper, die Tramperin
das **Tram|po|lin**, die Trampoline
die **Trä|ne**, die Tränen, tränen, es tränt
trän|ken, du tränkst, sie tränkt, die Tränke
der **Tran|sis|tor**, die Transistoren
das **Trans|pa|rent**, die Transparente
der **Trans|port**, die Transporte, transportieren, du transportierst, er transportiert
das **Tra|pez**, die Trapeze, der Trapezkünstler, die Trapezkünstlerin
die **Tras|se** (Verlauf eines Verkehrsweges), die Trassen
die **Trau|be**, die Trauben, der Traubensaft, der Traubenzucker
sich **trau|en** (Mut haben), du traust dich, sie traut sich
trau|en (verheiraten), du traust, er traut, die Trauung, der Trauzeuge, die Trauzeugin
trau|ern, du trauerst, sie trauert, die Trauer
träu|feln, du träufelst, sie träufelt
der **Traum**, die Träume, der Träumer, die Träumerin, träumen, du träumst, sie träumt, träumerisch, träumerischer, am träumerischsten, traumhaft,

traumhafter, am traumhaftesten, das Traumpaar

trau|rig, trauriger, am traurigsten, die Traurigkeit

der **Tre|cker**, die Trecker

tref|fen, du triffst, sie trifft, sie traf, sie hat getroffen, der Treffer, treffend, treffender, am treffendsten, treffsicher, treffsicherer, am treffsichersten

sich **tref|fen**, du triffst dich, er trifft sich, er traf sich, er hat sich getroffen, das Treffen, der Treffpunkt

trei|ben, du treibst, er treibt, er trieb, er hat getrieben, das Treiben, die Treibjagd, der Treibstoff

tren|nen, du trennst, sie trennt, die Trennung, die Trennwand

die **Trep|pe**, die Treppen, treppauf, treppab, das Treppengeländer, das Treppenhaus

der **Tre|sor**, die Tresore

tre|ten, du trittst, er tritt, er trat, er hat getreten, das Tretboot

treu, treuer, am treusten, auch: am treuesten, die Treue, treuherzig, treulos

der/die **Tri|an|gel** (Musikinstrument), die Triangeln

die **Tri|bü|ne**, die Tribünen

der **Trich|ter**, die Trichter, eintrichtern, du trichterst ein, er trichtert ein, trichterförmig

der **Trick**, die Tricks, tricksen, du trickst, sie trickst, der Trickfilm

der **Trieb**, die Triebe, der Triebwagen, das Triebwerk

trie|fen, du triefst, er trieft, triefnass

trif|tig (stichhaltig), triftiger, am triftigsten

das **Tri|kot**, die Trikots

tril|lern, du trillerst, er trillert, der Triller, die Trillerpfeife

sich **trim|men**, du trimmst dich, er trimmt sich

trin|ken (→ S. 294), du trinkst, er trinkt, er trank, er hat getrunken, der Trank, trinkbar, das Trinkgeld, das Trinkwasser

trip|peln, du trippelst, sie trippelt

trist, trister, am tristesten, die Tristesse, die Tristheit

der **Tritt**, die Tritte, das Trittbrett

der **Tri|umph**, die Triumphe, triumphieren, du triumphierst, sie triumphiert

tro|cken, trockener, am trockensten, die Trockenheit

trock|nen, du trocknest, sie trocknet, der Trockner

der **Trö|del**, der Trödelmarkt

trö|deln, du trödelst, er trödelt

der **Trog**, die Tröge

die **Trom|mel**, die Trommeln, der Trommler, die Trommlerin, trommeln, du trommelst, er trommelt, das Trommelfell

die **Trom|pe|te**, die Trompeten, der Trompeter, die Trompeterin, trompeten, du trompetest, er trompetet

die **Tro|pen**, tropisch

tröp|feln, es tröpfelt

trop|fen, du tropfst, sie tropft, der Tropfen, die Tropfsteinhöhle, tropfnass

der **Trost**, trösten, du tröstest, sie tröstet, tröstlich, trostlos, der Trostpreis

der **Trottel** (Dummkopf), die Trottel
trotten, du trottest, er trottet
der **Trotz**, trotzen, du trotzt, sie trotzt, trotzig, trotziger, am trotzigsten
trotz, trotzdem
trüb, trüber, am trübsten, die Trübsal, trüben, es trübt, betrübt, trübselig, trübsinnig
der **Trubel**
trügen, du trügst, er trügt, er trog, er hat getrogen, trügerisch
die **Truhe**, die Truhen
die **Trümmer**, der Trümmerhaufen
der **Trumpf**, die Trümpfe
die **Truppe**, die Truppen
der **Truthahn**, die Truthähne
Tschechien, der Tscheche, die Tschechin, tschechisch
tschüss!, auch: Servus!
das **T-Shirt**, die T-Shirts
der **Tsunami** (meterhohe Flutwelle), die Tsunamis
die **Tube**, die Tuben
die **Tuberkulose** (Lungenkrankheit)
das **Tuch**, die Tücher
tüchtig, tüchtiger, am tüchtigsten, die Tüchtigkeit
die **Tücke**, die Tücken, tückisch, tückischer, am tückischsten
tüfteln, du tüftelst, er tüftelt, der Tüftler, die Tüftlerin, die Tüftelei
die **Tugend**, die Tugenden, tugendhaft
die **Tulpe**, die Tulpen
sich **tummeln**, du tummelst dich, sie tummelt sich
der **Tumor**, die Tumore
der **Tümpel**, die Tümpel
der **Tumult**, die Tumulte
tun, du tust, er tut, er tat, er hat getan, das Tun
tunken, du tunkst, sie tunkt, die Tunke
der **Tunnel**, die Tunnel/Tunnels
tupfen, du tupfst, sie tupft, der Tupfer
die **Tür**, die Türen, die Türklinke, das Türschloss
der **Turban**, die Turbane
die **Turbine**, die Turbinen
turbulent (ungestüm), turbulenter, am turbulentesten
die **Türkei**, der Türke, die Türkin, türkisch
türkis
der **Turm**, die Türme, die Turmuhr, turmhoch
turnen, du turnst, sie turnt, der Turner, die Turnerin, die Turnhalle, der Turnverein
das **Turnier**, die Turniere
die **Tusche**, die Tuschen, der Tuschkasten
tuscheln, du tuschelst, sie tuschelt
die **Tüte**, die Tüten
tuten, du tutest, er tutet
der **Typ**, die Typen, typisch
der **Tyrann**, die Tyrannen, tyrannisieren, du tyrannisierst, er tyrannisiert

die **U-Bahn** (Untergrundbahn), die U-Bahnen

übel, übler, am übelsten, das Übel, die Übelkeit, der Übeltäter, die Übeltäterin, übellaunig, übellauniger, am übellaunigsten

üben, du übst, er übt, die Übung

über

über|all

das **Über|bleib|sel**, die Überbleibsel

der **Über|blick**, überblicken, du überblickst, sie überblickt

über|drüs|sig, der Überdruss

über|ei|nan|der

über|emp|find|lich

der **Über|fall**, die Überfälle, überfallen, du überfällst, er überfällt, er überfiel, er hat überfallen

der **Über|fluss**, überflüssig

über|flu|ten, es überflutet, die Überflutung

über|for|dern, du überforderst, sie überfordert, die Überforderung

der **Über|gang**, die Übergänge

über|ge|ben, du übergibst, er übergibt, er übergab, er hat übergeben, die Übergabe

über|glück|lich

über|haupt

über|heb|lich, überheblicher, am überheblichsten

über|ho|len, du überholst, sie überholt, das Überholverbot

über|le|gen, du überlegst, er überlegt, die Überlegung

über|lis|ten, du überlistest, sie überlistet

über|mä|ßig

über|mor|gen

über|mü|det, die Übermüdung

der **Über|mut**, übermütig, übermütiger, am übermütigsten

über|nach|ten, du übernachtest, er übernachtet, die Übernachtung

über|neh|men, du übernimmst, er übernimmt, er übernahm, er hat übernommen

über|prü|fen, du überprüfst, sie überprüft, die Überprüfung

über|que|ren, du überquerst, er überquert

über|ra|schen, du überraschst, sie überrascht, die Überraschung, überraschend, überraschender, am überraschendsten

über|re|den, du überredest, er überredet, die Überredung

über|rei|chen, du überreichst, sie überreicht

über|reif, die Überreife

über|rum|peln, du überrumpelst, sie überrumpelt

die **Über|schrift**, die Überschriften

der **Über|schuss**, die Überschüsse, überschüssig

der **Über|schwang**, überschwänglich, überschwänglicher, am überschwänglichsten

über|schwem|men, du überschwemmst, er überschwemmt,

die Überschwemmung
über|set|zen, du übersetzt, sie übersetzt, die Übersetzung
die **Über|sicht**, die Übersichten, übersichtlich, übersichtlicher, am übersichtlichsten
die **Über|stun|de**, die Überstunden
über|trei|ben, du übertreibst, er übertreibt, er übertrieb, er hat übertrieben, die Übertreibung
über|wa|chen, du überwachst, sie überwacht, die Überwachung
über|wäl|ti|gen, du überwältigst, er überwältigt, überwältigend, überwältigender, am überwältigendsten
über|wei|sen, du überweist, er überweist, er überwies, er hat überwiesen, die Überweisung
über|win|den, du überwindest, sie überwindet, sie überwand, sie hat überwunden, die Überwindung
über|zeu|gen, du überzeugst, er überzeugt, die Überzeugung
der **Über|zug**, die Überzüge
üb|lich
das **U-Boot** (Unterseeboot), die U-Boote
üb|rig
üb|ri|gens, im Übrigen
die **Übung**, die Übungen, die Übungsstunde
das **Ufer**, die Ufer, uferlos, die Uferböschung
das **Ufo** (unbekanntes Flugobjekt), die Ufos
die **Uhr**, die Uhren, der Uhrmacher, die Uhrmacherin, die Uhrzeit
der **Uhu**, die Uhus
der **UKW-Sen|der** (Ultrakurzwelle)
der **Ulk**, ulken, du ulkst, er ulkt, ulkig, ulkiger, am ulkigsten
die **Ul|me** (Laubbaum), die Ulmen
der **Ul|tra|schall**
um
um|än|dern, du änderst um, sie ändert um
um|ar|men, du umarmst, er umarmt, die Umarmung
der **Um|bau**, die Umbaue/Umbauten
um|dre|hen, du drehst um, er dreht um, die Umdrehung
der **Um|fang**, die Umfänge, umfangen, du umfängst, sie umfängt, sie umfing, sie hat umfangen, umfangreich, umfangreicher, am umfangreichsten
die **Um|fra|ge**, die Umfragen
der **Um|gang**, die Umgänge, umgänglich, umgänglicher, am umgänglichsten
um|ge|ben, du umgibst, er umgibt, er umgab, er hat umgeben, die Umgebung
um|ge|hend
um|ge|kehrt
sich **um|hän|gen**, du hängst dir um, sie hängt sich um, sie hing sich um, sie hat sich umgehangen, der Umhang
um|keh|ren, du kehrst um, er kehrt um, die Umkehr
der **Um|laut**, die Umlaute
um|lei|ten, du leitest um, sie leitet um, die Umleitung
der **Um|riss**, die Umrisse
der **Um|schlag**, die Umschläge
um|so (je ... umso ...)
um|sonst
der **Um|stand**, die Umstände, umständlich, umständlicher, am umständlichsten

die **Um|stel|lung**, die Umstellungen, umstellen, du stellst um, er stellt um

der **Um|tausch**, die Umtausche, umtauschen, du tauschst um, sie tauscht um, das Umtauschrecht

der **Um|weg**, die Umwege

die **Um|welt**, der Umweltschutz, die Umweltverschmutzung, umweltfreundlich, umweltfreundlicher, am umweltfreundlichsten, umweltschädlich, umweltschädlicher, am umweltschädlichsten

um|zie|hen, du ziehst um, er zieht um, er zog um, er ist umgezogen

der **Um|zug**, die Umzüge

un|ab|än|der|lich

un|ab|hän|gig, unabhängiger, am unabhängigsten, die Unabhängigkeit

un|ab|sicht|lich

un|an|ge|nehm, unangenehmer, am unangenehmsten

un|auf|fäl|lig, unauffälliger, am unauffälligsten, die Unauffälligkeit

un|auf|hör|lich

un|aus|steh|lich

un|barm|her|zig, unbarmherziger, am unbarmherzigsten, die Unbarmherzigkeit

un|be|ab|sich|tigt

un|be|dingt

un|be|grenzt, die Unbegrenztheit

un|be|kannt

un|be|liebt, unbeliebter, am unbeliebtesten

un|be|quem, unbequemer, am unbequemsten

un|be|re|chen|bar, unberechenbarer, am unberechenbarsten, die Unberechenbarkeit

un|be|schreib|lich

un|be|zahl|bar

und

un|durch|sich|tig, undurchsichtiger, am undurchsichtigsten

un|ei|nig, uneins

un|end|lich, die Unendlichkeit

un|ent|behr|lich

un|ent|schie|den

un|ent|schul|digt

un|er|mess|lich

un|er|müd|lich, die Unermüdlichkeit

un|er|war|tet, unerwarteter, am unerwartetsten

un|fair, unfairer, am unfairsten

der **Un|fall**, die Unfälle, die Unfallgefahr, der Unfallort, die Unfallstation

un|freund|lich, unfreundlicher, am unfreundlichsten, die Unfreundlichkeit

der **Un|fug**

Un|garn, der Ungar, die Ungarin, ungarisch

un|ge|dul|dig, ungeduldiger, am ungeduldigsten, die Ungeduld

un|ge|fähr

das **Un|ge|heu|er**, die Ungeheuer, ungeheuerlich, ungeheuerlicher, am ungeheuerlichsten

un|ge|nü|gend

un|ge|ra|de

un|ge|recht, ungerechter,

am ungerechtesten,
die Ungerechtigkeit

das **Un|ge|tüm**, die Ungetüme

un|ge|wiss, ungewisser, am ungewissesten, die Ungewissheit

das **Un|ge|zie|fer**

un|glaub|lich, unglaublicher, am unglaublichsten

das **Un|glück**, die Unglücke, unglücklich, unglücklicher, am unglücklichsten

un|gül|tig, die Ungültigkeit

das **Un|heil**

un|heil|bar

un|heim|lich, unheimlicher, am unheimlichsten

un|höf|lich, unhöflicher, am unhöflichsten

die **Uni|form**, die Uniformen, uniformiert

die **Uni|ver|si|tät**, die Universitäten

das **Uni|ver|sum**, die Universen

un|klar

das **Un|kraut**

un|le|ser|lich

un|mög|lich, die Unmöglichkeit

un|nö|tig, unnötiger, am unnötigsten

un|or|dent|lich, unordentlicher, am unordentlichsten

un|par|tei|isch

un|pünkt|lich, unpünktlicher, am unpünktlichsten, die Unpünktlichkeit

das **Un|recht**

die **Un|ru|he**, die Unruhen, unruhig, unruhiger, am unruhigsten

uns, unser, unsere, unseres, unserem, unseren

die **Un|schuld**, unschuldig

un|si|cher, unsicherer, am unsichersten, die Unsicherheit

un|sicht|bar

der **Un|sinn**, unsinnig, unsinniger, am unsinnigsten

un|tä|tig

un|ten

un|ter

der **Un|ter|arm**, die Unterarme

un|ter|bre|chen, du unterbrichst, er unterbricht, er unterbrach, er hat unterbrochen, die Unterbrechung

un|ter|ei|nan|der

die **Un|ter|füh|rung**, die Unterführungen

der **Un|ter|gang**, die Untergänge, untergehen, du gehst unter, er geht unter, er ging unter, er ist untergegangen

un|ter|halb

sich **un|ter|hal|ten**, du unterhältst dich, er unterhält sich, er unterhielt sich, er hat sich unterhalten, die Unterhaltung, unterhaltsam, unterhaltsamer, am unterhaltsamsten

das **Un|ter|hemd**, die Unterhemden

die **Un|ter|ho|se**, die Unterhosen

un|ter|ir|disch

die **Un|ter|kunft**, die Unterkünfte

die **Un|ter|la|ge**, die Unterlagen

die **Un|ter|mie|te**, der Untermieter, die Untermieterin

das **Un|ter|neh|men**, die Unternehmen, der Unternehmer, die Unternehmerin

un|ter|neh|men, du unternimmst, sie unternimmt, sie unternahm, sie hat unternommen, die Unternehmung,

unternehmungslustig
die **Un|ter|re|dung**, die Unterredungen
der **Un|ter|richt**, unterrichten, du unterrichtest, er unterrichtet, die Unterrichtsstunde
der **Un|ter|satz**, die Untersätze
un|ter|schei|den, du unterscheidest, er unterscheidet, er unterschied, er hat unterschieden, die Unterscheidung, der Unterschied
die **Un|ter|schrift**, die Unterschriften, unterschreiben, du unterschreibst, er unterschreibt, er unterschrieb, er hat unterschrieben
un|ter|stüt|zen, du unterstützt, sie unterstützt, die Unterstützung
un|ter|su|chen, du untersuchst, er untersucht, die Untersuchung
die **Un|ter|tas|se**, die Untertassen
die **Un|ter|wä|sche**
un|ter|wegs
un|ter|wer|fen, du unterwirfst, er unterwirft, er unterwarf, er hat unterworfen, die Unterwerfung, unterwürfig, unterwürfiger, am unterwürfigsten
die **Un|tie|fe**, die Untiefen
un|treu, untreuer, am untreusten, die Untreue
un|über|sicht|lich, unübersichtlicher, am unübersichtlichsten
un|ver|gess|lich
un|ver|gleich|bar, die Unvergleichbarkeit
un|ver|nünf|tig, unvernünftiger, am unvernünftigsten, die Unvernunft
un|ver|schämt, unverschämter, am unverschämtesten, die Unverschämtheit
un|ver|ständ|lich, unverständlicher, am unverständlichsten
un|ver|zeih|lich, unverzeihlicher, am unverzeihlichsten
das **Un|wet|ter**, die Unwetter
un|wis|send, die Unwissenheit
un|wohl, unwohler, am unwohlsten, das Unwohlsein
un|zäh|lig
un|zer|trenn|lich, unzertrennlicher, am unzertrennlichsten
un|zu|ver|läs|sig, unzuverlässiger, am unzuverlässigsten, die Unzuverlässigkeit
üp|pig, üppiger, am üppigsten, die Üppigkeit
ur|alt
der **Ura|nus**
die **Ur|auf|füh|rung**, die Uraufführungen
der **Ur|ein|woh|ner**, die Ureinwohner, die Ureinwohnerin
der **Ur|en|kel**, die Urenkel, die Urenkelin
die **Ur|groß|el|tern**, die Urgroßmutter, der Urgroßvater
der **Urin** (Harn)
die **Ur|kun|de**, die Urkunden
der **Ur|laub**, die Urlaube, der Urlauber, die Urlauberin
die **Ur|ne**, die Urnen
die **Ur|sa|che**, die Ursachen

der **Ur|sprung**, die Ursprünge, ursprünglich
das **Ur|teil**, die Urteile, urteilen, du urteilst, er urteilt
der **Ur|wald**, die Urwälder
ur|wüch|sig, urwüchsiger, am urwüchsigsten, die Urwüchsigkeit
die **USA** (Vereinigte Staaten von Amerika)

der **Va|ga|bund**, die Vagabunden, die Vagabundin
Val|let|ta (Hauptstadt Maltas)
der **Vam|pir**, die Vampire, die Vampirin
die **Va|nil|le**, das Vanilleeis, der Vanillepudding
die **Va|se**, die Vasen
der **Va|ter**, die Väter, väterlich, vaterlos, das Vaterland, das Vaterunser
ve|gan (nur Pflanzen essend), der Veganer, die Veganerin
ve|ge|ta|risch, der Vegetarier, die Vegetarierin
die **Ve|ge|ta|ti|on**, die Vegetationen
das **Veil|chen**, die Veilchen, veilchenblau
die **Ve|ne**, die Venen
das **Ven|til**, die Ventile
der **Ven|ti|la|tor**, die Ventilatoren
die **Ve|nus**
sich **ver|ab|re|den**, du verabredest dich, sie verabredet sich, die Verabredung
sich **ver|ab|schie|den**, du verabschiedest dich, er verabschiedet sich, die Verabschiedung
ver|ach|ten, du verachtest, sie verachtet, die Verachtung, verächtlich, verächtlicher, am verächtlichsten
die **Ve|ran|da**, die Veranden
ver|än|dern, du veränderst, er verändert, die Veränderung

A B C D E F G H I J K L M N O P Q R S T U V W X Y Z

ver|an|stal|ten, du veranstaltest, sie veranstaltet, die Veranstaltung

ver|ant|wor|ten, du verantwortest, er verantwortet, die Verantwortung, verantwortlich, verantwortlicher, am verantwortlichsten

das **Verb**, die Verben

der **Ver|band** (Wundschutz), die Verbände, der Verbandskasten, das Verbandszeug

der **Ver|band** (Zusammenschluss mehrerer Vereine), die Verbände

die **Ver|ban|nung**, verbannen, du verbannst, sie verbannt

sich **ver|ber|gen**, du verbirgst dich, er verbirgt sich, er verbarg sich, er hat sich verborgen

ver|bes|sern, du verbesserst, sie verbessert, die Verbesserung

sich **ver|beu|gen**, du verbeugst dich, er verbeugt sich, die Verbeugung

ver|beu|len, du verbeulst, sie verbeult

ver|bie|ten, du verbietest, sie verbietet, sie verbot, sie hat verboten, das Verbot

ver|bin|den, du verbindest, er verbindet, er verband, er hat verbunden, die Verbindung

ver|blü|hen, sie verblüht

der **Ver|brauch**, der Verbraucher, die Verbraucherin

ver|brau|chen, du verbrauchst, er verbraucht

das **Ver|bre|chen**, die Verbrechen, der Verbrecher, die Verbrecherin

ver|bren|nen, du verbrennst, sie verbrennt, sie verbrannte, sie hat verbrannt, die Verbrennung

sich **ver|brü|hen**, du verbrühst dich, er verbrüht sich

der **Ver|dacht**, der Verdächtige, die Verdächtige, verdächtigen, du verdächtigst, sie verdächtigt, verdächtig, verdächtiger, am verdächtigsten, die Verdächtigung

ver|dau|en, du verdaust, er verdaut, die Verdauung, verdaulich

das **Ver|deck**, die Verdecke, verdecken, du verdeckst, er verdeckt

ver|der|ben, es verdirbt, es verdarb, es ist verdorben, das Verderben, verderblich

ver|die|nen, du verdienst, er verdient, der Verdienst (Lohn)

ver|dop|peln, du verdoppelst, sie verdoppelt, die Verdoppelung

ver|drie|ßen, es verdrießt mich, es verdross mich, es hat mich verdrossen, der Verdruss, verdrießlich, verdrießlicher, am verdrießlichsten

ver|dün|nen, du verdünnst, sie verdünnt, die Verdünnung

ver|duns|ten, es verdunstet, die Verdunstung

ver|durs|ten, du verdurstest, er verdurstet

ver|dutzt

ver|eh|ren, du verehrst, sie verehrt, die Verehrung

der **Ver|ein**, die Vereine

ver|ein|ba|ren, du vereinbarst, sie vereinbart, die Vereinbarung

ver|ei|ni|gen, du vereinigst,

er vereinigt, die Vereinigung, vereint

ver|ein|zelt

sich **ver|fah|ren**, du verfährst dich, er verfährt sich, er verfuhr sich, er hat sich verfahren

ver|fas|sen, du verfasst, sie verfasst, die Verfassung, der Verfasser, die Verfasserin

ver|fol|gen, du verfolgst, sie verfolgt, die Verfolgung, der Verfolger, die Verfolgerin

die **Ver|gan|gen|heit**, vergänglich

ver|ge|ben, du vergibst, sie vergibt, sie vergab, sie hat vergeben, die Vergebung

ver|ges|sen, du vergisst, er vergisst, er vergaß, er hat vergessen, die Vergesslichkeit, vergesslich, vergesslicher, am vergesslichsten

ver|geu|den, du vergeudest, sie vergeudet

ver|gif|ten, du vergiftest, er vergiftet, die Vergiftung

das **Ver|giss|mein|nicht**

ver|glei|chen, du vergleichst, er vergleicht, er verglich, er hat verglichen, der Vergleich, vergleichbar

das **Ver|gnü|gen**, die Vergnügen, sich vergnügen, du vergnügst dich, sie vergnügt sich, vergnügungssüchtig, vergnügungssüchtiger, am vergnügungssüchtigsten

ver|gra|ben, du vergräbst, er vergräbt, er vergrub, er hat vergraben

ver|grö|ßern, du vergrößerst, sie vergrößert, die Vergrößerung

ver|haf|ten, du verhaftest, er verhaftet, die Verhaftung

das **Ver|hal|ten**, sich verhalten, du verhältst dich, sie verhält sich, sie verhielt sich, sie hat sich verhalten

das **Ver|hält|nis**, die Verhältnisse, verhältnismäßig

das **Ver|hält|nis|wort** (Präposition), die Verhältniswörter

ver|han|deln, du verhandelst, er verhandelt, die Verhandlung

ver|heim|li|chen, du verheimlichst, sie verheimlicht

ver|hin|dern, du verhinderst, er verhindert

ver|höh|nen, du verhöhnst, sie verhöhnt

das **Ver|hör**, die Verhöre, verhören, du verhörst, er verhört

ver|hü|ten, du verhütest, sie verhütet, die Verhütung

sich **ver|ir|ren**, du verirrst dich, er verirrt sich

ver|kau|fen, du verkaufst, sie verkauft, der Verkauf, der Verkäufer, die Verkäuferin

der **Ver|kehr**, die Verkehrserziehung, das Verkehrsschild, der Verkehrsunfall, das Verkehrszeichen, verkehrssicher, verkehrssicherer, am verkehrsichersten, verkehrswidrig

ver|kehrt

sich **ver|klei|den**, du verkleidest dich, er verkleidet sich, die Verkleidung

der **Ver|lag**, die Verlage

ver|lan|gen, du verlangst, sie verlangt, das Verlangen

ver|län|gern, du verlängerst, er verlängert, die Verlängerung
ver|las|sen, du verlässt, er verlässt, er verließ, er hat verlassen
ver|läss|lich, verlässlicher, am verlässlichsten
sich **ver|lau|fen**, du verläufst dich, sie verläuft sich, sie verlief sich, sie hat sich verlaufen
ver|le|gen, verlegener, am verlegensten, die Verlegenheit
ver|lei|hen, du verleihst, sie verleiht, der Verleih
sich **ver|let|zen**, du verletzt dich, sie verletzt sich, die Verletzung, der Verletzte, die Verletzte
sich **ver|lie|ben**, du verliebst dich, er verliebt sich
ver|lie|ren, du verlierst, er verliert, er verlor, er hat verloren, der Verlierer, die Verliererin
das **Ver|lies**, die Verliese
die **Ver|lo|bung**, die Verlobungen, sich verloben, du verlobst dich, sie verlobt sich
ver|lo|ckend, verlockender, am verlockendsten, die Verlockung
ver|lo|sen, du verlost, er verlost, die Verlosung
der **Ver|lust**, die Verluste
sich **ver|mäh|len**, du vermählst dich, sie vermählt sich, die Vermählung, die Vermählten
ver|mei|den, du vermeidest, er vermeidet, er vermied, er hat vermieden, vermeidbar
ver|mie|ten, du vermietest, sie vermietet, der Vermieter, die Vermieterin
ver|mis|sen, du vermisst, er vermisst, der Vermisste, die Vermisste
das **Ver|mö|gen**, die Vermögen, vermögend, vermögender, am vermögendsten
ver|mu|ten, du vermutest, sie vermutet, die Vermutung, vermutlich
ver|nach|läs|si|gen, du vernachlässigst, er vernachlässigt
ver|nich|ten, du vernichtest, sie vernichtet, die Vernichtung
die **Ver|nunft**, vernünftig, vernünftiger, am vernünftigsten
ver|ord|nen, du verordnest, er verordnet, die Verordnung
ver|pa|cken, du verpackst, sie verpackt, die Verpackung
ver|pas|sen, du verpasst, er verpasst
ver|pfle|gen, du verpflegst, er verpflegt, die Verpflegung
ver|ra|ten, du verrätst, er verrät, er verriet, er hat verraten, der Verrat, der Verräter, die Verräterin, verräterisch
sich **ver|rech|nen**, du verrechnest dich, sie verrechnet sich
ver|rei|sen, du verreist, er verreist
sich **ver|ren|ken**, du verrenkst dich, sie verrenkt sich, die Verrenkung
ver|ros|ten, es verrostet
ver|rückt, verrückter, am verrücktesten, die Verrücktheit, der Verrückte, die Verrückte
der **Vers**, die Verse
ver|sam|meln, du versammelst, sie versammelt,

die Versammlung

der **Ver|sand**, du versendest, sie versendet, sie versandte, sie hat versendet

ver|säu|men, du versäumst, er versäumt, das Versäumnis

ver|schie|den, verschiedenartig, die Verschiedenartigkeit

ver|schla|fen, du verschläfst, er verschläft, er verschlief, er hat verschlafen

ver|schlei|ßen, du verschleißt, er verschleißt, er verschliss, er hat verschlissen

ver|schlie|ßen, du verschließt, sie verschließt, sie verschloss, sie hat verschlossen, der Verschluss

sich **ver|schlu|cken**, du verschluckst dich, er verschluckt sich

ver|schmut|zen, du verschmutzt, sie verschmutzt, die Verschmutzung

sich **ver|schrei|ben**, du verschreibst dich, er verschreibt sich, er verschrieb sich, er hat sich verschrieben

ver|schwen|den, du verschwendest, sie verschwendet, die Verschwendung, verschwenderisch, verschwenderischer, am verschwenderischsten

ver|schwin|den, du verschwindest, er verschwindet, er verschwand, er ist verschwunden

das **Ver|se|hen**, versehentlich

ver|set|zen, du versetzt, sie versetzt, die Versetzung

ver|si|chern, du versicherst, sie versichert, die Versicherung, der Versicherte, die Versicherte

ver|si|ckern, es versickert

ver|sin|ken, du versinkst, sie versinkt, sie versank, sie ist versunken

sich **ver|söh|nen**, du versöhnst dich, er versöhnt sich, die Versöhnung

ver|sor|gen, du versorgst, sie versorgt, die Versorgung

sich **ver|spä|ten**, du verspätest dich, er verspätet sich, die Verspätung

ver|spre|chen, du versprichst, er verspricht, er versprach, er hat versprochen, das Versprechen

der **Ver|stand**

ver|stän|di|gen, du verständigst, sie verständigt, die Verständigung, verständlich, verständlicher, am verständlichsten

das **Ver|ständ|nis**, verständnislos, verständnisvoll, verständnisvoller, am verständnisvollsten

sich **ver|stau|chen**, du verstauchst dir, er verstaucht sich, die Verstauchung

das **Ver|steck**, die Verstecke, verstecken, du versteckst, sie versteckt, das Versteckspiel

ver|ste|hen, du verstehst, sie versteht, sie verstand, sie hat verstanden

ver|stei|gern, du versteigerst, er versteigert, die Versteigerung

der **Ver|such**, die Versuche, versuchen, du versuchst, sie versucht

ver|tei|di|gen, du verteidigst,

er verteidigt, die Verteidigung, der Verteidiger, die Verteidigerin

ver|tei|len, du verteilst, sie verteilt, die Verteilung

der **Ver|trag**, die Verträge

sich **ver|tra|gen**, du verträgst dich, er verträgt sich, er vertrug sich, er hat sich vertragen

ver|trau|en, du vertraust, sie vertraut, das Vertrauen, vertraulich, vertraulicher, am vertraulichsten, vertrauenswürdig, vertrauenswürdiger, am vertrauenswürdigsten

ver|trei|ben, du vertreibst, er vertreibt, er vertrieb, er hat vertrieben, der Vertriebene, die Vertriebene, die Vertreibung

ver|tre|ten, du vertrittst, er vertritt, er vertrat, er hat vertreten, die Vertretung, der Vertreter, die Vertreterin

ver|un|glü|cken, du verunglückst, sie verunglückt

ver|ur|tei|len, du verurteilst, er verurteilt, der Verurteilte, die Verurteilte, die Verurteilung

ver|viel|fäl|ti|gen, du vervielfältigst, sie vervielfältigt

ver|wah|ren, du verwahrst, er verwahrt, die Verwahrung

ver|wahr|lo|sen, du verwahrlost, sie verwahrlost, die Verwahrlosung

ver|wal|ten, du verwaltest, er verwaltet, die Verwaltung

sich **ver|wan|deln**, du verwandelst dich, sie verwandelt sich, die Verwandlung

ver|wandt, die Verwandtschaft (→ S. 299), die Verwandten, der Verwandte, die Verwandte

ver|wech|seln, du verwechselst, er verwechselt, die Verwechslung

der **Ver|weis**, die Verweise, verweisen, du verweist, er verweist, er verwies, er hat verwiesen

ver|wen|den, du verwendest, sie verwendet, die Verwendung, verwendbar

ver|wir|ren, du verwirrst, er verwirrt, die Verwirrung

ver|wit|tern, es verwittert, die Verwitterung

ver|wöh|nen, du verwöhnst, sie verwöhnt

ver|wun|den, du verwundest, er verwundet, die Verwundung, der Verwundete, die Verwundete

ver|zau|bern, du verzauberst, sie verzaubert

das **Ver|zeich|nis**, die Verzeichnisse

ver|zei|hen, du verzeihst, er verzeiht, er verzieh, er hat verziehen, die Verzeihung

ver|zich|ten, du verzichtest, sie verzichtet, der Verzicht

ver|zie|ren, du verzierst, er verziert, die Verzierung

ver|zö|gern, du verzögerst, sie verzögert, die Verzögerung

ver|zwei|feln, du verzweifelst, er verzweifelt, die Verzweiflung

das **Vi|deo**, die Videos, die Videothek

das **Vieh**, die Viehherde, die Viehzucht

viel, mehr, am meisten
viel|fach
die **Viel|falt**, vielfältig, vielfältiger, am vielfältigsten
viel|leicht
viel|mals
vier, vierzehn, vierzig, das Viertel, vierfach, viermal, die Viertelstunde
das **Vier|eck**, die Vierecke, viereckig
die **Vil|la**, die Villen
Vil|ni|us (Hauptstadt Litauens)
vi|o|lett
die **Vi|o|li|ne**, die Violinen, der Violinschlüssel
vir|tu|ell
das/der **Vi|rus** (Krankheitserreger), die Viren, die Virusgrippe
das **Vi|sum**, die Visa/Visen
das **Vi|ta|min**, die Vitamine, vitaminreich, vitaminreicher, am vitaminreichsten
der **Vo|gel**, die Vögel, das Vogelhäuschen, das Vogelschutzgebiet
die **Vo|ka|bel**, die Vokabeln
der **Vo|kal** (Selbstlaut), die Vokale
das **Volk**, die Völker, volkstümlich, volkstümlicher, am volkstümlichsten, die Volksmusik, der Volkstanz
voll, voller, am vollsten, völlig, das Vollbad, der Vollbart, die Vollmilch, der Vollmond, vollständig, vollzählig
voll|brin|gen, du vollbringst, er vollbringt, er vollbrachte, er hat vollbracht
voll|en|den, du vollendest, sie vollendet, die Vollendung
der **Vol|ley|ball**, die Volleybälle
voll|jäh|rig, die Volljährigkeit
vom
von
vor
vo|ran
vo|raus, im Voraus, die Voraussage, vorausfahren, du fährst voraus, er fährt voraus, er fuhr voraus, er ist vorausgefahren
vo|raus|sicht|lich
vor|bei, vorbeikommen, du kommst vorbei, sie kommt vorbei, sie kam vorbei, sie ist vorbeigekommen
vor|be|rei|ten, du bereitest vor, er bereitet vor, die Vorbereitung
vor|beu|gen, du beugst vor, sie beugt vor, die Vorbeugung
das **Vor|bild**, die Vorbilder, vorbildlich, vorbildlicher, am vorbildlichsten
vor|de|re, der Vordergrund, der Vordermann, die Vorderfrau, das Vorderrad, die Vorderseite
vor|ei|lig, voreiliger, am voreiligsten
vor|erst
vor|fah|ren, du fährst vor, er fährt vor, er fuhr vor, er ist vorgefahren
die **Vor|fahrt**, das Vorfahrtszeichen
der **Vor|fall**, die Vorfälle
die **Vor|freu|de**
vor|ges|tern
der **Vor|hang**, die Vorhänge
vor|her, die Vorhersage
vor|hin
vor|läu|fig
vor|laut, vorlauter, am vorlautesten
vor|le|sen, du liest vor, er liest vor, er las vor, er hat vorgelesen

der **Vor|mit|tag**, die Vormittage, vormittags
der **Vor|mund**, die Vormunde, die Vormundschaft
vorn
der **Vor|na|me**, die Vornamen
vor|nehm, vornehmer, am vornehmsten
der **Vor|ort**, die Vororte
der **Vor|rat**, die Vorräte, vorrätig, die Vorratskammer
die **Vor|run|de**, die Vorrunden
vor|sa|gen, du sagst vor, sie sagt vor
der **Vor|satz**, die Vorsätze
die **Vor|schau**, die Vorschauen
der **Vor|schlag**, die Vorschläge, vorschlagen, du schlägst vor, er schlägt vor, er schlug vor, er hat vorgeschlagen
die **Vor|schrift**, die Vorschriften, vorschriftsmäßig
die **Vor|schu|le**, die Vorschulen
die **Vor|sicht**, vorsichtig, vorsichtiger, am vorsichtigsten
die **Vor|sil|be**, die Vorsilben
die **Vor|spei|se**, die Vorspeisen
der **Vor|sprung**, die Vorsprünge
der **Vor|stand**, die Vorstände
die **Vor|stel|lung**, die Vorstellungen, sich vorstellen, du stellst dir/dich vor, sie stellt sich vor
der **Vor|teil**, die Vorteile, vorteilhaft, vorteilhafter, am vorteilhaftesten
der **Vor|trag**, die Vorträge, vortragen, du trägst vor, er trägt vor, er trug vor, er hat vorgetragen
vor|treff|lich, vortrefflicher, am vortrefflichsten, die Vortrefflichkeit
vo|rü|ber, vorübergehen, du gehst vorüber, es geht vorüber, es ging vorüber, es ist vorübergegangen, vorübergehend
der **Vor|ver|kauf**, die Vorverkäufe
die **Vor|wahl**, die Vorwahlen
vor|wärts
vor|wie|gend
der **Vor|wurf**, die Vorwürfe, vorwerfen, du wirfst vor, sie wirft vor, sie warf vor, sie hat vorgeworfen, vorwurfsvoll, vorwurfsvoller, am vorwurfsvollsten
vor|zie|hen, du ziehst ihn vor, er zieht ihn vor, er zog ihn vor, er hat ihn vorgezogen
das **Vor|zim|mer**, die Vorzimmer
der **Vor|zug**, die Vorzüge, vorzüglich, vorzüglicher, am vorzüglichsten
der **Vul|kan**, die Vulkane, vulkanisch

die **Waa|ge**, die Waagen, waagerecht/waagrecht, die Waagschale

die **Wa|be**, die Waben

wach, wacher, am wachsten

wa|chen, du wachst, sie wacht, der Wächter, die Wächterin

das **Wachs**, die Wachse, die Wachskerze, der Wachsmalstift, wachsweich

wach|sam, wachsamer, am wachsamsten, die Wachsamkeit

wach|sen, du wächst, er wächst, er wuchs, er ist gewachsen, das Gewächs, das Wachstum, der Wuchs

wa|ckeln, du wackelst, sie wackelt, wackelig/wacklig, wackeliger, am wackeligsten, der Wackelkontakt

die **Wa|de**, die Waden

die **Waf|fe**, die Waffen, der Waffenstillstand

die **Waf|fel**, die Waffeln, das Waffeleisen

der **Wa|gen**, die Wagen, der Wagenheber, die Wagenladung, das Wagenrad

wa|gen, du wagst, er wagt, das Wagnis, wagemutig, wagemutiger, am wagemutigsten, waghalsig, waghalsiger, am waghalsigsten

der **Wag|gon**, auch: Wagon, die Waggons

die **Wahl**, die Wahlen, wählen, du wählst, sie wählt, der Wähler, die Wählerin, wählerisch, wählerischer, am wählerischsten, wahllos

der **Wahn|sinn**, wahnsinnig, wahnsinniger, am wahnsinnigsten, der Wahnsinnige, die Wahnsinnige

wahr, die Wahrheit

wäh|rend, währenddessen

wahr|haf|tig, wahrhaftiger, am wahrhaftigsten, die Wahrhaftigkeit

wahr|neh|men, du nimmst wahr, er nimmt wahr, er nahm wahr, er hat wahrgenommen, die Wahrnehmung

wahr|schein|lich, wahrscheinlicher, am wahrscheinlichsten, die Wahrscheinlichkeit

die **Wäh|rung**, die Währungen

das **Wahr|zei|chen**, die Wahrzeichen

die **Wai|se**, die Waisen, verwaist, das Waisenhaus, das Waisenkind

der **Wal**, die Wale

der **Wald**, die Wälder, der Waldbrand, der Waldlehrpfad, der Waldmeister (Pflanze), der Waldrand, das Waldsterben

der **Wall**, die Wälle

die **Wall|fahrt**, die Wallfahrten, der Wallfahrtsort

die **Wal|nuss**, die Walnüsse

das **Wal|ross**, die Walrosse

die **Wal|ze**, die Walzen, walzen, du walzt, er walzt

sich **wäl|zen**, du wälzt dich,

sie wälzt sich
der **Wal|zer**, die Walzer
die **Wand**, die Wände, die Wandkarte, die Wandtafel, die Wanduhr
der **Wan|del**, wandeln, du wandelst, er wandelt, die Wandlung
wan|dern, du wanderst, sie wandert, die Wanderung, der Wanderer, die Wanderin, die Wanderkarte, die Wanderschuhe, der Wandertag, der Wanderweg
die **Wan|ge**, die Wangen
wan|ken, du wankst, er wankt
wann
die **Wan|ne**, die Wannen
die **Wan|ze**, die Wanzen
das **Wap|pen**, die Wappen, das Wappentier
die **Wa|re**, die Waren, das Warenhaus
warm, wärmer, am wärmsten, die Wärme
sich **wär|men**, du wärmst dich, sie wärmt sich, die Wärmflasche, warmherzig, warmherziger, am warmherzigsten
war|nen, du warnst, er warnt, die Warnung, das Warndreieck, das Warnlicht, die Warnweste
War|schau (Hauptstadt Polens)
war|ten, du wartest, sie wartet, der Wartesaal, das Wartezimmer
der **Wär|ter**, die Wärter, die Wärterin
wa|rum
die **War|ze**, die Warzen
was
wa|schen, du wäschst, er wäscht, er wusch, er hat gewaschen, die Wäsche, die Wäscherei, das Waschbecken, der Wäschetrockner, der Waschlappen, die Waschmaschine, das Waschpulver
Wa|shing|ton D.C. (Hauptstadt der USA)
das **Was|ser** (→ S. 288; S. 307), wässrig, wässriger, am wässrigsten, der Wasserdampf, der Wasserfall, der Wasserhahn, die Wasserleitung, die Wasserverschmutzung, die Wasserwaage, das Wasserwerk, wasserdicht, wasserlöslich, wasserscheu
wa|ten, du watest, sie watet
wat|scheln, du watschelst, er watschelt
das **Watt** (1. Energieeinheit, 2. Land, das bei Flut überspült wird), das Wattenmeer
die **Wat|te**, der Wattebausch
das **WC** (engl.: water closet; Toilette), die WCs
we|ben, du webst, sie webt, der Weber, die Weberin, der Webrahmen, der Webstuhl
die **Web|sei|te** (Bestandteil einer Website), die Webseiten
die **Web|site** (sprich: Webb-ßeit; sämtliche hinter einer Internetadresse stehenden Seiten), die Websites
wech|seln, du wechselst, er wechselt, der Wechsel, wechselhaft, das Wechselgeld, der Wechselstrom
we|cken, du weckst, sie weckt, der Wecker
we|deln, du wedelst, sie wedelt

we|der (weder ... noch ...)
der **Weg**, die Wege, der Wegweiser
weg
we|gen
weg|fah|ren, du fährst weg, er fährt weg, er fuhr weg, er ist weggefahren
weg|wer|fen, du wirfst weg, sie wirft weg, sie warf weg, sie hat weggeworfen
weh, wehtun, es tut weh, es tat weh, es hat wehgetan, wehleidig, wehleidiger, am wehleidigsten, wehmütig, wehmütiger, am wehmütigsten
die **We|he** (1. Zusammenziehen der Gebärmutter bei der Geburt, 2. Schneewehe), die Wehen
we|hen, es weht
das **Wehr** (Stauwerk), die Wehre
sich **weh|ren**, du wehrst dich, er wehrt sich, wehrlos
weib|lich, das Weibchen
weich, weicher, am weichsten, der Weichspüler
die **Wei|che**, die Weichen
wei|chen, du weichst, er weicht, er wich, er ist gewichen
die **Wei|de** (1. Baum, 2. Grasland), die Weiden, weiden, es weidet
sich **wei|gern**, du weigerst dich, sie weigert sich, die Weigerung
der **Wei|her** (kleiner Teich), die Weiher
das **Weih|nach|ten**, auch: die Weihnacht, weihnachtlich, der Weihnachtsabend, der Weihnachtsbaum, das Weihnachtsfest
weil
die **Wei|le**, ein Weilchen
der **Wein**, die Weine, der Weinberg, der Weinkeller, die Weintraube

wei|nen, du weinst, er weint, weinerlich, weinerlicher, am weinerlichsten
wei|se (klug), weiser, am weisesten, die Weisheit, der Weise, die Weise
weiß, weißer, am weißesten, das Weißbrot, der Weißstorch, weißhaarig
weit, weiter, am weitesten, die Weite, die Weitsichtigkeit, der Weitsprung, weitläufig, weitläufiger, am weitläufigsten
wei|ter, ohne Weiteres
der **Wei|zen**, das Weizenmehl
wel|cher, welche, welches, welchem, welchen
welk, welker, am welksten, welken, sie welkt
die **Wel|le**, die Wellen, das Wellenreiten
der **Wel|len|sit|tich**, die Wellensittiche
wel|lig, welliger, am welligsten, das Wellblech, die Wellenlinie, die Wellpappe
der **Wel|pe**, die Welpen
die **Welt**, die Welten, das Weltall, das Weltmeer, der Weltmeister, die Weltmeisterin, der Weltraum, der Weltrekord, weltfremd, weltfremder, am weltfremdesten, weltweit
wem
der **Wem|fall** (Dativ)
wen
wen|den, du wendest, er wendet, er wendete/wandte, er hat gewendet/gewandt, die Wende, die Wendung, wendig, wendiger, am wendigsten, die Wendeltreppe,

A B C D E F G H I J K L M N O P Q R S T U V **W** X Y Z

der Wendepunkt
der **Wen|fall** (Akkusativ)
we|nig, weniger, am wenigsten
we|nigs|tens
wenn
wer
wer|ben, du wirbst, er wirbt, er warb, er hat geworben, die Werbung, der Werbespot
wer|den, du wirst, er wird, er wurde, er ist geworden
der **Wer|fall** (Nominativ)
wer|fen, du wirfst, er wirft, er warf, er hat geworfen
die **Werft**, die Werften
das **Werk**, die Werke, werken, du werkst, er werkt, die Werkstatt, der Werktag, das Werkzeug, werktags, werktätig
der **Wert**, die Werte, die Wertung, werten, du wertest, er wertet, wert, wertlos, wertvoll, wertvoller, am wertvollsten, die Wertsachen
der **Wer|wolf** (Mensch, der sich nach einem alten Volksglauben zeitweise in einen Wolf verwandelt), die Werwölfe
das **We|sen**, die Wesen
we|sent|lich, wesentlicher, am wesentlichsten, im Wesentlichen
die **We|ser** (Fluss)
wes|halb
die **Wes|pe**, die Wespen, das Wespennest
wes|sen
der **Wes|sen|fall** (Genitiv)
die **Wes|te**, die Westen, die Westentasche
der **Wes|ten**, westlich, der Westwind
wes|we|gen
wet|ten, du wettest, sie wettet, die Wette, der Wettbewerb, der Wettkampf, der Wettlauf, das Wettrennen
das **Wet|ter** (→ S. 306), der Wetterbericht, die Wettervorhersage, wetterfest, wetterfester, am wetterfestesten
wet|zen, du wetzt, er wetzt
der **Wicht**, die Wichte
wich|tig, wichtiger, am wichtigsten, die Wichtigkeit
wi|ckeln, du wickelst, sie wickelt, der Wickel, die Wickelkommode, der Wickelrock
wi|der (gegen), der Widerhaken, der Widersacher, die Widersacherin, der Widerstand, widerspenstig, widerspenstiger, am widerspenstigsten
wi|der|le|gen, du widerlegst, er widerlegt
wi|der|lich, widerlicher, am widerlichsten
wi|der|ru|fen, du widerrufst, sie widerruft, sie widerrief, sie hat widerrufen, der Widerruf
wi|der|spre|chen, du widersprichst, er widerspricht, er widersprach, er hat widersprochen, der Widerspruch
wi|der|wil|lig, widerwilliger, am widerwilligsten, der Widerwille
wid|men, du widmest, sie widmet, die Widmung
wie
wie|der (noch einmal)

wie|der|ho|len, du wiederholst, er wiederholt, die Wiederholung
wie|der|se|hen, du siehst wieder, er sieht wieder, er sah wieder, er hat wiedergesehen, das Wiedersehen
die **Wie|ge**, die Wiegen, das Wiegenlied
wie|gen (1. Gewicht prüfen, 2. schaukeln), du wiegst, er wiegt, er wog, er hat gewogen
wie|hern, es wiehert
Wien (Hauptstadt Österreichs)
die **Wie|se**, die Wiesen
das **Wie|sel**, die Wiesel, wieselflink
wie|so
der **Wi|kin|ger**, die Wikinger
wild, wilder, am wildesten, der Wilde, die Wilde, die Wildnis, das Wildschwein
wil|dern (unerlaubt Tiere jagen), du wilderst, er wildert, der Wilderer, die Wilderin
der **Wil|le**, willig, williger, am willigsten, willenlos, willensstark, willensstärker, am willensstärksten
will|kom|men
die **Will|kür**, willkürlich, willkürlicher, am willkürlichsten
wim|meln, es wimmelt, das Gewimmel, das Wimmelbild
wim|mern, du wimmerst, er wimmert
der **Wim|pel**, die Wimpel
die **Wim|per**, die Wimpern
der **Wind**, die Winde, winden, es windet, windig, windiger, am windigsten, die Windjacke, die Windmühle, das Windrad, windstill
die **Win|del**, die Windeln
sich **win|den**, du windest dich, er windet sich, er wand sich, er hat sich gewunden, die Windung
die **Wind|po|cken** (Kinderkrankheit)
der **Win|kel**, die Winkel, winklig/winkelig, winkliger, am winkligsten
win|ken, du winkst, er winkt, der Wink
win|seln, du winselst, sie winselt, das Gewinsel
der **Win|ter**, die Winter, winterlich, der Wintermantel, der Winterschlaf, der Wintersport, die Winterzeit
der **Win|zer**, die Winzer, die Winzerin
win|zig, winziger, am winzigsten, die Winzigkeit, der Winzling
der **Wip|fel**, die Wipfel
die **Wip|pe**, die Wippen, wippen, du wippst, er wippt
wir
der **Wir|bel**, die Wirbel, die Wirbelsäule
wir|beln, du wirbelst, sie wirbelt, der Wirbelsturm
wir|ken, du wirkst, er wirkt, die Wirkung, wirksam, wirksamer, am wirksamsten, wirkungsvoll, wirkungsvoller, am wirkungsvollsten
wirk|lich, die Wirklichkeit
wirr, wirrer, am wirrsten, das/der Wirrwarr
der **Wir|sing**
der **Wirt**, die Wirte, die Wirtin, die Wirtschaft, wirtschaften, du wirtschaftest, er wirtschaftet, das Wirtshaus
wi|schen, du wischst,

sie wischt, der Wischer

wis|pern, du wisperst, sie wispert

wis|sen, du weißt, er weiß, er wusste, er hat gewusst, das Wissen, wissbegierig, wissbegieriger, am wissbegierigsten, wissenswert

die **Wis|sen|schaft**, die Wissenschaften, der Wissenschaftler, die Wissenschaftlerin

wit|tern, du witterst, er wittert, die Witterung

die **Wit|we**, die Witwen

der **Wit|wer**, die Witwer

der **Witz**, die Witze, witzeln, du witzelst, sie witzelt, witzig, witziger, am witzigsten, witzlos, der Witzbold

wo, woanders

wo|bei

die **Wo|che**, die Wochen, wöchentlich, das Wochenende, der Wochentag, wochenlang

wo|durch

wo|für

die **Wo|ge**, die Wogen, wogen, es wogt

wo|her

wo|hin

wohl, wohler, am wohlsten, das Wohl, das Wohlbefinden, der Wohlstand, wohlauf, wohlhabend, wohlhabender, am wohlhabendsten, wohlwollend, wohlwollender, am wohlwollendsten

die **Wohl|tat**, wohltätig, wohltätiger, am wohltätigsten

woh|nen (→ S. 308), du wohnst, er wohnt, die Wohnung, wohnhaft, wohnlich, das Wohnhaus, das Wohnmobil, der Wohnort, der Wohnwagen, das Wohnzimmer

der **Wolf**, die Wölfe, die Wölfin, das Wolfsrudel

die **Wol|ke**, die Wolken, wolkig, wolkiger, am wolkigsten, wolkenlos, der Wolkenbruch, der Wolkenkratzer

die **Wol|le**, die Wolldecke, die Wolljacke, das Wollknäuel

wol|len, du willst, er will, er wollte, er hat gewollt

wo|mit

wo|mög|lich

wo|ran

wo|rauf

wo|raus

wo|rin

das **Wort**, die Wörter, wörtlich, wortlos, die Wortart, das Wörterbuch, die Wortfamilie, das Wortfeld, die Wortkarte, der Wortschatz

wo|rü|ber

wo|rum

wo|von

wo|vor

wo|zu

das **Wrack**, die Wracks

wrin|gen, du wringst, er wringt, er wrang, er hat gewrungen

wu|chern, es wuchert, die Wucherung

die **Wucht**, wuchtig, wuchtiger, am wuchtigsten

wüh|len, du wühlst, sie wühlt

die **Wun|de**, die Wunden

das **Wun|der**, die Wunder,

die Wunderkerze, wunderbar, wunderschön, wundervoll

sich **wun|dern**, du wunderst dich, er wundert sich

der **Wunsch**, die Wünsche, der Wunschtraum, der Wunschzettel

sich **wün|schen**, du wünschst dir, sie wünscht sich, wünschenswert

die **Wür|de**, würdig, würdiger, am würdigsten, würdevoll, würdevoller, am würdevollsten

der **Wurf**, die Würfe

der **Wür|fel**, die Würfel, würfeln, du würfelst, er würfelt, das Würfelspiel

wür|gen, du würgst, sie würgt

der **Wurm**, die Würmer, wurmstichig

die **Wurst**, die Würste, das Würstchen

die **Wür|ze**, würzen, du würzt, er würzt, würzig, würziger, am würzigsten

die **Wur|zel**, die Wurzeln, wurzeln, er wurzelt, der Wurzelstock

die **Wüs|te**, die Wüsten, wüst, wüster, am wüstesten

die **Wut**, wüten, du wütest, sie wütet, wütend, wütender, am wütendsten, der Wutanfall

das **WWW** (engl.: World Wide Web; Internet)

die **X-Bei|ne**, x-beinig, auch: X-beinig

x-be|lie|big (irgendein)

x-fach (vielfach)

x-mal (sehr oft), zum x-ten Mal

das **Xy|lo|fon** (Schlaginstrument), auch: Xylophon, die Xylofone

das/der **Yak** (Grunzochse oder Hausrind aus Asien), die Yaks
der **Ye|ti** (Schneemensch), die Yetis
das/der **Yo|ga**, der Yogalehrer, die Yogalehrerin, die Yogaübung

die **Za|cke**, die Zacken, zackig, zackiger, am zackigsten, gezackt
zag|haft, zaghafter, am zaghaftesten
zäh, zäher, am zähsten, die Zähigkeit, zähflüssig, zähflüssiger, am zähflüssigsten
die **Zahl**, die Zahlen, zahllos, die Zahlenreihe, das Zahlwort, zahlreich, zahlreicher, am zahlreichsten
zah|len, du zahlst, er zahlt, die Zahlung, die Zahlkarte
zäh|len (→ S. 288), du zählst, sie zählt, der Zähler, die Zählung, zählbar
zahm, zahmer, am zahmsten, die Zähmung, zähmen, du zähmst, er zähmt, zähmbar
der **Zahn**, die Zähne, der Zahnarzt, die Zahnärztin, die Zahnbürste, die Zahnpasta, das Zahnrad, die Zahnschmerzen, die Zahnspange
die **Zan|ge**, die Zangen
sich **zan|ken**, du zankst dich, sie zankt sich, der Zank, zänkisch, zänkischer, am zänkischsten
der **Zap|fen**, die Zapfen, das Zäpfchen
zap|fen, du zapfst, er zapft, der Zapfhahn, die Zapfsäule
zap|peln, du zappelst, er zappelt, zappelig/zapplig,

zappeliger, am zappeligsten

zap|pen (sprich: säp-pen; drücken, die Fernbedienung beim Fernsehen rasch schalten), du zappst, er zappt

zart, zarter, am zartesten, die Zartheit

zärt|lich, zärtlicher, am zärtlichsten, die Zärtlichkeit

zau|bern, du zauberst, sie zaubert, der Zauber, die Zauberei, der Zauberer, die Zauberin, zauberhaft, zauberhafter, am zauberhaftesten, das Zauberkunststück

der **Zaun**, die Zäune, der Zaunpfahl

der **Zaun|kö|nig** (Vogel)

z. B. (zum Beispiel)

das **Ze|bra**, die Zebras, der Zebrastreifen

die **Ze|che** (Kohlebergwerk), die Zechen

die **Ze|cke**, die Zecken, der Zeckenbiss, die Zeckenzange

der **Zeh**, die Zehen, die Zehenspitze

zehn, die Zehn, der Zehner, ein Zehntel, zehnfach, das Zehncentstück, zehnmal

zeh|ren, du zehrst, er zehrt

das **Zei|chen**, die Zeichen, die Zeichensetzung, die Zeichensprache, der Zeichentrickfilm

zeich|nen, du zeichnest, sie zeichnet, die Zeichnung, der Zeichenblock

zei|gen, du zeigst, er zeigt, der Zeiger, der Zeigefinger

die **Zei|le**, die Zeilen, zeilenweise

die **Zeit**, die Zeiten, zeitig, zeitiger, am zeitigsten, zeitlos, zeitweise, das Zeitalter, die Zeitlupe, die Zeitreise, zeitgemäß, zeitgleich, zeitraubend, zeitraubender, am zeitraubendsten

die **Zeit|schrift**, die Zeitschriften

die **Zei|tung**, die Zeitungen, der Zeitungsartikel

die **Zel|le**, die Zellen

das **Zelt**, die Zelte, zelten, du zeltest, er zeltet, das Zeltlager, der Zeltplatz

der **Ze|ment**, zementieren, du zementierst, sie zementiert

die **Zen|sur** (1. Schülernote, 2. Verbot von Druckschriften), die Zensuren, zensieren, du zensierst, er zensiert

der **Zen|ti|me|ter** (cm), die Zentimeter, das Zentimetermaß

der **Zent|ner** (50 kg), die Zentner, zentnerschwer

zen|tral, die Zentrale, die Zentralheizung

das **Zen|trum**, die Zentren

der **Zep|pe|lin**, die Zeppeline

zer|bre|chen, du zerbrichst, er zerbricht, er zerbrach, er hat/ist zerbrochen, zerbrechlich, zerbrechlicher, am zerbrechlichsten

der **Zer|fall**, zerfallen, es zerfällt, es zerfiel, es ist zerfallen

zer|klei|nern, du zerkleinerst, sie zerkleinert

zer|knül|len, du zerknüllst, er zerknüllt

zer|le|gen, du zerlegst, sie zerlegt, die Zerlegung

zer|lumpt

zer|quet|schen, du zerquetschst, er zerquetscht

zer|rei|ben, du zerreibst, er zerreibt, er zerrieb, er hat zerrieben

zer|rei|ßen, du zerreißt, sie zerreißt, sie zerriss, sie hat zerrissen

zer|ren, du zerrst, er zerrt, die Zerrung

zer|stö|ren, du zerstörst, sie zerstört, die Zerstörung, zerstörerisch, zerstörerischer, am zerstörerischsten

zer|streu|en, du zerstreust, er zerstreut, die Zerstreuung, zerstreut, zerstreuter, am zerstreutesten

zer|trüm|mern, du zertrümmerst, er zertrümmert

zer|zaust, zerzauster, am zerzaustesten

ze|tern, du zeterst, sie zetert

der **Zet|tel**, die Zettel

das **Zeug**, das Werkzeug, der Zeugwart

der **Zeu|ge**, die Zeugen, die Zeugin, die Zeugenaussage

zeu|gen, du zeugst, er zeugt, die Zeugung

das **Zeug|nis**, die Zeugnisse

die **Zi|cke** (Ziege), die Zicken

zi|ckig, zickiger, am zickigsten

die **Zie|ge**, die Ziegen, der Ziegenbock, der Ziegenkäse

der **Zie|gel**, die Ziegel, die Ziegelei, der Ziegelstein

zie|hen, du ziehst, er zieht, er zog, er hat gezogen, die Ziehung, der Ziehbrunnen, die Ziehharmonika

das **Ziel**, die Ziele, zielen, du zielst, sie zielt, ziellos, die Zielscheibe, zielbewusst, zielsicher, zielsicherer, am zielsichersten, zielstrebig, zielstrebiger, am zielstrebigsten

ziem|lich

die **Zier**/Zierde

sich **zie|ren**, du zierst dich, er ziert sich

zier|lich, zierlicher, am zierlichsten

die **Zif|fer**, die Ziffern, das Ziffernblatt

die **Zi|ga|ret|te**, die Zigaretten, die Zigarettenschachtel

die **Zi|gar|re**, die Zigarren

das **Zim|mer**, die Zimmer

zim|mern, du zimmerst, sie zimmert, die Zimmerleute, der Zimmermann

zim|per|lich, zimperlicher, am zimperlichsten

der **Zimt**, die Zimtstange, der Zimtstern

das **Zink**, das Zinkblech

das **Zinn**, das Zinngeschirr, der Zinnsoldat

der **Zins**, die Zinsen

der **Zip|fel**, die Zipfel, die Zipfelmütze

der **Zir|kel**, die Zirkel

der **Zir|kus**, die Zirkusse

zir|pen, sie zirpt

zi|schen, du zischst, er zischt

die **Zi|ther** (Zupfinstrument), die Zithern

die **Zi|tro|ne**, die Zitronen, der Zitronenfalter, zitronengelb

die **Zi|trus|frucht**, die Zitrusfrüchte

zit|tern, du zitterst, es zittert, zittrig, zittriger, am zittrigsten

die **Zit|ze**, die Zitzen

zi|vil, der Zivilist, die Zivilistin

zö|gern, du zögerst, er zögert

der **Zoll**, die Zölle, der Zöllner, die Zöllnerin, verzollen, du verzollst, sie verzollt, das Zollamt, zollfrei

der **Zoo**, die Zoos, der Streichelzoo

der **Zopf**, die Zöpfe

der **Zorn**, zornig, zorniger, am zornigsten

zot|te|lig/zottlig, zotteliger, am zotteligsten

z. T. (zum Teil)

zu

zu|al|ler|erst

zu|al|ler|letzt

das **Zu|be|hör**, die Zubehöre

zu|be|rei|ten, du bereitest zu, er bereitet zu, die Zubereitung

die **Zuc|chi|ni**, die Zucchini

züch|ten, du züchtest, sie züchtet, der Züchter, die Züchterin, die Zucht, die Züchtung, das Zuchtvieh

zu|cken, du zuckst, er zuckt

der **Zu|cker**, zuckern, du zuckerst, sie zuckert, der Zuckerguss, das Zuckerrohr, die Zuckerrübe, die Zuckerwatte, zuckerkrank (Diabetes), zuckersüß

zu|de|cken, du deckst zu, sie deckt zu, die Zudecke

zu|dring|lich, zudringlicher, am zudringlichsten, die Zudringlichkeit

zu|ei|nan|der

zu|erst

die **Zu|fahrt**, die Zufahrten, die Zufahrtsstraße

der **Zu|fall**, die Zufälle, zufällig

die **Zu|flucht**, der Zufluchtsort

zu|flüs|tern, du flüsterst zu, er flüstert zu

zu|frie|den, zufriedener, am zufriedensten, die Zufriedenheit

zu|frie|ren, es friert zu, es fror zu, es ist zugefroren

der **Zug**, die Züge, der Zugführer, die Zugführerin, das Zugunglück

die **Zu|ga|be**, die Zugaben

der **Zü|gel**, die Zügel, zügeln, du zügelst, sie zügelt

zu|gig, zugiger, am zugigsten, der Durchzug

zü|gig, zügiger, am zügigsten

zu|gleich

zu|guns|ten, auch: zu Gunsten

das **Zu|hau|se**

der **Zu|hö|rer**, die Zuhörer, die Zuhörerin, zuhören, du hörst zu, sie hört zu

zu|klap|pen, du klappst zu, er klappt zu

zu|kle|ben, du klebst zu, sie klebt zu

zu|knöp|fen, du knöpfst zu, er knöpft zu

die **Zu|kunft**, zukünftig

zu|las|sen, du lässt zu, er lässt zu, er ließ zu, er hat zugelassen, zulässig

zu|letzt

zu|lie|be

zum

zu|ma|chen, du machst zu, er macht zu

zu|meist

zu|min|dest

zu|nächst

die **Zu|nah|me**, zunehmen, du nimmst zu, sie nimmt zu, sie nahm zu, sie hat zugenommen

der **Zun|der**

die **Zu|nei|gung**

die **Zunft**, die Zünfte

die **Zun|ge**, die Zungen,
der Zungenbrecher
zün|geln, es züngelt
zu|ord|nen, du ordnest zu,
er ordnet zu, die Zuordnung
zup|fen, du zupfst, sie zupft,
das Zupfinstrument
zur
zu|recht, sich zurechtfinden,
du findest dich zurecht,
er findet sich zurecht,
er fand sich zurecht,
er hat sich zurechtgefunden
zür|nen, du zürnst, sie zürnt
zu|rück, zurückgeben, du gibst
zurück, er gibt zurück, er gab
zurück, er hat zurückgegeben,
zurückkommen, du kommst
zurück, sie kommt zurück,
sie kam zurück,
sie ist zurückgekommen
der **Zu|ruf**, die Zurufe
zur|zeit (gerade jetzt)
die **Zu|sa|ge**, die Zusagen
zu|sam|men
zu|sam|men|ar|bei|ten,
du arbeitest zusammen,
er arbeitet zusammen,
die Zusammenarbeit
der **Zu|sam|men|bruch**,
die Zusammenbrüche
zu|sam|men|fas|sen,
du fasst zusammen,
sie fasst zusammen,
die Zusammenfassung
der **Zu|sam|men|hang**,
die Zusammenhänge,
zusammenhängen,
es hängt zusammen,
es hing zusammen,
es hat zusammengehangen,
zusammenhängend
der **Zu|sam|men|prall**,
zusammenprallen,
du prallst zusammen,
er prallt zusammen
zu|sam|men|schrei|ben,
du schreibst zusammen,
sie schreibt zusammen,
sie schrieb zusammen,
sie hat zusammengeschrieben,
die Zusammenschreibung
sich **zu|sam|men|set|zen**,
du setzt dich zusammen,
er setzt sich zusammen
zu|sam|men|sto|ßen,
du stößt zusammen,
sie stößt zusammen,
sie stieß zusammen,
sie ist zusammengestoßen,
der Zusammenstoß
zu|sätz|lich, der Zusatz
zu|schau|en, du schaust zu,
er schaut zu, der Zuschauer,
die Zuschauerin
die **Zu|schrift**, die Zuschriften
der **Zu|stand**, die Zustände
zu|stän|dig, die Zuständigkeit,
der Zuständige, die Zuständige
zu|stim|men, du stimmst zu,
er stimmt zu, die Zustimmung
die **Zu|tat**, die Zutaten
das **Zu|trau|en**, sich zutrauen,
du traust dir zu, er traut sich zu
zu|trau|lich, zutraulicher,
am zutraulichsten
zu|tref|fen, es trifft zu,
es traf zu, es hat zugetroffen
zu|ver|läs|sig, zuverlässiger,
am zuverlässigsten,
die Zuverlässigkeit
die **Zu|ver|sicht**, zuversichtlich,
zuversichtlicher,
am zuversichtlichsten
zu viel
zu|vor, zuvorkommen,

du kommst zuvor, er kommt zuvor, er kam zuvor, er ist zuvorgekommen

der **Zu|wachs**

die **Zu|wen|dung**, die Zuwendungen

zu we|nig

zu|wi|der

zu|zie|hen, du ziehst zu, er zieht zu, er zog zu, er hat/ist zugezogen

der **Zwang**, die Zwänge, zwanglos

zwan|zig, die Zwanzig, zwanzigfach

zwar

der **Zweck**, die Zwecke, zwecklos, zweckmäßig, zweckmäßiger, am zweckmäßigsten

zwei, die Zwei, zweierlei, zweifach, zweifarbig, zweimal, zweiteilig

der **Zwei|fel**, die Zweifel, zweifeln, du zweifelst, er zweifelt, zweifelhaft, zweifelhafter, am zweifelhaftesten, zweifellos

der **Zweig**, die Zweige

der **Zwerg**, die Zwerge, zwergenhaft, das Zwergkaninchen

die **Zwet|sche**/die Zwetschge, die Zwetschen, der Zwetschenbaum, der Zwetschenkern, der Zwetschenkuchen, das Zwetschenmus

zwi|cken, du zwickst, es zwickt, die Zwickmühle

der **Zwie|back**, die Zwiebäcke/Zwiebacke

die **Zwie|bel**, die Zwiebeln

der **Zwil|ling**, die Zwillinge, das Zwillingspaar

sich **zwin|gen**, du zwingst dich, er zwingt sich, er zwang sich, er hat sich gezwungen, zwingend

der **Zwin|ger**, die Zwinger

zwin|kern, du zwinkerst, sie zwinkert

der **Zwirn**, der Zwirnsfaden

zwi|schen, der Zwischenfall, der Zwischenraum, der Zwischenruf, zwischendurch

der **Zwist** (Streit), die Zwistigkeit

zwit|schern, du zwitscherst, sie zwitschert

zwölf, die Zwölf, zwölffach, zwölfmal

der **Zyk|lon** (Wirbelsturm), die Zyklone

der **Zyk|lus**, die Zyklen

der **Zy|lin|der**, die Zylinder, zylindrisch, der Zylinderhut

Zy|pern, der Zyprer, die Zyprerin, zyprisch

die **Zy|pres|se** (Nadelbaum), die Zypressen

z. Z./z.Zt. (zur Zeit)

Wörter

Wörter bestehen aus einer oder mehreren Silben. Deutsche Wörter haben oft zwei Silben: Na - se, Win - ter, ge - hen.
Die erste Silbe ist die Hauptsilbe, die zweite die Endsilbe.
Im Deutschen wird die erste Silbe betont, die zweite Silbe und jede weitere Silbe bleiben unbetont: **Au** - to - fah - re - rin, **Fuß** - gän - ger.

Silben

Offene Silbe

Wenn die Silbe mit einem Vokal endet, ist es eine **offene Silbe**:
Be - sen, **Ei** - mer, **Schau** - fel.

Geschlossene Silbe

Wenn die Silbe mit einem Konsonanten endet, ist es eine **geschlossene Silbe**: **Äp** - fel, **Bir** - ne, **Kir** - sche.

Silben bestehen aus Vokalen und Konsonanten:

- a, e, i, o, u sind Vokale
- bei den Konsonanten klingen noch andere Laute mit:
  b, c, d, f, g, h, j, k, l, m, n, p, q, r, s, t, v, w, x, y, z
- ä, ö, ü nennen wir Umlaute
- au, äu, eu, ei, ai nennen wir Zwielaute (Diphthonge)

Vokale können sich verändern, z. B.:

Gans – Gänse
Maus – Mäuse
fangen – fängt
Floh – Flöhchen
Hund – Hündin

Vorsilbe

Wenn Nomen oder Verben mit un-, ver-, vor- beginnen, ist es eine **Vorsilbe**:
unbekannt, **ver**kaufen, **Vor**freude.

Nachsilbe

Wenn Nomen mit -heit, -keit, -ung, -nis, -schaft, -tum oder Adjektive mit -ig, -lich, -isch, -bar enden, ist es eine **Nachsilbe**:
Zufrieden**heit**, Aufmerksam**keit**, Entscheid**ung**, Verständ**nis**, Meister**schaft**, Eigen**tum**, farb**ig**, fröh**lich**, kind**isch**, wunder**bar**.

Wortarten

Es gibt verschiedene Wortarten.

Nomen

- sind Namen von Menschen, Tieren, Pflanzen und Dingen, z. B.: das Kind, die Ziege, die Tanne, der Schuh.
- benennen auch Gefühle und anderes, das man nicht sehen kann (abstrakte Nomen), z. B.: das Glück, der Mut, die Zeit.
- schreiben wir immer groß.
- gibt es in der Einzahl und in der Mehrzahl, z. B.: die Ente – die Enten, das Auto – die Autos.
- haben in der Regel einen Artikel.

Artikel

Vor Nomen stehen oft Artikel.

- bestimmte Artikel: der, die, das, z. B.: der Vater, die Mutter, das Kind
- unbestimmte Artikel: ein, eine, z. B.: ein Mann, eine Frau, ein Kind

Die vier Fälle des Nomens

Nomen können in vier Fällen stehen.

1. Fall	(Wer oder was?):		
	der Mann	die Frau	das Kind
2. Fall	(Wessen?):		
	des Mannes	der Frau	des Kindes
3. Fall	(Wem?):		
	dem Mann	der Frau	dem Kind
4. Fall	(Wen oder was?):		
	den Mann	die Frau	das Kind

Online-Übungen: Zauberhöhle / Wörtersee

Aufgaben zu Nomen und Artikeln

Schreibe immer in dein Heft. Arbeitet bei diesem Zeichen zu zweit.

1. Welche dieser Wörter sind Nomen?
Schreibe sie mit dem bestimmten Artikel auf.

langeweile freude gehen opa comicheft
katze müde bunt ufo
bin lustig aber dann
er dein kommode

2. Welchen bestimmten Artikel haben diese Wörter?

● Banane ● Leopard ● Planet
● Glück ● Karotte ● Pyjama
● Freundschaft ● Briefträger ● Tortenstück

3. Welchen unbestimmten Artikel haben die Wörter aus Aufgabe 2?

4. Ergänze die fehlenden Artikel.

der/ein Hund das/● Monster der/● Pilot
●/eine Glut ●/eine Ruine
●/ein Jahr die/● Hexe ●/ein Schnitzel

5.

3/4

Die Gänse von Rom
400 v. Chr. hatten die Römer Streit mit . Diese wollten eines Nachts die Stadt Rom überfallen. Doch haben aus Versehen geweckt. Die Römer wurden durch das Geschnatter alarmiert und konnten sich so gegen den Angriff verteidigen. Sie verjagten . Die Römer waren sehr dankbar und seitdem hatten in Rom hohes Ansehen.

= die Gänse – der Gänse – die Gänse – den Gänsen
= die Gallier – der Gallier – den Galliern – die Gallier

Lösung → Seite 266

Verben

- sagen, was jemand tut oder was geschieht, z. B.: sie schreibt, es regnet.
- schreiben wir klein.
- haben eine Grundform und verschiedene Personalformen, z. B.:

Grundform	lachen	geben
ich	lache	gebe
du	lachst	gibst
er / sie / es	lacht	gibt
wir	lachen	geben
ihr	lacht	gebt
sie	lachen	geben

- haben einen Wortstamm und eine Endung, z. B.:
  lach = Wortstamm
  en = Endung
- geben auch an, in welcher Zeit etwas stattfindet, z. B.: er malt – er malte → Zeitformen

Zeitformen der Verben	
• **Gegenwart**	ich lese
• **1. Vergangenheit**	ich las
• **2. Vergangenheit**	ich habe gelesen
• **Zukunft**	ich werde lesen

Wenn man etwas erzählen möchte, benutzt man die 2. Vergangenheit. Wenn man über etwas schreiben möchte, benutzt man die 1. Vergangenheit.

Aufgaben zu Verben

1. Welche dieser Wörter sind Verben?
Schreibe so: wir/sie raten, …

RATEN ISST KRATZT GEBEN HASEN
BLUSEN BIN GIBST MALER LESEN
TASSEN KATZEN

2. 3/4 Schreibt zu jeder Verbform die Grundform und das passende Personalpronomen:
denken – wir denken, sie denken …

denken liest esst halten
fährt
bist greifen schwimmt

3. 3/4 Setze den Text in die 2. Vergangenheit. Schreibe so:
Hannes erzählt: „Im Urlaub bin ich mit einem Hundeschlitten gefahren. Es ist …“

Im Urlaub fuhr ich mit einem Hundeschlitten. Es war sehr kalt und es lag viel Schnee, aber die Hunde rannten unglaublich schnell. Bei der Fahrt hatte der Schlittenführer keine Leine. Er rief dem Leithund alle Befehle zu. Auch als er bremste, rief er das dem Leithund zu. Der bremste dann mit und alle anderen Hunde wurden auf diese Weise langsamer.

Lösung → Seite 267

Adjektive

- beschreiben, wie jemand oder etwas ist, z. B.: hilfsbereit, nett, grün, groß.
- können die Endungen -isch, -ig oder -lich haben, z. B.: stürmisch, hungrig, glücklich.
- können zum Vergleichen verwendet werden, z. B.: kleiner als …
- lassen sich steigern, z. B.: klug – klüger – am klügsten.
- schreiben wir klein.

Präpositionen*

- heißen diese Wörter: an, auf, bei, bis, hinter, in, mit, nach, neben, seit, über, unter, von, vor, wegen, zu, zwischen.
- antworten auf Fragen, z. B.: Wo?, Wann?, Warum?, Mit wem? und Wie?
  Z. B.: Wo? – Der Ball liegt **hinter** der Mauer.
  Wann? – Ich muss **vor** sieben Uhr zu Hause sein.
  Warum? – Der Unterricht fiel **wegen** des Schulfestes aus.
  Mit wem? – Ich war **mit** Oma im Kino.
  Wie? – Er verließ **in** großer Eile das Haus.
- sind manchmal mit dem nachfolgenden Artikel verschmolzen: am, ans, beim, durchs, hinterm, im, ins, übers, vom, zum, zur, unterm …
  Z. B.: **am** Gartenzaun = **an dem** Gartenzaun
  durchs Internet = **durch das** Internet
  zur Feier = **zu der** Feier
- schreiben wir klein.

Online-Übungen: Waldmeisterschaft

Aufgaben zu Adjektiven und Präpositionen*

1. Überlegt gemeinsam und sammelt Adjektive.
Wie kann eine Hose sein? Z. B.: blau, eng …
Wie kannst du dich fühlen? Z. B.: gut, traurig …

2. Schreibe den Text ab und setze die Adjektive in der richtigen Steigerungsform ein.

3/4

Schnelle Mungos
Mungos sind unter den Mangusten wohl am : Sie attackieren auch Giftschlangen. Schlangen sind , aber Mungos sind noch . Sie kämpfen so lange mit den Reptilien, bis diese sind.

schnell schneller müde furchtlosesten

3. In dem Text sind die Präpositionen* durcheinandergeraten. Überlegt gemeinsam, wie der Text richtig heißen muss.

3/4

Aufmerksame Erdmännchen
Erdmännchen leben **vor** Afrika. Auch sie gehören **auf** Art der Mangusten wie die Mungos. Erdmännchen haben Bauten **zur** der Erde und ernähren sich hauptsächlich **in** Insekten.
Ein Erdmännchen steht **mit** einem Hügel **von** dem Eingang der Höhle und hält Wache. Nähert sich Gefahr, warnt es seine Gruppe **unter** lauten Rufen.

4. Mit welcher Frage findet man die Präposition*?
Schreibe mit der richtigen Zuordnung ab.

3/4

Wie?	Das Fahrrad steht vor der Tür.
Wo?	Am Mittwoch fällt das Volleyballspiel aus.
Wann?	Minigolf macht mit Freunden am meisten Spaß.
Warum?	Sie löst die Aufgabe mithilfe des Taschenrechners.
Mit wem?	Wegen des Regens konnten wir nicht draußen spielen.

Lösung → Seite 267 und 268

Personalpronomen

- sind kleine Wörter, die für Nomen eingesetzt werden können.

	Einzahl			Mehrzahl		
	1. Person	2. Person	3. Person	1. Person	2. Person	3. Person
1. Fall	ich	du	er/sie/es	wir	ihr	sie
3. Fall	mir	dir	ihm/ihr/ihm	uns	euch	ihnen
4. Fall	mich	dich	ihn/sie/es	uns	euch	sie

Die Formen des 2. Falls sind ungebräuchlich, z. B.: Gedenke der Toten.

- in der Höflichkeitsform schreibt man groß: Sie, Ihnen, Ihrem, Ihr, Ihre.

Aufgaben zu Personalpronomen

1. Ersetze die unterstrichenen Nomen durch Personalpronomen. Schreibe den Text ab.
   Schreibe so: Wölfe sind scheue Tiere. Sie leben in einem Rudel. …

   > Wölfe sind scheue Tiere. Wölfe leben in einem Rudel. Ein Rudel besteht aus einem Wolfspaar und dessen Kindern. Wölfe jagen auch Weidetiere. Die Wölfe wurden deswegen fast überall ausgerottet. Die Menschen dachten auch, dass der Wolf Menschen angreifen würde. Aber der Wolf greift die Menschen nur an, wenn der Wolf Tollwut hat.

2. Ersetze in dem Brief den unterstrichenen Namen mit dem richtigen Personalpronomen. Denke daran, dass sie in Briefen großgeschrieben werden. Schreibe den Brief ab.

   > Sehr geehrter Herr Bürgermeister,
   >
   > seit einigen Jahren gibt es wieder Wölfe in unserem Wald. Wir möchten Herrn Bürgermeister bitten, sich für den Wolfsschutz einzusetzen, der Herrn Bürgermeister sicher auch am Herzen liegt. Bitte machen Herr Bürgermeister sich für eine Lösung stark, die Weidetiere und Wölfe schützt. Wir danken für Herrn Bürgermeisters Aufmerksamkeit.
   >
   > Mit freundlichen Grüßen
   > Die Wolfs-AG

Lösung → Seite 268

Sätze

Satzarten

Aussagesatz

- Mit einem Aussagesatz teilen wir etwas mit.
- Am Ende steht ein Punkt [.].

→ Z. B.: Das Kind schläft**.**

Fragesatz

- Wenn wir etwas wissen wollen, stellen wir eine Frage.
- Am Ende steht ein Fragezeichen [?].
- Fragewörter: wer, wie, was, wo, wann, warum …

→ Z. B.: Wohin verreist du in den Ferien**?**

Aufforderungssatz

- Der Angesprochene soll etwas Bestimmtes tun.
- Am Ende steht ein Ausrufezeichen [!].

→ Z. B.: Schlaf jetzt**!**

Ausruf

- Nach Ausrufen steht ebenfalls ein Ausrufezeichen [!].

→ Z. B.: Das ist eine schöne Überraschung**!**

Aufgaben zu Sätzen

1. Schreibe die Sätze mit den richtigen Satzschlusszeichen ab.

Spielen wir Minigolf
Wann willst du denn gehen
Heute nach der Schule möchte ich spielen
Ruf mich nachher noch mal an
Frag doch auch Lorenz oder Laura, ob sie mit uns kommen
Ich habe schon Lorenz gefragt
Er und seine Schwester kommen später

2. Formt die Sätze um.
3/4
Schreibt so: Laura schlägt den Ball. → Schlage den Ball, Laura!

Laura schlägt den Ball. → Aufforderungssatz
Trifft Mehmet das Loch? → Aussagesatz
Hole mir auch eine Limo! → Fragesatz
Lorenz notiert die Punkte. → Aufforderungssatz
Tim gewinnt das Spiel. → Fragesatz

Lösung → Seite 268

Satzzeichen

Wörtliche Rede

- ist das, was gesprochen wird.
- steht in Anführungszeichen. Vor der wörtlichen Rede stehen Anführungszeichen unten, nach der wörtlichen Rede oben. „…“
- Der Redebegleitsatz gibt an, wer spricht.
- Steht der Redebegleitsatz vor der wörtlichen Rede, endet er mit einem Doppelpunkt :. Z. B.: Marie sagt**:** „Das Essen ist fertig.“
- Steht der Redebegleitsatz nach der wörtlichen Rede, werden wörtliche Rede und Redebegleitsatz durch ein Komma , getrennt. Z. B.: „Unser Haus wurde 2012 erbaut“**,** erklärt Markus.
- Ist die wörtliche Rede ein Frage- oder Aufforderungssatz, bleiben Frage- bzw. Ausrufezeichen erhalten. Z. B.: „Eine echte Katzenmumie?“, fragte Lorenz.

Aufgaben zur wörtlichen Rede

1. 3/4 Schreibe den Text ab und ergänze die Satzzeichen.

> Beim Besuch im Museum bewundern die Kinder eine Mumie. Die Lehrerin erzählt: Auch Katzen galten im alten Ägypten als heilig. Stimmt es, dass es auch Katzenmumien gibt?, will Lorenz wissen. Ja, das ist richtig, antwortet die Lehrerin. Schade, dass es hier im Museum keine gibt, murmelt Lorenz.

2. 3/4 Diktiert euch gegenseitig den Text mit Satzschlusszeichen.

> „Ich habe aber im Hof eine gesehen“, sagt Markus. Lorenz fragt verblüfft: „Eine echte Katzenmumie?“ „Nein, eine lebende Katze“, antwortet Markus. Alle lachen.

Komma als Aufzählungszeichen
Wenn Wörter oder Satzglieder aufgezählt werden, wird ein Komma zwischen ihnen gesetzt. Vor dem letzten Wort der Aufzählung steht „und“ oder „oder“. Dort wird kein Komma gesetzt.
Z. B.: Im alten Ägypten galten unter anderem Katzen, Löwen, Käfer und Krokodile als heilig.

Lösung → Seite 269

Satzglieder

Satzglieder können aus einem oder mehreren Wörtern bestehen.
Z. B.: [Der kleine Hund] [geht] [in die Hundeschule].

Umstellprobe
Satzglieder kann man umstellen.
Z. B.: [In die Hundeschule] [geht] [der kleine Hund].
[Geht] [der kleine Hund] [in die Hundeschule]?

Subjekt

Mit der Frage „Wer oder was?“ findet man das Subjekt.
Beispiel: <u>Der Hund</u> bellt.
Wer oder was bellt? → Der Hund = Subjekt

Prädikat

Mit der Frage „Was geschieht?“, „Was tut/tun …?“ findet man das Prädikat.
Beispiel: Der Hund <u>bellt</u>.
Was tut der Hund? → bellt = Prädikat
Der Vater <u>nimmt</u> einen Regenschirm <u>mit</u>.
Was tut der Vater? → nimmt mit = Prädikat

Satzergänzung

In den meisten Sätzen gibt es außer dem Subjekt und dem Prädikat noch Ergänzungen. Bei vielen Sätzen möchte man noch Genaueres wissen.

Satzergänzung im 3. Fall (Wem?)

Der Hund gehört <u>Mehmet</u>.
Die Wem-Ergänzung finden wir auf die Frage:
„Wem gehört der Hund?“ → Mehmet = Satzergänzung im 3. Fall

Satzergänzung im 4. Fall (Wen oder was?)

Mehmet füttert <u>den Hund</u>.
Die Wen- oder Was-Ergänzung finden wir auf die Frage:
„Wen oder was füttert Mehmet?“ → den Hund = Satzergänzung im 4. Fall

Aufgaben zu Satzgliedern

1. 3/4 Schreibe die Sätze ab. Unterstreiche das Subjekt gelb und das Prädikat grün.
Schreibe so: Kiwis gehören zu den flugunfähigen Vögeln.

Kiwis gehören zu den flugunfähigen Vögeln.
Der Kiwi gilt als der Nationalvogel Neuseelands.
Eine Obstsorte heißt auch Kiwi.
Viele Menschen mögen Kiwi-Früchte.

2. 3/4 Formt die Sätze aus Aufgabe 1 zweimal um (Umstellprobe).
Die Wörter, die gemeinsam umgestellt werden, bilden ein Satzglied.
Schreibt so:
[Kiwis] [gehören] [zu den flugunfähigen Vögeln].
[Zu den flugunfähigen Vögeln] [gehören] [Kiwis].
[Gehören] [Kiwis] [zu den flugunfähigen Vögeln]?

3. 3/4 Bilde Sätze und frage nach der Satzergänzung im 4. Fall.
Schreibe so:
Die Neuseeländer lieben ihren Nationalvogel.
Wen oder was lieben die Neuseeländer? → ihren Nationalvogel

lieben	ihren Nationalvogel.	Die Neuseeländer
mögen	Viele Menschen	Kiwi-Früchte.
die Frucht	vom Kiwi-Vogel.	Den Namen bekam

4. Bilde Sätze und frage nach der Satzergänzung im 3. Fall.
Schreibe so:
Die Kiwi-Früchte schmecken Laura.
Wem schmecken die Kiwi-Früchte? → Laura

schmecken	Die Kiwi-Früchte	Laura.
der Gesundheit.	nützen	Kiwi-Früchte
Lorenz.	Der Kiwi-Vogel	gefällt
gleichen	Kiwi-Vogelfedern	einem Fell.

Lösung → Seite 269

Lösungen

Lösung der Aufgaben zu Nomen und Artikeln, S. 256:

1. die Langeweile, die Katze, die Freude, der Opa, das Comicheft, das Ufo, die Kommode

2. die Banane, das Glück, der Leopard, der Pyjama, der Planet, die Freundschaft, die Karotte, der Briefträger, das Tortenstück

3. eine Banane, ein Glück, ein Leopard, ein Pyjama, ein Planet, eine Freundschaft, eine Karotte, ein Briefträger, ein Tortenstück

4. die / eine Glut
   das / ein Monster
   die / eine Ruine
   das / ein Schnitzel
   der / ein Pilot
   das / ein Jahr
   die / eine Hexe

5. **Die Gänse von Rom**
   400 v. Chr. hatten die Römer Streit mit **den Galliern**. Diese wollten eines Nachts die Stadt Rom überfallen. Doch **die Gallier** haben aus Versehen **die Gänse** geweckt. Die Römer wurden durch das Geschnatter **der Gänse** alarmiert und konnten sich so gegen den Angriff **der Gallier** verteidigen. Sie verjagten **die Gallier**. Die Römer waren **den Gänsen** sehr dankbar und seitdem hatten **die Gänse** in Rom hohes Ansehen.

Lösung der Aufgaben zu Verben, Seite 258:

1. du/er/sie/es isst, du/er/sie/es/ihr kratzt,
   wir/sie geben, ich bin, du gibst, wir/sie lesen

2. fahren – er fährt, sie fährt, es fährt
   lesen – er liest, sie liest, es liest
   essen – ihr esst
   halten – wir halten, sie halten
   schwimmen – er schwimmt, sie schwimmt, es schwimmt, ihr schwimmt
   sein – du bist
   greifen – wir greifen, sie greifen

3. Hannes erzählt: „Im Urlaub bin ich mit einem Hundeschlitten gefahren. Es ist sehr kalt gewesen und es hat viel Schnee gelegen, aber die Hunde sind unglaublich schnell gerannt. Bei der Fahrt hat der Schlittenführer keine Leine gehabt. Er hat dem Leithund alle Befehle zugerufen. Auch als er gebremst hat, hat er das dem Leithund zugerufen. Der hat dann mitgebremst und alle anderen Hunde sind auf diese Weise langsamer geworden."

Lösung der Aufgaben zu Adjektiven und Präpositionen*, Seite 260:

1. Mehrere Lösungen sind möglich, z. B.: schwarz, weiß, rot, kurz, lang, weit, schmutzig, sauber, teuer, kratzig.
   Mehrere Lösungen sind möglich, z. B.: hungrig, müde, aufgeregt, krank, glücklich, zufrieden, satt.

2. **Schnelle Mungos**
   Mungos sind unter den Mangusten wohl am **furchtlosesten**:
   Sie attackieren auch Giftschlangen. Schlangen sind **schnell**, aber Mungos sind noch **schneller**. Sie kämpfen so lange mit den Reptilien, bis diese **müde** sind.

3. **Aufmerksame Erdmännchen**
   Erdmännchen leben **in** Afrika. Auch sie gehören **zur** Art der Mangusten wie die Mungos. Erdmännchen haben Bauten **unter** der Erde und ernähren sich hauptsächlich **von** Insekten. Ein Erdmännchen steht **auf** einem Hügel **vor** dem Eingang der Höhle und hält Wache. Nähert sich Gefahr, warnt es seine Gruppe **mit** lauten Rufen.

4. Wo? – Das Fahrrad steht vor der Tür.
   Wann? – Am Mittwoch fällt das Volleyballspiel aus.
   Mit wem? – Minigolf macht mit Freunden am meisten Spaß.
   Wie? – Sie löst die Aufgabe mithilfe des Taschenrechners.
   Warum? – Wegen des Regens konnten wir nicht draußen spielen.

Lösung der Aufgaben zu Personalpronomen, S. 261:

1. Wölfe sind scheue Tiere. Sie leben in einem Rudel. Es besteht aus einem Wolfspaar und dessen Kindern. Wölfe jagen auch Weidetiere. Sie wurden deswegen fast überall ausgerottet. Die Menschen dachten auch, dass der Wolf sie angreifen würde. Aber der Wolf greift sie nur an, wenn er Tollwut hat.

2. Sehr geehrter Herr Bürgermeister,
   seit einigen Jahren gibt es wieder Wölfe in unserem Wald. Wir möchten Sie bitten, sich für den Wolfsschutz einzusetzen, der Ihnen sicher auch am Herzen liegt. Bitte machen Sie sich für eine Lösung stark, die Weidetiere und Wölfe schützt. Wir danken für Ihre Aufmerksamkeit.
   Mit freundlichen Grüßen
   Die Wolfs-AG

Lösung der Aufgaben zu Sätzen, S. 262:

1. Spielen wir Minigolf?
   Wann willst du denn gehen?
   Heute nach der Schule möchte ich spielen.
   Ruf mich nachher noch mal an!
   Frag doch auch Lorenz oder Laura, ob sie mit uns kommen!
   Ich habe schon Lorenz gefragt.
   Er und seine Schwester kommen später.

2. Laura schlägt den Ball. → Schlage den Ball, Laura!
   Trifft Mehmet das Loch? → Mehmet trifft das Loch.
   Hole mir auch eine Limo! → Holst du mir auch eine Limo?
   Lorenz notiert die Punkte. → Notiere die Punkte, Lorenz!
   Tim gewinnt das Spiel. → Gewinnt Tim das Spiel?

Lösung der Aufgaben zur wörtlichen Rede, S. 263:

1. Beim Besuch im Museum bewundern die Kinder eine Mumie.
   Die Lehrerin erzählt: „Auch Katzen galten im alten Ägypten als heilig.“
   „Stimmt es, dass es auch Katzenmumien gibt?“, will Lorenz wissen.
   „Ja, das ist richtig“, antwortet die Lehrerin. „Schade, dass es hier im Museum keine gibt“, murmelt Lorenz.

Lösung der Aufgaben zu Satzgliedern, S. 265:

1. Der Kiwi gilt als der Nationalvogel Neuseelands.
   Eine Obstsorte heißt auch Kiwi.
   Viele Menschen mögen Kiwi-Früchte.

2. [Als der Nationalvogel Neuseelands] [gilt] [der Kiwi].
   [Gilt] [der Kiwi] [als der Nationalvogel Neuseelands]?
   [Kiwi] [heißt] [auch] [eine Obstsorte].
   [Heißt] [eine Obstsorte] [auch] [Kiwi]?
   [Kiwi-Früchte] [mögen] [viele Menschen].
   [Mögen] [viele Menschen] [Kiwi-Früchte]?

3. Viele Menschen mögen Kiwi-Früchte.
   Wen oder was mögen viele Menschen? → Kiwi-Früchte
   Den Namen bekam die Frucht vom Kiwi-Vogel.
   Wen oder was bekam die Frucht vom Kiwi-Vogel? → den Namen

4. Kiwi-Früchte nützen der Gesundheit.
   Wem nützen Kiwi-Früchte? → der Gesundheit
   Der Kiwi-Vogel gefällt Lorenz.
   Wem gefällt der Kiwi-Vogel? → Lorenz
   Kiwi-Vogelfedern gleichen einem Fell.
   Wem gleichen Kiwi-Vogelfedern? → einem Fell

Wörter sind aus Silben gebaut. Deutsche Wörter haben oft zwei Silben:
Na - se, Win - ter, ge - hen.
Die erste Silbe ist die **Hauptsilbe**: Na - se, Win - ter, ge - hen,
die zweite Silbe ist die **Endsilbe**: Na - se, Win - ter, ge - hen.

Offene Silbe
Wenn die Hauptsilbe mit einem Vokal endet, ist es eine **offene Silbe**:
Be - sen, Ei - mer, Schau - fel.

Geschlossene Silbe
Wenn die Hauptsilbe mit einem Konsonanten endet, ist es eine **geschlossene Silbe**: Äp - fel, Bir - ne, Tul- pe.

Die Silbengliederung der Wörter hilft auch bei der Rechtschreibung. Auf den nächsten Seiten findest du Strategien, die dir helfen, richtig zu schreiben.

Silben mitsprechen

Bei sehr vielen Wörtern hilft es, die Wörter deutlich und in Silben zu sprechen, um sie dann richtig zu schreiben. Du kannst die Silben klatschen, hüpfen, mit den Füßen stampfen …
Re - gen, A - ben - teu - er, Pfir - sich - tor - te, Pur - zel - baum

Das Silbensprechen hilft auch bei Wörtern mit Doppelkonsonanten:
Bag - ger, Rob - be, fül - len, sam - meln, zu - sam - men

Das Silbensprechen hilft auch bei Wörtern mit mehreren Konsonanten hintereinander:
Hams - ter, Fens - ter, Schnup - fen, Kran - ken - schwes - ter, klop - fen, stamp - fen, Lich - ter, kämp - fen

Aufgaben zum Silbenmitsprechen

Schreibe immer in dein Heft. Arbeitet bei diesem Zeichen zu zweit.

1. Ordne die Wörter nach der Anzahl ihrer Silben.
Schreibe so: 1 Silbe: Arm, …; 2 Silben: …

Arm Aquarium Seepferdchen Handy Februar Brille Esel Chamäleon Strauch Lokomotive Pflaume Schokolade

2. Ein oder zwei Konsonanten? Schreibe die Wörter richtig auf.

	f/ff	A●e		l/ll	Bri●e
	s/ss	Do●e		d/dd	Fe●er
	b/bb	Ga●el		f/ff	Ko●er

3. Bringt die Silben in die richtige Reihenfolge und schreibt die Wörter ins Heft.
z. B. schweskenkranter = Krankenschwester

häusgelvochen toerwehraufeu lertigflüchfehkeits labeermardeerdme

4. In diesem Silben-Obstsalat sind 5 Obstsorten versteckt.
Findet sie und schreibt sie auf.

be Bir me Ap Kir fel Pflau ne Trau sche

Lösung → Seite 280

Verlängern

Zwer● mit g oder k? Wenn man nicht genau weiß, wie der letzte Buchstabe eines Wortes geschrieben wird, kann man das Wort verlängern und so den Buchstaben hörbar machen. Zwer-ge, also mit g: Zwerg.
Die Strategie ist: verlängern, dann in Silben sprechen und dadurch zur richtigen Schreibweise kommen.

Verlängern durch Mehrzahlbildung:
Ber● mit g oder k? → Ber-ge, also mit g: Berg
Pfer● mit d oder t? → Pfer-de, also mit d: Pferd

Verlängern durch Bildung der Grundform:
sie stei●t mit g oder k? → stei-gen, also mit g: sie steigt
es kle●t mit b oder p? → kle-ben, also mit b: es klebt
sie ste●t mit l oder ll? → stel-len, also mit ll: sie stellt

Verlängern durch Bildung der Vergleichsstufe:
star● mit g oder k? – stär-ker, also mit k: stark
lau● mit d oder t? – lau-ter, also mit t: laut

Aufgaben zum Verlängern

1. Welcher Buchstabe fehlt? Verlängere das Wort und schreibe in dein Heft. Schlage zur Kontrolle im Wörterbuch nach.
Beispiel: Hun● → Hunde → Hund
Schreibe so: Hunde → Hund

d oder t?	Hun●	Kin●	Hu●	sie wir●
b oder p?	Kor●	Die●	er hu●t	sie schrie●
g oder k?	Ber●	Schran●	Zwei●	er ma●

2. 3/4 Welcher Buchstabe fehlt? Bilde die Vergleichsstufe und schreibe in dein Heft. Schlage zur Kontrolle im Wörterbuch nach.
Beispiel: billi● → billiger → billig
Schreibe so: billiger → billig

g oder k?	billi●	kräfti●	lan●	flin●
b oder p?	gel●	lie●	gro●	plum●
d oder t?	aufregen●	brei●	bun●	frem●

Lösung → Seite 280

Ableiten

Beim Ableiten geht es darum, ein verwandtes Wort zu suchen. Dann hast du Hilfe bei der richtigen Schreibung vieler Wörter.

zweih●ndig mit ä oder e? → Hand, also mit ä: zweihändig
Gef●lle mit ä oder e? → fallen, also mit ä: Gefälle

er l●ft mit äu oder eu? → laufen, also mit äu: er läuft
Geb●de mit äu oder eu? → bauen, also mit äu: Gebäude

Aufgaben zum Ableiten

1. Welcher Laut fehlt? Leite das Wort ab und schlage zur Kontrolle im Wörterbuch nach.
   Beispiel: H●nde → Hand → Hände
   Schreibe so: Hand → Hände

ä oder e?	H●nde	W●lten	●ste	G●nse
äu oder eu?	M●se	er l●ft	B●che	Str●cher

2. Welche Wörter gehören zusammen?
   Schreibe so: ängstlich – Angst

Gem●lde Traum Haus gef●hrlich Angst
Erk●ltung rauben B●ckerei bl●lich kalt
Gefahr backen vertr●mt
●ngstlich h●slich blau malen R●ber

3. Finde die Reimwörter. Schreibe die Paare auf.
   Schreibe so: Gläser – Bläser

Bl●ser Gläser Mäuse L●se Bräune
Z●ne
Räder B●der Träume B●me Bäuche
Schl●che Dächer F●cher Hände W●nde

Lösung → Seite 280

Merkwörter

Die Schreibung mancher Wörter kannst du nicht herleiten, du musst sie dir merken.

- **Wörter mit i statt ie:** Tiger, Maschine, Familie, Rosine
- **Wörter mit Ch:** Christ, Chor
- **Verben, die auf -ieren enden*:** gratulieren, marschieren
- **Wörter mit ai:** Laib, Hai, Kaiser, Laich, Mais, Saite, Waise
- **Wörter mit ä ohne Ableitung:** Käfer, Käfig, Märchen
- **Wörter mit einem Doppelvokal:** Haar, Meer, Schnee, See, Aal, Beet, Boot, Kaffee, Moor, Saat
- **Wörter mit Dehnungs-h:** erzählen, fahren, wahr, zehn
- **Wörter mit dt:** Stadt, verwandt
- **Wörter mit V / v:** vielleicht, vier, voll, Advent, Klavier, Olive
- **Wörter mit ks-Laut:** Fuchs, links, Taxi, Text, sechs, Hexe
- **Wörter mit Qu / qu:** Quelle, Quadrat, Quatsch, bequem, Qual, überqueren
- **Wörter mit y:** Handy, Baby
- **Wörter mit zz:** Pizza, Skizze

Wie du dir Merkwörter merken kannst:

- Gestalte ein Merkplakat, auf das du alle Merkwörter schreibst. Hänge das Plakat dort auf, wo du es oft siehst.
- Schreibe die Wörter auf Lernkärtchen und füge sie in deine Lernkartei ein.
- Markiere dir die Merkstelle besonders, z. B. Füchse, Tiger, Moos, Stuhl.
- Sortiere die Merkwörter auf unterschiedliche Weise, z. B. nach dem Abc; danach, was du magst oder nicht magst; nach Länge der Wörter …
- Suche dir einen Partner. Diktiert euch gegenseitig die Merkwörter und kontrolliert sie mit dem Wörterbuch.
- Denke dir Merksätze aus, z. B.: Doppel-a, das ist doch klar, sind in Waage, Haar und Paar.

Aufgaben zu Merkwörtern

1. **Wörter mit i statt ie**
Ordnet die Wörter nach dem Abc.

Ruine Pirat Cousine Polizeiauto Praline
Zitrone Gardine Tiger Violine Bibel Igel
Krokodil Lineal Biber Girlande

2. **Verben, die auf -ieren enden***
Welche Wörter auf -ieren gehören zu den Nomen?
Schreibe so: Galopp – galoppieren

- Galopp
- Beton
- Dressur
- Programm
- Orientierung
- Marsch
- Buchstabe
- Diktat

3. **Wörter mit ai**
Welches Wort mit ai wird gesucht?

- der weiße ●
- der ● von China
- ein ● Brot
- ein ●kolben
- die ● einer Geige
- abgelegter Fisch●

4. **Wörter mit ä ohne Ableitung**
Welche Wörter werden mit ä und welche mit e geschrieben?

M●dchen Tr●ne K●fig M●ter M●rchen F●nster
P●dal K●fer L●rm K●ller B●r K●se

5. **Wörter mit einem Doppelvokal**
Sortiere die Wörter nach dem Abc.

Boot Moor Saat Waage Kaffee Beere
Zoo Aal Haar Tee leer

6. **Wörter mit Dehnungs-h**
Bilde so viele Wörter mit Dehnungs-h wie möglich. Kontrolliere die Rechtschreibung mithilfe des Wörterbuchs.

l		l
K/k	ah	m
Z/z		n

7. **Wörter mit V/v**
Welche V/v-Wörter spricht man wie f, welche wie w aus? Schreibe die Tabelle in dein Heft.

Vogel Vase Advent Klavier Vampir voll Volk Vulkan Viereck Vater

v wie **f** ausgesprochen	v wie **w** ausgesprochen
Vogel	Vase
…	…

8. **Wörter mit ks-Laut**
Welche Wörter werden mit x, welche mit chs und welche mit ks geschrieben?

Mi●er Lu● He●e Le●ikon Eide●e Ke● A●e O●e wa●en La● lin● Te●t Ta●i

9. **Wörter mit Qu/qu**
Welche Wörter mit Qu/qu werden hier gesucht? Wenn du nicht weiterweißt, schau dir die Beispielwörter auf Seite 274 an.

- die ● des Nils
- aus ● werden Frösche
- ● = angenehm
- ein Dreieck und ein ●
- eine Straße ●
- die ● der Wahl

Lösung → Seite 281

Großschreibung

- Am Satzanfang schreibt man immer groß. Wenn nach einem Doppelpunkt ein ganzer Satz folgt, schreibt man nach dem Doppelpunkt den Satzanfang ebenfalls groß.
- Nomen werden immer großgeschrieben. Nicht alle Nomen kann man sehen oder anfassen. Mache die „der-die-das-Probe“.
- Achte auf die Nachsilben -heit, -keit, -nis, -ung. Sie zeigen ein Nomen an, z. B.: Schönheit, Traurigkeit, Finsternis, Heilung.

Aufgaben zur Großschreibung

1. Schreibe die Nomen mit bestimmtem Artikel in dein Heft. Schreibe so: das Krokodil, der Schmerz …
Aufgepasst: Nicht alle Wörter sind Nomen!

krokodil schmerz träumst geht toll sonne
vor hoffnung drachen lachte glück mauer
klein strahlend bis nacht buch geliebt

2. Diktiert euch gegenseitig den Text. Tauscht die Rollen nach der 1. Hälfte. Kontrolliert am Ende gemeinsam, welche Wörter ihr großgeschrieben habt, und besprecht warum.

Delfine sind interessante Tiere. Sie gehören zur Familie der Zahnwale und haben eine hohe Intelligenz. Immer wieder berichten Schiffbrüchige davon, wie Delfine sie zurück zur Küste begleitet haben. Wenn die Erschöpfung der Menschen zu groß war, wurden sie ein Stück auf dem Rücken mitgenommen.

In einigen Ländern werden Delfine trainiert, sodass sie Seeminen entschärfen können. Manche Delfine werden aber auch in der medizinischen Behandlung eingesetzt.
Die Menschen schwimmen dann mit den Tieren in einem Becken. Diese Menschen sagen: „Das macht Freude und ist eine große Hilfe.“

Lösung → Seite 282

Worttrennung am Zeilenende

Wenn du einen Text schreibst, musst du am Ende einer Schreibzeile überlegen, ob das nächste Wort noch in die Zeile passt oder ob du es trennen kannst.
Hier findest du hilfreiche Tipps zum Trennen von Wörtern am Zeilenende.

- Wenn du nicht sicher bist, wo ein Wort getrennt werden kann, schreibe das ganze Wort lieber in die nächste Zeile und trenne es nicht.

- Sprich das Wort, das du trennen willst, langsam und deutlich in Silben.
  Beispiel: Ha-se, le-ben, Kat-ze, Hun-de, Hob-by, Ba-na-ne, Was-ser

- Die Buchstabengruppen -pf-, -sp-, -st- werden getrennt.
  Beispiel: klo**p**-**f**en, We**s**-**p**e, Fen**s**-**t**er

- Die Buchstabengruppen -ck-, -ch-, -sch-, -ph-, -th- gelten als ein Laut und werden **nicht** getrennt.
  Beispiel: Brü-**ck**e, la-**ch**en, wa-**sch**en, Stro-**ph**e, Zi-**th**er

- Bildet der Vokal am Anfang oder am Ende des Wortes eine einzelne Silbe, wird er **nicht** abgetrennt.
  Beispiel: **E**le-fant, **A**na-nas, Ra-di**o**, Fa-mi-li**e**

- Ein einzelner Vokal in der Mitte des Wortes kann abgetrennt werden, wenn er eine Silbe bildet.
  Beispiel: Ru-**i**-ne

Aufgaben zur Worttrennung am Zeilenende

1. Trenne die folgenden Wörter. Schreibe so: Af-fe …

Affe Beere Blume Bürste Dschungel Eisbär
fließen Flamme Hilfe Hitze letzte
Stunde Urlaub jammern Vulkan

2. Trenne die Wörter und notiere hinter jedem Wort die Anzahl der möglichen Trennungen.
Schreibe so: an-pro-bie-ren (3)

anprobieren Brokkoli Diabetes Detektiv
Ehe eifrig Experiment Schiedsrichter
Olympiade unordentlich

3. Ordne die folgenden Wörter nach der Anzahl ihrer möglichen Trennungen.
Schreibe die Tabelle in dein Heft.

Ananas Anorak Eltern Diamant Spielplätze
Ecke Esel Temperatur Ofen Geschichtenbuch
Abend Eimer Auto Brotkruste Ferien Ufo
Halteverbot Heidelbeere Chamäleon Schildkröte

keine Trennung	1 Trennung	2 Trennungen	3 Trennungen
Ecke	Ana-nas	Di-a-mant	Tem-pe-ra-tur
…	…	…	…

Lösung → Seite 282

Lösungen

Lösung der Aufgaben zum Silbenmitsprechen, S. 271:

1. 1 Silbe: Arm, Strauch; 2 Silben: Handy, Brille, Esel, Pflaume; 3 Silben: Seepferdchen, Februar; 4 Silben: Aquarium, Chamäleon, Schokolade; 5 Silben: Lokomotive

2. Affe, Brille, Dose, Feder, Gabel, Koffer

3. Vogelhäuschen, Feuerwehrauto, Flüchtigkeitsfehler, Erdbeermarmelade

4. Apfel, Birne, Traube, Kirsche, Pflaume

Lösung der Aufgaben zum Verlängern, S. 272:

1. Hunde → Hund, Kinder → Kind, Hüte → Hut, werden → sie wird, Körbe → Korb, Diebe → Dieb, hupen → er hupt, schreiben → sie schrieb, Berge → Berg, Schränke → Schrank, Zweige → Zweig, mögen → er mag

2. billiger → billig, kräftiger → kräftig, länger → lang, flinker → flink, gelber → gelb, lieber → lieb, gröber → grob, plumper → plump, aufregender → aufregend, breiter → breit, bunter → bunt, fremder → fremd

Lösung der Aufgaben zum Ableiten, S. 273:

1. Hand → Hände, Welt → Welten, Ast → Äste, Gans → Gänse, Maus → Mäuse, laufen → er läuft, Bauch → Bäuche, Strauch → Sträucher

2. ängstlich – Angst, Bäckerei – backen, bläulich – blau, Erkältung – kalt, gefährlich – Gefahr, Gemälde – malen, häuslich – Haus, verträumt – Traum, Räuber – rauben

3. Gläser – Bläser, Mäuse – Läuse, Räder – Bäder, Träume – Bäume, Bräune – Zäune, Bäuche – Schläuche, Dächer – Fächer, Hände – Wände

Lösung zu Aufgaben zu Merkwörtern, S. 275/276:

1. Bibel, Biber, Cousine, Gardine, Girlande, Igel, Krokodil, Lineal, Pirat, Polizeiauto, Praline, Ruine, Tiger, Violine, Zitrone

2. Galopp – galoppieren
   Dressur – dressieren
   Orientierung – orientieren
   Buchstabe – buchstabieren
   Beton – betonieren
   Programm – programmieren
   Marsch – marschieren
   Diktat – diktieren

3. Hai, Maiskolben, Kaiser, Saite, Laib, Fischlaich

4. ä: Mädchen, Käfer, Käfig, Märchen, Käse, Bär, Träne, Lärm
   e: Meter, Fenster, Keller, Pedal

5. Aal, Beere, Boot, Haar, Kaffee, leer, Moor, Saat, Tee, Waage, Zoo

6. lahm, kahl, Kahn, Zahl, zahm, Zahn

7.

v wie **f** ausgesprochen	v wie **w** ausgesprochen
Vogel	Vase
Vater	Advent
voll	Vulkan
Volk	Vampir
Viereck	Klavier

8. x: Mixer, Hexe, Taxi, Lexikon, Text
   chs: Luchs, Achse, Ochse, wachsen, Eidechse, Lachs
   ks: links, Keks

9. die Quellen des Nils, aus Kaulquappen werden Frösche, bequem = angenehm, ein Dreieck und ein Quadrat, eine Straße überqueren, die Qual der Wahl

Lösung der Aufgaben zur Großschreibung, S. 277:

1. das Krokodil, der Schmerz, die Sonne, die Hoffnung, der Drachen, die Nacht, das Buch, das Glück, die Mauer

2. **D**elfine sind interessante **T**iere. **S**ie gehören zur **F**amilie der **Z**ahnwale und haben eine hohe **I**ntelligenz. **I**mmer wieder berichten **S**chiffbrüchige davon, wie **D**elfine sie zurück zur **K**üste begleitet haben. **W**enn die **E**rschöpfung der **M**enschen zu groß war, wurden sie ein **S**tück auf dem **R**ücken mitgenommen.

   In einigen **L**ändern werden **D**elfine trainiert, sodass sie **S**eeminen entschärfen können. **M**anche **D**elfine werden aber auch in der medizinischen **B**ehandlung eingesetzt. **D**ie **M**enschen schwimmen dann mit den **T**ieren in einem **B**ecken. **D**iese **M**enschen sagen: „**D**as macht **F**reude und ist eine große **H**ilfe."

Lösung der Aufgaben zur Worttrennung am Zeilenende, S. 279:

1. Af-fe, Bee-re, Blu-me, Bürs-te, Dschun-gel, Eis-bär, flie-ßen, Flam-me, Hil-fe, Hit-ze, letz-te, Stun-de, Ur-laub, jam-mern, Vul-kan

2. an-pro-bie-ren (3); Brok-ko-li (2), Di-a-be-tes (3), De-tek-tiv (2), Ehe (0), eif-rig (1), Ex-pe-ri-ment (3), Schieds-rich-ter (2), Olym-pi-a-de (3), un-or-dent-lich (3)

3.

keine Trennung	1 Trennung	2 Trennungen	3 Trennungen
Ecke	Ana-nas	Di-a-mant	Tem-pe-ra-tur
Esel	Ano-rak	Spiel-plät-ze	Ge-schich-ten-buch
Ofen	El-tern	Brot-krus-te	Hal-te-ver-bot
Ufo	Ei-mer	Fe-ri-en	Hei-del-bee-re
Abend	Au-to	Schild-krö-te	Cha-mä-le-on

Was sind Wortfamilien?
Beispiel:
stürmen
der **Sturm**
die **Stürm**e
der **Stürm**er
die **Sturm**flut
stürmisch

Hinweise zu den Wortfamilien

Wörter, die den **gleichen Wortstamm** haben, gehören zu einer **Wortfamilie**. Diese Wörter sind also miteinander verwandt.
Auf den folgenden Seiten sind einige wichtige Wortfamilien für dich zusammengestellt.
Beispiel: Wenn du die Wortfamilie zu dem Wort „Abend" im Wörterverzeichnis anschaust, findest du dort nur wenige Wörter von dieser Wortfamilie.
Aber hinter dem Wort „Abend" steht eine Seitenzahl mit Pfeil.
Wenn du deinen Wortschatz erweitern willst, suche die Seite in diesem Teil des Wörterbuches. Wenn du dir die Schreibweise des Wortstammes merkst, wirst du sicherer in deiner Rechtschreibung werden.

Online-Übungen: Der Laubbaum

Abend

das **Abend**brot
das **Abend**essen
das **Abend**mahl
das **Abend**rot
der Eltern**abend**
der Feier**abend**
der Heilig**abend**
abendfüllend
abendlich
abends

ackern

den Boden be**acker**n
Der **Acker** wird gepflügt.
Die **Äcker** sind bestellt.
Ackerbau betreiben
der **Acker**boden
das **Acker**land
die **Acker**winde

bauen

Kartoffeln an**bau**en
das Land be**bau**en
sich etwas ver**bau**en
der **Bau**er
die **Bäu**erin
das Ge**bäu**de
die Neu**bau**wohnung
der Acker**bau**
der Alt**bau**
der Fuchs**bau**
der Straßen**bau**
baufällig

binden

an**bind**en
ver**bind**en
zu**bind**en
das bunte **Band**
die **Bind**e
die **Bind**ung
der **Bind**estrich
der **Bind**faden
die Ent**bind**ung (Geburt)
die Ver**bind**ung
die Augen**bind**e
die Räuber**band**e
der Ver**band**
ver**bind**lich

brechen

aus**brech**en
ein**brech**en
sich er**brech**en
unter**brech**en
zer**brech**en
der **Bruch**
die **Brech**stange
die **Bruch**stelle
die Ge**brech**en alter Leute
das Ver**brech**en
der Ver**brech**er
der Zungen**brech**er
der Schiff**bruch**
der Wolken**bruch**
der Wort**bruch**
Das Land liegt **brach**.
ge**brech**lich
hals**brech**erisch

fahren

an**fahr**en
vorbei**fahr**en
weg**fahr**en
die **Fähr**e
der **Fahr**er
die **Fahr**t
die **Fähr**te im Sand
die **Fahr**bahn
das **Fahr**gestell
die **Fahr**karte
der **Fahr**plan
das **Fahr**rad
die **Fahr**spur
der **Fahr**stuhl
die **Fahr**trichtung
das **Fahr**zeug
der **Fuhr**mann
die Ein**fahr**t
die Müllab**fuhr**
die Vor**fahr**t
fahrbereit
fahrlässig
fahrtüchtig
Der Weg ist be**fahr**bar.

Herz

Du bist mein **Herz**blatt.
jemanden **herz**en (umarmen)

herzallerliebst
herzensgut
herzförmig
herzhaft
herzlich
be**herz**t

fallen

auf**fall**en
Er wird bei der Prüfung durch**fall**en.
Er ist auf den Trick hereinge**fall**en.
ver**fall**en
der **Fall**
der **Fall**schirm
das **Fall**obst
der Ab**fall**
der Durch**fall**
das Ge**fäll**e
Er tut mir einen Ge**fall**en.
der Holz**fäll**er
die Mause**fall**e

der Not**fall**
der Un**fall**
der Zu**fall**
Die Miete ist **fäll**ig.
auf**fäll**ig
eben**fall**s
zu**fäll**ig

fliegen

die Stadt über**flieg**en
vorbei**flieg**en

die **Flieg**e
der **Flieg**er
der **Flug**
die **Flieg**erei
der **Flug**platz
das **Flug**zeug
der Gleit**flug**
der Papier**flieg**er
der Sturz**flug**

kaufen

ein**kauf**en
ver**kauf**en
der **Kauf**
der **Käuf**er
die **Kauf**frau
das **Kauf**haus
der **Kauf**laden
die **Kauf**leute
der **Kauf**mann
der **Kauf**preis
die Ein**kauf**stasche
der Ausver**kauf**
der Schlussver**kauf**
der Ver**käuf**er
die Ver**käuf**erin
käuflich
kauflustig

lehren

be**lehr**en
die **Lehr**e
der **Lehr**er
die **Lehr**erin
der **Lehr**ling
das **Lehr**amt
das **Lehr**buch
Da habe ich **Lehr**geld gezahlt.
der **Lehr**meister
der **Lehr**vertrag
der Ge**lehr**te
die Musik**lehr**erin
der Wald**lehr**pfad
lehrreich
ge**lehr**ig

lesen

vor**les**en
beim **Les**en
der **Les**er
die **Les**erin
das **Les**ebuch
die **Les**ekonferenz
die **Les**eratte
das **Les**ezeichen
leserlich schreiben

liegen

liegen lassen
herum**lieg**en
die **Lieg**e
der **Lieg**estuhl
die **Lieg**ewiese
gegenüber**lieg**end

nehmen

ab**nehm**en
etwas an**nehm**en
Geld ein**nehm**en
mit**nehm**en
an etwas teil**nehm**en
etwas übel**nehm**en
etwas unter**nehm**en
etwas weg**nehm**en
zu**nehm**en
sich zusammen**nehm**en
die An**nahm**e
eine Aus**nahm**e machen
der Unter**nehm**er
aus**nahm**sweise

sagen

an**sag**en
aus**sag**en
nach**sag**en
vor**sag**en
die **Sag**e
die Ab**sag**e
die Durch**sag**e
die Vorher**sag**e
die Wahr**sag**erin
sagenhaft

schlafen

schlafwandeln
aus**schlaf**en
ein**schlaf**en
ver**schlaf**en
der **Schlaf**
der **Schläf**er
der **Schlaf**anzug
die **Schlaf**mütze
der **Schlaf**sack
das **Schlaf**zimmer
der Mittags**schlaf**
der Sieben**schläf**er
der Winter**schlaf**
schlaflos
schläfrig
schlaftrunken

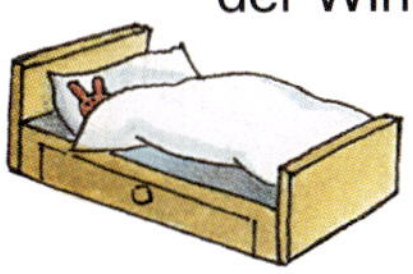

schreiben

ab**schreib**en
an**schreib**en
be**schrift**en
ver**schreib**en
vor**schreib**en
die **Schrift**
das **Schreib**heft
die **Schreib**schrift
der **Schreib**tisch
der **Schrift**steller
die An**schrift**
die Be**schreib**ung
die Unter**schrift**
die Vor**schrift**
schriftlich

setzen

sich auf einen Stuhl **setz**en
einen Motor in Gang **setz**en
einen Platz be**setz**en
mit der Fähre über**setz**en
einen Text über**setz**en
jemanden ver**setz**en
ein **Satz** im Buch
der **Setz**er
der (Pflanzen-)**Setz**ling
der Auf**satz**
das Ge**setz**
die Ver**setz**ung
be**setz**t
ent**setz**lich
uner**setz**lich

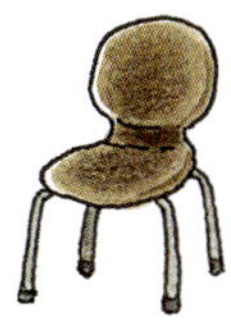

Wortfamilien

spielen

fair **spiel**en
mit**spiel**en
vor**spiel**en
das **Spiel**
der **Spiel**er
der **Spiel**platz
der **Spiel**verderber
das **Spiel**zeug
das Brett**spiel**
das Computer**spiel**
der Falsch**spiel**er
das Fußball**spiel**
das Nach**spiel**
das Theater**spiel**
das Vor**spiel**
spielerisch
ver**spiel**t

Wasser

der **Wasser**dampf
der **Wasser**fall
die **Wasser**kraft
das **Wasser**rohr
der **Wasser**tropfen
die **Wasser**waage
das Ab**wasser**
das Ge**wässer**
das Hoch**wasser**
das Niedrig**wasser**
das Regen**wasser**
das Trink**wasser**
etwas **wässer**n
wasserdicht
wasserscheu
wässrig

sprechen

miteinander **sprech**en
an**sprech**en
etwas be**sprech**en
frei **sprech**en (Redner)
frei**sprech**en (Gericht)
ver**sprech**en
wider**sprech**en
der **Sprech**er
die **Sprach**e
der **Spruch**
die **Sprech**blase
die **Sprech**stunde
das **Sprich**wort
die An**sprach**e
die Aus**sprach**e
das Ge**spräch**
sprachlich
sprachlos
an**spruch**slos
an**spruch**svoll

zählen

er**zähl**en
nach**zähl**en
sich ver**zähl**en
die **Zahl**
der **Zähl**er
der **Zähl**erstand
die **Zähl**ung
das **Zahl**wort
der Er**zähl**er
die Er**zähl**ung
zahllos
zahlreich
un**zähl**ig

Was sind Wortfelder?
Beispiel:
Wortfeld **sagen**
antworten
fragen
rufen
befehlen

Hinweise zu den Wortfeldern

Wörter, die etwas Ähnliches bedeuten, gehören zu einem Wortfeld.
Auf den nachfolgenden Seiten findest du eine Zusammenstellung der wichtigsten Wortfelder. Damit du die Bedeutung der einzelnen Wörter eines Wortfeldes besser herausfinden kannst, steht zu jedem Wort ein Beispielsatz.
Die Wortfelder können dir beim Schreiben eigener Texte dabei helfen, dass du leichter ein Wort findest für das, was du ausdrücken möchtest.
Außerdem hilft dir die Zusammenstellung eines Wortfeldes, wenn du Wiederholungen von Wörtern in deinem Text vermeiden möchtest.
Das Wortfeld **sagen** zum Beispiel hilft dir bei der wörtlichen Rede, indem du hier Wörter findest, die du statt **sagen** auch schreiben kannst.

Online-Übungen: Pilze sammeln

Verben

ablehnen

ablehnen	– Karem will das Angebot **ablehnen**.
abschlagen	– Die Eltern können den Kindern keinen Wunsch **abschlagen**.
untersagen	– Den Kindern ist es **untersagt**, die Baustelle zu betreten.
verneinen	– Sandra **verneint** die Frage.
verweigern	– Der Hamster ist krank, er **verweigert** sein Futter.
zurückweisen	– Chiara will Leon nicht **zurückweisen**.

arbeiten

arbeiten	– Er **arbeitet** gern mit Menschen.
tätig sein	– Seine Mutter **ist** als Lehrerin **tätig**.
jobben	– Seine Schwester **jobbt** in einer Pizzeria.
anfertigen	– Der Geigenbauer möchte ein neues Instrument **anfertigen**.
betätigen	– In meiner Freizeit **betätige** ich mich als Vorleser in der Bibliothek.
widmen	– Der Wissenschaftler **widmet** sich der Forschung.
befassen	– Die Anwältin **befasst** sich mit der Anklage.
Beruf ausüben	– Ich würde gern einen anderen **Beruf ausüben**.
leisten	– Streitschlichter **leisten** Großartiges.

essen

essen	– Am Büfett kann jeder **essen**, was er möchte.
fressen	– Pferde **fressen** gern frisches Gras.
frühstücken	– Am Sonntag **frühstückt** die Familie zusammen.
speisen	– Der König **speist** mit den Ehrengästen.
knabbern	– Der Hamster **knabbert** an der Möhre.
kosten	– Lass mich von der Suppe **kosten**!

schlingen – **Schlinge** nicht so das Essen hinunter!
schmausen – Dennis **schmauste** gemütlich beim Picknick.
tafeln – Im Restaurant **tafeln** wir immer wie die Könige.
vertilgen – Wir **vertilgten** die Muffins restlos.

fallen

fallen – Am Ende des Theaterstücks **fällt** der Vorhang.
purzeln – Die kleine Katze verlor den Halt und **purzelte** ihm vor die Füße.
stürzen – Lena **stürzte** vom Fahrrad, blieb aber unverletzt.
hinschlagen – Sie strauchelte und wäre fast der Länge nach **hingeschlagen**.
plumpsen – Nach den ersten Gehversuchen **plumpste** das Baby wieder auf den Po.

geben

geben – Ich **gebe** dir meine Telefonnummer.
aushändigen – Bei der Siegerehrung darf Lea die Urkunden **aushändigen**.
schenken – Papa **schenkt** Maria einen neuen Füller.
bringen – Der Postbote **bringt** ein Paket.
spenden – Laura und Memet **spenden** für ein Tierheim.
übermitteln – Die Nachbarin **übermittelt** Grüße.
vermachen – Meine Oma hat mir ihre Uhr **vermacht**.
reichen – Ich **reiche** dir die Butter.

gehen

gehen – Herr Meier **geht** über die Straße.
eilen – Bei Regen **eilen** alle nach Hause.
springen – Das Reh **springt** über den Bach.
schlendern – Wir **schlendern** durch die Fußgängerzone.
schreiten – Der König **schreitet** zum Thron.

abhauen	– Tom Sawyer will mit Finn **abhauen**.
bummeln	– Mama **bummelt** gern durch die Geschäfte.
flüchten	– Die Maus **flüchtet** vor der Katze.
hasten	– Der Mann **hastet** zur Apotheke.
hinken	– Seit der Verletzung an der Pfote **hinkt** der Hund.
humpeln	– Nach dem Unfall **humpelte** ich ein bisschen.
marschieren	– Die Musikkapelle **marschiert** beim Umzug.
pilgern	– Muslime **pilgern** nach Mekka.
rennen	– Wegen des Regens **rennen** wir, so schnell wir können.
schleichen	– Die Katze **schleicht** durch den Garten.
spazieren	– Wir **spazieren** am Flussufer.
sprinten	– Der Läufer **sprintet** zum Ziel.
wandern	– Die Familie **wandert** durch den Wald.
watscheln	– Die Enten **watscheln** zum Teich.

lachen

lachen	– Die Kinder **lachen** über den Clown.
jubeln	– Die Zuschauer **jubeln** über den Sieg.
schmunzeln	– Wir **schmunzeln** über die Tollpatschigkeit des Kätzchens.
kichern	– Die Mädchen **kichern** über den albernen Witz.
grinsen	– Papa **grinst** verschmitzt.
lächeln	– Die Verkäuferin **lächelt** freundlich.

lügen

lügen	– Manchmal fällt es schwer, nicht zu **lügen**.
schwindeln	– Sie **schwindelt** manchmal, wenn sie Angst hat, die Wahrheit zu sagen.
heucheln	– Jonas **heuchelt** Interesse an der Briefmarkensammlung seines Onkels.
vortäuschen	– Seine Freude war echt, die kann man nicht **vortäuschen**.
flunkern	– Seiner Schwester brauchst du nicht zu glauben, sie **flunkert** gern.

sagen

sagen – Aylin **sagt** die Wahrheit.
antworten – Sie **antwortet** auf meine Frage.
fragen – Tim **fragt**, wie es mir geht.
rufen – „Wir sind hier drüben!“, **ruft** Sören.
befehlen – Ich **befehle** dem Hund, bei Fuß zu gehen.
behaupten – Ole **behauptet**, tiefer als alle anderen tauchen zu können.
berichten – Der Reporter **berichtet** von den jüngsten Ereignissen.
beschreiben – Oma **beschreibt** den Hund, den sie als Kind hatte.
bitten – Der Lehrer **bittet** um Ruhe.
einwenden – Gegen eine Freistunde heute kann ich nichts **einwenden**.
entgegnen – „Ich aber schon“, **entgegnet** Alye.
erklären – Laura **erklärt** den Wasserkreislauf.
erwidern – Auf meine Frage **erwidert** sie nur mit einem knappen Nein.
erzählen – Lorenz **erzählt** von seinen Ferien.
flüstern – Hamide **flüstert** Silvia etwas ins Ohr.
jammern – Die Zwerge **jammern** wegen Schneewittchens Vergiftung.
meinen – Ich **meine**, du hast recht.

sehen

sehen – Vom Aussichtsturm kann man in die Ferne **sehen**.
beobachten – Paul **beobachtet** seine Katze im Garten.
entdecken – Anna **entdeckt** ein Wespennest hinter dem Haus.
bemerken – Die Maus **bemerkt** die anschleichende Katze nicht.
betrachten – Im Museum **betrachte** ich lange ein Bild.
anschauen – Tim und Emira wollen sich eine Doku **anschauen**.
anstarren – Die Kinder wollen den Mann im Rollstuhl nicht **anstarren**.
besichtigen – Die Familie **besichtigt** ein Schaubergwerk.
gucken – Warum **guckst** du so traurig?

schauen – Der Babysitter **schaut** im Kinderzimmer nach den Zwillingen.
wahrnehmen – Fledermäuse können Ultraschall **wahrnehmen**.

streiten

streiten – Die beiden Jungen **streiten** miteinander.
zanken – Manchmal **zanken** sich die Geschwister.
kabbeln – Die Kinder **kabbeln** sich, wer zuerst auf die Schaukel darf.
Krach haben – Marie **hat Krach** mit ihrer Mutter.
schimpfen – Karl **schimpft** mit seinem Hund Oskar.

trinken

trinken – Ich **trinke** einen Kakao.
schlürfen – Opa **schlürft** genüsslich seinen Kaffee.
nippen – Mama **nippt** am heißen Tee.
saugen – Das Baby **saugt** am Fläschchen.
saufen – Das Pferd **säuft** Wasser aus einem Eimer.

Adjektive

dick

dick – Lea leiht sich ein **dickes** Buch aus der Bücherei aus.
korpulent – Unser Nachbar ist ein **korpulenter** Mann.
stattlich – Der Sumo-Ringer hat eine **stattliche** Figur.
beleibt – Früher waren Mönche oft **beleibt**.
pummelig – Meine Puppe Lisa ist klein und **pummelig**.
füllig – Die Bärin sieht vor dem Winterschlaf **füllig** aus.
üppig – Das Büfett war **üppig** und abwechslungsreich.
fett – Zu Weihnachten gab es eine **fette** Gans.
prall – Der Ball war ganz **prall** aufgeblasen.

dumm

dumm	– Es war **dumm**, dass sie keinen Schirm dabei hatte.
einfältig	– Wie **einfältig** muss man sein, um den Trick nicht zu durchschauen?
doof	– Der Junge ist **doof**, wenn er etwas gegen Ausländer hat.
begriffsstutzig	– „Ich weiß nicht, was du meinst“, sagte er **begriffsstutzig**.
blöd	– „Du bist so **blöd**, du verstehst ja nichts!“

dünn

dünn	– Dieses Mal leiht sich Lea ein **dünnes** Buch aus.
dürr	– Jens sägt die **dürren** Äste vom Baum.
hager	– Die Hexe hatte eine **hagere** Gestalt.
mager	– Nach dem Winterschlaf sieht die Bärin ganz **mager** aus.
schlank	– „Viel **schlanker** solltest du aber nicht werden“, sagt Oma.
filigran	– Die Elfe ist ein **filigranes** Wesen.
schmal	– Sie folgten dem **schmalen** Pfad.
schmächtig	– Der gefundene Igel war klein und **schmächtig**.
fein	– Für den Brief benutzte sie **feines** Papier.

groß

groß	– Der Elefant ist **groß**.
riesig	– Das Naturschutzgebiet ist **riesig**.
gewaltig	– Der Berg war **gewaltig**.
unüberschaubar	– Das Überschwemmungsgebiet ist **unüberschaubar**.
wuchtig	– In Omas Wohnzimmer steht noch eine **wuchtige** Schrankwand.
ausgedehnt	– Die Familie macht einen **ausgedehnten** Spaziergang.
endlos	– Die Wüste schien **endlos**.

enorm	– Eine Riesenmuschel kann eine **enorme** Größe erreichen.
gigantisch	– Der Watzmann ist ein **gigantischer** Berg in Bayern.
kolossal	– Der Herrscher ließ **kolossale** Bauwerke errichten.
unermesslich	– Der Wert des Goldschatzes ist **unermesslich**.
weiträumig	– Der Unfallort wurde **weiträumig** abgesperrt.

klein

klein	– Die Maus ist **klein**.
gering	– Der Altersunterschied der Freundinnen ist nur **gering**.
knapp	– Mein Taschengeld ist sehr **knapp**.
winzig	– Die Laus ist **winzig**.
zierlich	– Die Tänzerin war so **zierlich** wie eine Elfe.
beengt	– Im Baumhaus war der Platz sehr **beengt**.
wenig	– Mit den Fachbegriffen kann ich nur **wenig** anfangen.
zwergenhaft	– Im Vergleich zu einem Stallhasen ist ein Kaninchen **zwergenhaft**.

langsam

langsam	– Die Schnecke kriecht **langsam** am Baumstamm entlang.
bedächtig	– Opa schnitt **bedächtig** den Apfel in kleine Stücke.
gemächlich	– Meine Mutter steht sonntags ganz **gemächlich** auf.
träge	– Die Pandas bewegen sich nur sehr **träge**.
schwerfällig	– Flusspferde sind **schwerfällige** Tiere.
schleppend	– In der Warteschlange geht es nur **schleppend** voran.
zögernd	– Bettina antwortete **zögernd** auf seine Frage.
schleichend	– Wegen der Verletzung des Pferdes kamen wir nur **schleichend** voran.
lahm	– Bei dem Rennen kam ich mir vor wie eine **lahme** Ente.
allmählich	– **Allmählich** nervte ihn der tropfende Wasserhahn.

schnell

schnell – Ich gehe noch **schnell** zum Bäcker.
rasch – Mario zog sich **rasch** an, der Bus kam ja gleich.
flink – Die Spatzen sammelten **flink** die Krümel ein.
hastig – Der Dieb nahm **hastig** den Schmuck aus dem Safe.
geschwind – Felix backte noch **geschwind** morgens einen Kuchen.
eilig – Emil hatte es **eilig**, nach Hause zu kommen.
rasant – Nach einer **rasanten** Verfolgungsfahrt stellte die Polizei den Dieb.
überstürzt – **Überstürzt** brach sie auf.
unverzüglich – Karl machte sich **unverzüglich** an die Arbeit.

schön

schön – Der Panther ist ein **schönes** Tier.
ebenmäßig – Die Frau hat ein **ebenmäßiges** Gesicht.
harmonisch – Die Großeltern führen eine **harmonische** Ehe.
herrlich – Es war **herrliches** Wetter.
makellos – Die Prinzessin war von **makelloser** Schönheit.
entzückend – „Das Kleid sieht ja **entzückend** aus!“, rief Tante Margot.
wunderbar – Die Familie hatte einen **wunderbaren** Tag im Zoo.
zauberhaft – Sie findet, er hat ein **zauberhaftes** Lächeln.

Wetterbericht

Man braucht verschiedene Wörter, wenn man das Wetter beschreiben will.
Beispiel:
heiter bis wolkig, warm und trocken
oder:
neblig, trüb und feucht ...

Hinweise zu den Wörtern zu Sachthemen

Treffende Ausdrücke für das Schreiben eigener Texte findest du auch bei den **Sachthemen**.
Wenn du für den Sach- oder Deutschunterricht selbstständig Texte verfassen willst, kannst du hier nachschlagen und findest Anregungen für die treffende Wortwahl.
Wenn du zum Beispiel das Wetter beschreiben willst, kannst du aus der Wortsammlung zum Thema Wetter deine Auswahl für passende Ausdrücke treffen. Auf diese Weise erweiterst du auch deinen Wortschatz.
Außerdem hilft dir die Sammlung von „Spezialwörtern" bei Rechtschreibschwierigkeiten, denn du brauchst nun nicht jedes Wort einzeln im Wörterbuch nachzuschlagen.

Online-Übungen: Mäuserutsche

Familie / Verwandte / Großfamilie

Nomen

Familienmitglieder:

Eltern: die Mutter, der Vater, die Stiefmutter, der Stiefvater
Kind: der Sohn, die Tochter, der Stiefsohn, die Stieftochter
Geschwister: der Bruder, die Schwester, der Zwilling
Großeltern: die Großmutter, der Großvater, die Oma, der Opa
Urgroßeltern: die Urgroßmutter, der Urgroßvater
Enkelkinder: der Enkel, die Enkelin

Verwandte: der Angehörige, der Cousin, die Cousine, der Großonkel, die Großtante, der Neffe, die Nichte, der Onkel, die Tante

Familienereignisse: die Beerdigung, die Bestattung, die Braut, der Bräutigam, das Brautpaar, die Ehe, die Ehefrau, der Ehemann, das Ehepaar, die Einschulung, der Erbe, die Firmung, die Geburt, der Geburtstag, die Hochzeit, die Kommunion, die Konfirmation, der Patenonkel, die Patentante, die Scheidung, die Taufe, der Tod, die Trauerfeier, die Trauung, die Verlobung, der Waise, die Waise, die Witwe, der Witwer

Lebensalter: das Alter, das Baby, der Erwachsene, die Erwachsene, die Jugend, der Jugendliche, die Jugendliche, die Kindheit, das Kleinkind, der Säugling, das Schulkind, der Senior, die Seniorin, der Student, die Studentin

Verben

sich ärgern, erben, feiern, hassen, heiraten, lieben, pflegen, sich scheiden lassen, schenken, spielen, streiten, trösten, vererben, versöhnen, vertragen, zanken, zusammenleben

Adjektive

alleinerziehend, alt, geschieden, jung, kinderreich, ledig, verheiratet, verliebt, verschwägert, verwandt, verwitwet

Körper

Nomen

Kopf: das Auge, der Gaumen, das Gehirn, das Gesicht, der Hals, das Kinn, die Lippe, der Mund, der Nacken, die Nase, das Ohr, die Schläfe, der Speichel, die Stirn, die Wange, die Zähne, die Zunge
Rumpf: die Achselhöhle, der Bauch, der Bauchnabel, das Becken, die Brust, das Gesäß, der Körper, das Kreuz, der Leib, der Popo, der Rücken, die Schulter
Arm: der Daumen, der Ellbogen, der Finger, der Fingernagel, die Hand, das Handgelenk, der Oberarm, der Unterarm
Bein: die Ferse, der Fuß, das Knie, der Knöchel, der Oberschenkel, das Schienbein, der Spann, der Unterschenkel, die Wade, der Zeh, der Zehennagel
Skelett: das Gelenk, die Knochen, die Rippen, das Schienbein, das Schlüsselbein, das Wadenbein, der Wirbel, die Wirbelsäule
Organe: die Blase, der Darm, die Galle, die Haut, das Herz, die Leber, die Lunge, der Magen, die Milz, die Niere
Ausscheidungen: der Kot, der Schweiß, der Speichel, der Urin
Körperflüssigkeiten: das Blut, die Lymphe, das Wasser
Blutbahnen: die Ader, die Aorta, die Arterie, die Vene

Verben

atmen, bewegen, bluten, essen, frieren, fühlen, gehen, hören, lachen, liegen, riechen, schlafen, schlucken, schmecken, schreien, schwitzen, sehen, sitzen, sprechen, stehen, weinen

Adjektive

blind, breit, dick, dünn, geistig behindert, gesund, groß, hässlich, klein, körperlich behindert, krank, männlich, müde, muskulös, schlapp, schmal, schön, schwach, stark, taub, weiblich, zart

Kleidung

Nomen

Oberbekleidung: der Anorak, die Bluse, das Brautkleid, die Gummistiefel, der Gürtel, die Handschuhe, die Hausschuhe, das Hemd, die Hose, der Hut, die Jacke, die Jeans, die Kapuze, das Kleid, das Kopftuch, die Leggings, der Mantel, die Mütze, der Pullover, der Rock, der Schal, die Schürze, die Socken, die Strümpfe, die Strumpfhose, das T-Shirt

Unterwäsche: das Unterhemd, die Unterhose

Nachtbekleidung: der Morgenmantel, das Nachthemd, der Pyjama, der Schlafanzug

Sportbekleidung: der Badeanzug, die Badehose, der Bademantel, die Badeschuhe, das Ballettkleid, die Ballettschuhe, der Bikini, das Fußballtrikot, der Skianzug, der Trainingsanzug, die Turnschuhe

Sonstige Bekleidung: die Alltagskleidung, der Arbeitsanzug, die Arbeitskleidung, die Babykleidung, die Berufskleidung, die Jugendkleidung, die Kinderkleidung, die Kostüme, die Regenkleidung

Verben

anprobieren, anziehen, ausziehen, kratzen, schützen, tragen, umziehen, verkleiden, wärmen, zubinden, zuknöpfen

Adjektive

angenehm, angezogen, barfuß, bauchfrei, bunt, cool, einfarbig, elegant, eng, geblümt, gepunktet, gestreift, groß, kariert, klein, kurzärmelig, langärmelig, leicht, modisch, ordentlich, passend, praktisch, sauber, schmutzig, schwer, sportlich, unpassend, weich, weit

Nahrung

Nomen

Milcherzeugnisse: die Butter, die Buttermilch, der Joghurt, das Kakaogetränk, der Käse, die Milch, der Milchshake, der Quark, die Sahne
Getreide: der Dinkel, der Hafer, der Mais, der Reis, der Roggen, der Weizen
Getreideprodukte: das Brot, das Brötchen, die Graupen, der Grieß, die Haferflocken, der Kuchen, das Mehl, die Nudeln, die Torte
Gemüse: die Bohnen, der Brokkoli, die Erbsen, die Gurke, die Kartoffel, der Kohl, der Kohlrabi, die Mohrrübe, die Paprika, der Porree, das Radieschen, der Salat, die Tomate, die Zucchini, die Zwiebel
Obst: die Ananas, der Apfel, die Apfelsine, die Banane, die Beeren, die Birne, die Kirsche, die Kiwi, die Mandarine, die Melone, die Nektarine, der Pfirsich, die Pflaume, die Traube, die Zitrone
Fleisch: der Braten, das Geflügel, der Schinken, das Schnitzel, die Wurst
Fisch: der Aal, die Forelle, der Hering, der Lachs, die Makrele, der Thunfisch
Gewürz: der Essig, der Pfeffer, das Salz, der Senf, der Zimt, der Zucker
Kräuter: das Basilikum, die Petersilie, der Rosmarin, der Salbei, der Schnittlauch
Fett: die Butter, die Margarine, das Öl, das Schmalz, der Speck
Süßwaren: das Bonbon, die Gummibärchen, die Praline, die Schokolade
Brotaufstrich: das Gelee, der Honig, die Marmelade, die Schokocreme
Getränke: das Bier, der Kaffee, der Kakao, die Limonade, die Milch, das Mineralwasser, der Saft, der Sekt, der Tee, der Wein

Verben

backen, braten, einkaufen, essen, grillen, kochen, kühlen, naschen, (ab)schmecken, trinken, waschen, würzen

Adjektive

bitter, faulig, frisch, gesund, heiß, herzhaft, kalt, lecker, ranzig, salzig, sauer, schmackhaft, süß, ungesund, warm, würzig

Schule

Nomen

Wer ist in der Schule? der Hausmeister, der Klassensprecher, die Klassensprecherin, der Lehrer, die Lehrerin, der Raumpfleger, der Schüler, die Schülerin, der Schulleiter, die Schulleiterin

Orte in der Schule: die Aula, der Flur, das Klassenzimmer, das Lehrerzimmer, die Leseecke, der Sanitätsraum, der Schulgarten, der Schulhof, das Sekretariat, der Sportplatz, die Turnhalle, der Werkraum

Was braucht man in der Schule? der Anspitzer, der Bleistift, das Buch, der Buntstift, der Computer, das Etui, der Farbkasten, der Filzstift, der Füller, das Heft, der Kleber, die Kreide, das Lineal, das Mäppchen, die Patrone, der Radiergummi, die Schere, der Schreibblock, die Schultasche, der Stundenplan, der Turnbeutel

Das gibt es im Unterricht: die Arbeitsgemeinschaft, die Belohnung, die Berichtigung, das Diktat, die Freiarbeit, die Hausaufgaben, die Klassenarbeit, das Lob, die Partnerarbeit, die Stillarbeit, die Tafel, das Whiteboard, die Zensur, das Zeugnis

Verben

abschreiben, antworten, aufpassen, basteln, erklären, forschen, fragen, gärtnern, gehorchen, helfen, lehren, lernen, lesen, loben, malen, sich melden, mitarbeiten, mogeln, musizieren, rechnen, reden, Rücksicht nehmen, schimpfen, schreiben, schreien, schwimmen, singen, spielen, stören, tadeln, tanzen, trödeln, turnen, üben, vergessen, sich verspäten, vertrauen, werken, wiederholen, zeichnen, zuhören

Adjektive

aufmerksam, begabt, beliebt, faul, fleißig, frech, fröhlich, gehorsam, gerecht, interessant, langweilig, lieb, lustig, pünktlich, spannend, streng, traurig, ungerecht, uninteressant

Straße

Nomen

Fahrzeuge: das Auto, der Bus, das Elektroauto, das Fahrrad, das Feuerwehrauto, der Krankenwagen, der Lastkraftwagen (Lkw), das Mofa, das Motorrad, der Personenkraftwagen (Pkw), das Polizeiauto, die Straßenbahn, der Tankwagen, das Taxi, der Trecker

Verkehrsteilnehmer: der Autofahrer, der Beifahrer, der Fahrer, der Fahrgast, der Fußgänger, der Insasse, der Radfahrer, der Rollstuhlfahrer

Verkehrsstörungen oder -hindernisse: die Baustelle, der Blechschaden, die Panne, die Sperrung, der Stau, der Unfall, der Zusammenstoß

Verkehrswege: die Autobahn, die Brücke, die Bundesstraße, die Einbahnstraße, die Fahrbahn, der Fahrradweg, die Fußgängerzone, die Gasse, der Gehweg, die Haltestelle, die Kreuzung, die Kurve, die Landstraße, das Ortsschild, die Schienen, die Spielstraße, die Straßenkarte, die Umleitung

Verkehrsregelung: die Ampel, die Fracht, die Fußgängerampel, der Gegenverkehr, die Geschwindigkeit, die Haltelinie, die Ladung, die Last, das Nummernschild, die Polizei, die Polizeikontrolle, die Radarkontrolle, die Schranke, das Stoppschild, das Tempo, das Verkehrsschild, die Vorfahrt, der Zebrastreifen

Verben

abbiegen, anfahren, aufpassen, aussteigen, bremsen, eilen, einordnen, einsteigen, fahren, gehen, halten, laufen, lenken, parken, rasen, rollen, schleudern, starten, transportieren, überqueren, warten, wenden

Adjektive

aufmerksam, belebt, eilig, gemächlich, hastig, langsam, rücksichtslos, rücksichtsvoll, schnell, unsicher, unvorsichtig, vorsichtig, zügig

Fußgänger, Fahrradfahrer

Nomen

Verkehrsteilnehmer: das Auto, die Autofahrerin, das Elektrofahrrad, das Fahrrad, die Fahrradfahrerin, die Fußgängerin, die Schülerlotsin

Verkehrswege: der Bordstein, der Bürgersteig, der Engpass, der Fahrradweg, der Fußgängerüberweg, der Gehweg, die Haltestelle, die Kreuzung, die Landstraße, der Radfahrweg, der Schulweg, die Straße, die Überführung, die Unterführung, die Verkehrsinsel, der Zebrastreifen

Verkehrszeichen: die Ampel, die Fußgängerampel, das Verkehrsschild

Warnzeichen: der Blinker, die Fahrradklingel, die Hupe, das Signal, die Signalweste

Beleuchtung: die Fahrradlampe, der Leuchtstreifen, der Reflektor, das Rücklicht, der Rückstrahler, der Scheinwerfer, die Straßenbeleuchtung

Verkehrsverhalten: die Aufmerksamkeit, der Blickkontakt, das Fahrverhalten, das Handzeichen, die Rücksicht, die Unaufmerksamkeit, die Vorsicht

Fahrrad: die Bremse, der Dynamo, der Fahrradhelm, die Fahrradkette, der Fahrradkorb, der Fahrradständer, die Fahrradtasche, die Gangschaltung, der Gepäckträger, die Handbremse, der Lenker, die Lenkung, die Luftpumpe, die Nabe, der Reifen, die Rücktrittbremse, der Sattel, das Schutzblech, das Ventil

Verben

abbiegen, anfahren, anhalten, aufpassen, beobachten, einbiegen, einordnen, Handzeichen geben, heranfahren, klingeln, lenken, radeln, Rad fahren, rasen, überholen, umsehen, vorbeifahren

Adjektive

aufmerksam, belebt, freihändig (fahren), leichtsinnig, rücksichtslos, rücksichtsvoll, unsicher, verkehrsgerecht, verkehrssicher, verkehrstüchtig, vorsichtig, zügig

Wetter

Nomen

Wetterauskunft: die Unwetterwarnung, der Wetterbericht, die Wetterkarte, die Wetterlage, der Wettersatellit, die Wetterstation, die Wettervorhersage

Luftbewegung: der Föhn, der Hurrikan, das Lüftchen, der Nordwind, der Orkan, der Ostwind, der Sturm, der Südwind, der Taifun, der Tornado, der Westwind, der Wind, die Windböen, die Windhose, die Windstille, der Wirbelsturm

Temperatur: der Frost, die Hitze, die Kälte, die Kühle, die Schwüle, das Tauwetter, die Wärme

Niederschlag: der Dunst, der Hagel, der Nebel, der Nieselregen, der Raureif, der Regen, der Regenguss, der Regenschauer, der Schnee, die Schneeflocke, der Schneesturm, die Schneewehe, der Sprühregen, der Starkregen, der Tau

Wettererscheinungen: der Blitz, der Blitzeinschlag, das Blitzeis, der Donner, das Donnergrollen, das Gewitter, das Glatteis, das Hochwasser, die Klimaveränderung, die Lawine, der Regenbogen, der Schneematsch, die Sonne, die Überschwemmung, das Unwetter, die Unwetterschäden, das Wetterleuchten, die Wolken

Verben

blasen, blitzen, brausen, donnern, einschneien, erfrieren, erhitzen, erkalten, frieren, hageln, heulen, kühlen, pfeifen, regnen, sausen, schneien, schwitzen, sprühen, stürmen, tauen, vereisen, wehen, wirbeln

Adjektive

bewölkt, böig, drückend, eisig, feucht, freundlich, frisch, frostig, frühlingshaft, glatt, heiß, heiter, herbstlich, kalt, klar, kühl, mild, neblig, regnerisch, schwül, sommerlich, sonnig, stürmisch, trocken, vereist, warm, windig, winterlich, wolkenlos, wolkig, zugig

Wasser

Nomen

Wo kommt Wasser vor? der Atlantik, der Bach, der Brunnen, der Fluss, das Gewässer, der Graben, das Grundwasser, das Hochwasser, der Kanal, das Klärwerk, das Meer, der Ozean, der Pazifik, die Pfütze, die Quelle, der Regenguss, das Rinnsal, der See, die See, der Springbrunnen, der Stausee, der Strom, die Talsperre, der Tau, der Teich, der Tümpel, die Überschwemmung, der Wasserfall, das Wasserwerk, der Wolkenbruch

Welche Form kann Wasser haben? das Eis, der Hagel, der Nebel, der Regen, der Reif, der Schnee, der Wasserdampf

Verben

ablaufen, austrocknen, bewässern, dampfen, fließen, planschen/plantschen, plätschern, regnen, rieseln, rinnen, schneien, schwimmen, sprühen, stauen, tauen, tröpfeln, überlaufen

Adjektive

bewegt, feucht, kalt, klamm, klar, lauwarm, nass, regnerisch, rein, ruhig, sauber, still, stürmisch, trüb, vereist, verschmutzt, warm, wässrig

Wohnen

Nomen

Wo kann man wohnen? das Altenheim, der Bungalow, das Einfamilienhaus, das Hochhaus, das Hotel, die Hütte, das Kinderheim, die Mietwohnung, das Obdachlosenheim, das Reihenhaus, das Seniorenheim, die Villa, das Wohnheim, das Wohnmobil, die Wohnung, der Wohnwagen, der Wolkenkratzer, das Zelt

Wohngemeinschaft: der Bewohner, die Bewohnerin, der Hausmeister, die Kündigung, die Miete, der Mieter, die Mieterin, der Mietvertrag, der Nachbar, die Nachbarin, der Vermieter, die Wohngemeinschaft (WG)

Wohnraum: der Abstellraum, das Bad, der Balkon, die Besenkammer, der Dachboden, die Diele, der Flur, die Garage, die Gästetoilette, das Gästezimmer, der Hobbyraum, der Keller, das Kinderzimmer, die Küche, der Raum, die Sauna, das Schlafzimmer, der Speicher, die Stube, die Terrasse, die Toilette, die Treppe, die Werkstatt, der Wintergarten, das Wohnzimmer, das Zimmer

Zum Wohnen braucht man: die Badewanne, das Bett, das Bild, der Computer, die Dusche, das Fenster, der Fernseher, die Gardine, die Heizung, der Herd, das Klo, der Kühlschrank, die Lampe, die Möbel, das Radio, das Regal, der Schrank, der Schreibtisch, der Sessel, das Sofa, der Spiegel, die Spülmaschine, der Stuhl, der Teppich, der Tisch, die Tür, die Uhr, die Wand, das Waschbecken, die Waschmaschine

Verben

aufräumen, ausruhen, ausziehen, bügeln, einziehen, essen, fegen, fernsehen, kochen, lesen, putzen, schlafen, spielen, staubsaugen, waschen

Adjektive

allein, bewohnt, heimelig, gemütlich, geschmackvoll, gesellig, kahl, kalt, ländlich, ruhig, stadtnah, unbewohnt, warm, wohnlich, zentral

Medien

Nomen

Was sind Medien? das Bild, das Bilderbuch, der Brief, das Buch, die CD, der Chat, der Computer, das Display, die DVD, das E-Book, die E-Mail, der Fernseher, der Film, das Handy, die Illustrierte, das Internet, die Nachrichten, das Poster, das Radio, die Schallplatte, das Schulbuch, die Tageszeitung, das Telefon, die Zeitung

Themen in den Medien: der Film, der Fußball, das Konzert, die Kultur, die Leichtathletik, die Mode, die Politik, die Reklame, die Schule, das Schwimmen, der Sport, das Tennis, das Theater, der Umweltschutz, die Werbung, die Wirtschaft

Wer erschafft Medien? der Ansager, der Autor, der Berichterstatter, der Fotograf, der Grafiker, der Journalist, der Lokalreporter, der Moderator, der Musiker, der Nachrichtensprecher, der Showmaster, der Sprecher, der Talkmaster, der Texter

Verben

annehmen, ansagen, ausfindig machen, beantworten, beeinflussen, begründen, behaupten, beweisen, diskutieren, entdecken, fragen, glauben, herunterladen, hinweisen, hochladen, lesen, meinen, moderieren, nachforschen, online sein, schreiben, singen, sprechen, surfen, tanzen, unterhalten, verbreiten, zeigen

Adjektive

abwechslungsreich, alt, aufrichtig, begründet, beliebt, bunt, drahtlos, einfühlsam, falsch, glaubwürdig, groß, interessant, klein, kritisch, laut, leise, modern, neu, richtig, schnell, treffend, übertrieben, umfangreich, unbegründet, unglaubwürdig, viel, wenig

Hinweise zum Bildwörterbuch Deutsch – Englisch

Hier findest du schöne Bilder aus dem Alltag von Laura und Lorenz. Wichtige Nomen der deutschen und englischen Sprache sind den Bildern zugeordnet.

Auf den Doppelseiten gibt es Satz-Baustellen, mit denen du schon erste Sätze bilden kannst. Auf drei Doppelseiten findest du ganze Sätze. Diese kannst du verwenden, wenn du dich in bestimmten Alltagssituationen verständigen möchtest.
Du kannst auch mit einem Partner / einer Partnerin ein Frage-Antwort-Spiel machen.

Wenn du wissen willst, wie die Wörter ausgesprochen werden, musst du deine Lehrer oder deine Eltern fragen.

Was ist das? Das ist der Elefant. Was ist das? Das ist …
What is this? This is the elephant. What's this? This is …
Ein Elefant ist groß. Eine Maus ist klein.
An elephant is big. A mouse is small.

Sprichst du Englisch? — Do you speak English?

hallo	hello
Wie geht es dir?	How are you?
tschüss	bye-bye
guten Morgen	good morning
guten Tag	good afternoon*
guten Abend	good evening*
gute Nacht	good night*
bis bald	see you later*
auf Wiedersehen	goodbye
bitte	please
danke	thank you
Herr	Mr., sir*
Frau	Mrs., madam*

Familie und Freunde – family and friends

Wer kommt heute?
Who is coming today?*

Die Großmutter kommt heute.
… kommt heute.
… kommen heute.
Grandmother is coming today.
… is coming today.
… are coming today.*
der Großvater
the grandfather*
die Großmutter
the grandmother*
der Bruder
the brother
der Junge
the boy
der Sohn
the son*
das Haustier
the pet
der Freund
the friend

Alles Gute zum Geburtstag! – Happy birthday!

Ich heiße Tom. Wie heißt du? – Ich heiße Kevin.
My name ist Tom. What's your name? – My name is Kevin.

Wer ist das? – Das ist meine Schwester.
Who's this? – This is my sister.

Wie heißt sie? – Sie …
What's her name? – Her …

Wie alt ist sie? – Sie ist 7 Jahre alt.
How old is she? – She is 7 years old.

Wer ist das vor der Tür? – Das ist mein Freund.
Who's this in front of the door? – This is my friend.

Wie heißt er und wie alt ist er? – Er heißt …
What's his name and how old is he? – His …

Woher kommt ihr? – Ich komme aus Deutschland, sie ist aus England.
Where are you from? – I am from Germany, she is from England.

Wie viele Brüder und Schwestern hast du? – Ich habe …
How many brothers and sisters have you got? – I've got …

Das ist mein Haustier. – Wie heißt es? – Es heißt Lizzy.
This is my pet. – What's it's name? – It's name is Lizzy.

Hast du ein Haustier bekommen?
Have you got a pet?

Ja, an Weihnachten habe ich einen kleinen Hund bekommen.
Yes, at Christmas I've got a little dog.

Hat Mary …? – Nein. Sie hat ein Snowboard bekommen.
Has Mary …? – No, she hasn't. She has got a snowboard.

Ich habe ein blaues Skateboard bekommen. Dort ist es. – Toll!
I've got a blue skateboard. There it is. – Great!

Kannst du zu meiner Party kommen? Sie ist nächstes Wochenende, an Halloween.
Can you come to my party? It is next weekend, at Halloween.

Und wo ist deine Party? – Sie ist in unserem großen Haus, in meinem Zimmer.
And where is your party? – It is in our* big house, in my room.

Essen und Trinken – food and drink*

Was möchtest du essen?
What would you like to eat?*
Was möchtest du trinken?
What would you like to drink?*

Ich möchte bitte ein Eis essen.
Ich möchte bitte heiße Schokolade trinken.
Ich möchte bitte …
I would like to eat ice cream, please.
I would like to drink hot chocolate, please.
I would like …, please.*

Kann ich Ihnen helfen? – Ja, bitte.
Can I help you? – Yes, please.

Ich würde gern heiße Milch trinken.
I'd like to drink hot milk*, please.

Es tut mir leid, wir haben keine heiße Milch.
I'm sorry, we do not have hot milk*.

Nun, dann nehme ich grünen Tee, bitte.
Well, then* I take green tea, please.

Hier bitte. – Danke.
Here you are. – Thank you.

Wie viel kostet das? – 1 £, bitte.
How much is it? – It's 1 £, please.

Können wir bitte Fisch und Chips haben?
Can we have fish and chips, please?

Ich nehme Obst: eine Orange, zwei Bananen und vier Äpfel, bitte.
I take fruit: 1 orange*, 2 bananas* and 4 apples, please.

Hier bitte. – Wie viel kostet das? – Das kostet 2 £.
Here you are. – How much is it? – It's 2 £.

Kann ich in Dollar zahlen? – Ja, das ist kein Problem.
Can I pay* in Dollars*? – Yes, that's no problem*.

Ich nehme … Wie viel kostet das?
I take … How much …?

Hier bitte. Es kostet 8 $.
Here … It's …

Was ist mit dir, meine Liebe? Magst du Süßigkeiten? – O ja!
What about you, my dear? Do you like sweets? – O yes, I do.

Hier bitte. – Danke sehr. – Gerne.
Here you are. – Thank you very much. – You're welcome.

Die Kleidung – the clothes*

Ich trage gern Jeans. Ich trage gern …
I like to wear jeans. I like to wear …*
Wenn es kalt ist, trage ich gern einen Pullover.
When it is cold, I like to wear a pullover.*

Der Körper – the body*

Wo ist die Schulter?
Wo ist …
Wo sind …
Where is the shoulder*?
Where is …
Where are …

Da ist die Schulter.
Da ist …
Da sind …
There is the shoulder*.
There is …
There are …

In der Schule – at school

Kann ich deinen Bleistift haben?
Kann ich … haben?
Can I have your pencil, please?
Can I have …?

0 zero*
1 one*
2 two*
3 three*
4 four*
5 five*
6 six*
7 seven*
8 eight*
9 nine*
10 ten*
11 eleven*
12 twelve*
die Tafel
the blackboard
das Wörterbuch
the dictionary*
die Kreide
the chalk*
der Papierkorb
the waste-paper basket*
die Zeichnung
the painting*
der Malkasten
the paintbox*
der Lehrer
the teacher
der Pinsel
the paintbrush*
das Lineal
the ruler*
Ja. Hier, bitte sehr.
Yes. Here you are.
der Stuhl
the chair
das Heft
the exercise book

Die große Pause – the morning break*

Ich bin in Klasse 3. Mein Lehrer ist … Wer ist dein Lehrer?
I'm in class 3. My teacher is … Who is your teacher?

In meiner Klasse sind 15 Schüler, 8 Mädchen und 7 Jungen.
In my class, there are 15 pupils*, 8 girls and 7 boys.

Wo ist mein Buch? – Ich habe es in deine Schultasche getan.
Where is my book? – I've put it into* your schoolbag.

Kannst du mir bitte helfen? – Es tut mir sehr leid, ich kann es nicht.
Can you help me, please? – I'm very sorry, I can't.

Wo ist mein Bleistift? – Tut mir leid, ich weiß es nicht.
Where is my pencil? – Sorry, I don't know.

Ich weiß es! Dein Bleistift ist unter deinem Stuhl. – Danke sehr!
I know it! Your pencil is under your chair. – Thanks!

Kannst du mir bitte die Bücher geben? – Sie sind auf deinem Tisch.
Can you give me the books, please? – They are on your table.

Wie geht es dir? Bist du traurig? – Nein, mir geht es gut, danke.
How are you? Are you sad? – No, I'm okay, thanks.

Wann gehst du zur Schule? – Ich gehe um 7 Uhr zur Schule.
When do you go to school? – I go to school at 7 o'clock.

Wo ist die Uhr? – Sie ist hinter dir!
Where is the clock? – It is behind you!

Wie viel Uhr ist es, bitte? – Es ist 10.30 Uhr.
What time is it, please? – It's 10.30.

Wie viel …? – Es ist 10.45 Uhr.
What …? – It's 10.45.

Ich mag Sport. Und du? – Ich mag Deutsch.
I like sports. And you? – I like German.

Was heißt „der Rollstuhl" in Englisch? – Er heißt „the wheelchair".
What is „der Rollstuhl" in English? – It is „the wheelchair*".

Hobbys und Sport – hobbies and sports

Was ist dein Hobby?
What is your hobby?

malen
to paint*

schwarz	black
blau	blue
braun	brown
grün	green
grau	grey
orange	orange
rosa	pink
rot	red
weiß	white
gelb	yellow

Gitarre spielen
to play the guitar*

Klavier spielen
to play the piano*

Bücher lesen
to read* books

Musik hören
to listen to music*

Spiele spielen
to play games

Ich lese gern Bücher.
Ich … gern …
I like to read* books.
I like …

Gefällt dir Sport?
Do you like sports?

Fußball spielen
to play football

Fahrrad fahren
to ride a bike

Basketball spielen
to play basketball*

reiten
to ride a horse

schwimmen
to swim

angeln
to go fishing*

Ich spiele gern Tennis.
Ich … gern …
I like to play tennis.
I like …

turnen
to do gymnastics*

das Pferd
the horse
die Kuh
the cow*
die Katze
the cat
der Hund
the dog
das Schwein
the pig*
das Kaninchen
the rabbit
der Hamster
the hamster
das Meerschweinchen
the guinea pig*
der Vogel
the bird*
der Frosch
the frog*
der Fisch
the fish
die Maus
the mouse
das Huhn
the chicken
Was ist das?
What is that?

der Tiger
the tiger*

die Giraffe
the giraffe*

der Löwe
the lion*

der Delfin
the dolphin*

der Affe
the monkey*

der Elefant
the elephant*

Das ist der Elefant. Das ist ...
This is the elephant*. This is ...
Der Elefant ist neben dem Affen.
The elephant* is next to the monkey*.

Vereinfachte Ausgangsschrift

a b c d e[1] f g h i j

k l m n o p qu r s[2]

t[3] u v w x y z[4]

ä ö ü (. , ; „ " - ! ?) ß[2]

A B C D E F G H I J

K L M N O P Qu R

S T U V W X Y Z

Ä Ö Ü

1 2 3 4 5 6 7 8 9 0

[1] oder e [2] oder s ß [3] oder t [4] oder z

Wölfe sind scheue Tiere.
Sie leben in einem Rudel.
Es besteht aus einem
Wolfspaar und dessen
Kindern. Wölfe jagen auch
Weidetiere. Sie wurden
deswegen fast überall
ausgerottet. Die Menschen
dachten auch, dass der
Wolf sie angreifen würde.
Aber der Wolf greift sie
nur an, wenn er Tollwut
hat.

Schulausgangsschrift

a b c d e f g h i j

k l m n o p q r s

ß t u v w x y z

ä ö ü (. , ; : „ " - ! ?)

A B C D E F G H I J

K L M N O P Q R

S T U V W X Y Z

Ä Ö Ü

1 2 3 4 5 6 7 8 9 0

Wölfe sind scheue Tiere.
Sie leben in einem Rudel.
Es besteht aus einem
Wolfspaar und dessen
Kindern. Wölfe jagen auch
Weidetiere. Sie wurden
deswegen fast überall
ausgerottet. Die Menschen
dachten auch, dass der
Wolf sie angreifen würde.
Aber der Wolf greift sie nur
an, wenn er Tollwut hat.

Unregelmäßige Verben

Grundform	Gegenwart: du …	Gegenwart: er/sie …	1. Vergangenheit: er/sie …	2. Vergangenheit: er/sie …
backen	bäckst	bäckt	backte/buk	hat gebacken
befehlen	befiehlst	befiehlt	befahl	hat befohlen
beginnen	beginnst	beginnt	begann	hat begonnen
beißen	beißt	beißt	biss	hat gebissen
betrügen	betrügst	betrügt	betrog	hat betrogen
biegen	biegst	biegt	bog	hat gebogen
bieten	bietest	bietet	bot	hat geboten
binden	bindest	bindet	band	hat gebunden
bitten	bittest	bittet	bat	hat gebeten
blasen	bläst	bläst	blies	hat geblasen
bleiben	bleibst	bleibt	blieb	ist geblieben
braten	brätst	brät	briet	hat gebraten
brechen	brichst	bricht	brach	ist/hat gebrochen
brennen	brennst	brennt	brannte	hat gebrannt
bringen	bringst	bringt	brachte	hat gebracht
denken	denkst	denkt	dachte	hat gedacht
dürfen	darfst	darf	durfte	hat gedurft
empfangen	empfängst	empfängt	empfing	hat empfangen
erschrecken	erschrickst	erschrickt	erschrak	ist erschrocken
essen	isst	isst	aß	hat gegessen
fahren	fährst	fährt	fuhr	ist gefahren
fallen	fällst	fällt	fiel	ist gefallen
fangen	fängst	fängt	fing	hat gefangen
finden	findest	findet	fand	hat gefunden
fliegen	fliegst	fliegt	flog	ist geflogen
fliehen	fliehst	flieht	floh	ist geflohen
fließen	fließt	fließt	floss	ist geflossen
fressen	frisst	frisst	fraß	hat gefressen

Grundform	Gegenwart: du …	Gegenwart: er/sie …	1. Vergangenheit: er/sie …	2. Vergangenheit: er/sie …
frieren	frierst	friert	fror	hat gefroren
geben	gibst	gibt	gab	hat gegeben
gehen	gehst	geht	ging	ist gegangen
genießen	genießt	genießt	genoss	hat genossen
geschehen	geschiehst	geschieht	geschah	ist geschehen
gewinnen	gewinnst	gewinnt	gewann	hat gewonnen
gießen	gießt	gießt	goss	hat gegossen
graben	gräbst	gräbt	grub	hat gegraben
greifen	greifst	greift	griff	hat gegriffen
haben	hast	hat	hatte	hat gehabt
halten	hältst	hält	hielt	hat gehalten
hängen	hängst	hängt	hing	hat gehangen
heben	hebst	hebt	hob	hat gehoben
heißen	heißt	heißt	hieß	hat geheißen
helfen	hilfst	hilft	half	hat geholfen
kennen	kennst	kennt	kannte	hat gekannt
kommen	kommst	kommt	kam	ist gekommen
können	kannst	kann	konnte	hat gekonnt
kriechen	kriechst	kriecht	kroch	ist gekrochen
lassen	lässt	lässt	ließ	hat gelassen
laufen	läufst	läuft	lief	ist gelaufen
leiden	leidest	leidet	litt	hat gelitten
leihen	leihst	leiht	lieh	hat geliehen
lesen	liest	liest	las	hat gelesen
liegen	liegst	liegt	lag	ist gelegen
lügen	lügst	lügt	log	hat gelogen
meiden	meidest	meidet	mied	hat gemieden
nehmen	nimmst	nimmt	nahm	hat genommen

Unregelmäßige Verben

Grundform	Gegenwart: du …	Gegenwart: er / sie …	1. Vergangenheit: er / sie …	2. Vergangenheit: er / sie …
nennen	nennst	nennt	nannte	hat genannt
pfeifen	pfeifst	pfeift	pfiff	hat gepfiffen
raten	rätst	rät	riet	hat geraten
reiben	reibst	reibt	rieb	hat gerieben
reißen	reißt	reißt	riss	ist/hat gerissen
reiten	reitest	reitet	ritt	ist geritten
rennen	rennst	rennt	rannte	ist gerannt
riechen	riechst	riecht	roch	hat gerochen
rinnen	rinnst	rinnt	rann	ist geronnen
rufen	rufst	ruft	rief	hat gerufen
scheinen	scheinst	scheint	schien	hat geschienen
schieben	schiebst	schiebt	schob	hat geschoben
schießen	schießt	schießt	schoss	hat geschossen
schlafen	schläfst	schläft	schlief	hat geschlafen
schlagen	schlägst	schlägt	schlug	hat geschlagen
schleichen	schleichst	schleicht	schlich	ist geschlichen
schließen	schließt	schließt	schloss	hat geschlossen
schlingen	schlingst	schlingt	schlang	hat geschlungen
schmeißen	schmeißt	schmeißt	schmiss	hat geschmissen
schmelzen	schmilzt	schmilzt	schmolz	ist geschmolzen
schneiden	schneidest	schneidet	schnitt	hat geschnitten
schreiben	schreibst	schreibt	schrieb	hat geschrieben
schreien	schreist	schreit	schrie	hat geschrien
schweigen	schweigst	schweigt	schwieg	hat geschwiegen
schwimmen	schwimmst	schwimmt	schwamm	ist geschwommen
schwingen	schwingst	schwingt	schwang	hat geschwungen
sehen	siehst	sieht	sah	hat gesehen
sein	bist	ist	war	ist gewesen